DIREITO TRIBUTÁRIO DIGITAL

A MENTALIDADE MILIONÁRIA FISCAL DO MARKETING DIGITAL

VOLUME 1

FAUSTINO JÚNIOR

Prefácio
RICARDO BREIER

Posfácio
PETER JORDAN E IN HSIEH

LVM EDITORA

Título: *Direito Tributário Digital: a mentalidade milionária fiscal do marketing digital*

Os direitos desta edição pertencem à LVM Editora, sediada na
Avenida das Nações Unidas, Nº 18.801 – 4º Andar – Sala 407
Jardim Dom Bosco – São Paulo/SP – CEP: 04757-025
contato@lvmeditora.com.br

Gerente Editorial | AC Edições
Editor-Assistente | Felipe Alves
Edição de conteúdo | Faustino da Rosa Júnior
Revisão ortográfica e gramatical | Ana Flávia L. de Almeida
Produção editorial | AC Edições
Capa | Breno Rafael Werle de Lara
Diagramação | Décio Lopes

Impresso no Brasil, 2025

Dados Internacionais de Catalogação na Publicação (CIP)
Angélica Ilacqua CRB-8/7057

F271d Faustino Júnior

Direito tributário digital : a mentalidade milionária fiscal do marketing digital / Faustino Júnior. - São Paulo : LVM Editora, 2025.
256 p.

Bibliografia
ISBN 978-65-5052-298-8

1. Direito tributário 2. Marketing digital 3. Empreendedorismo I. Título

25-3716CDD 343

Índices para catálogo sistemático:
1. Direito tributário

"Ius est solum ius quia iustum est"

(Dr. Faustino Júnior)

AGRADECIMENTOS

Aos meus mestres:

• Prof. Dr. Cezar Saldanha Souza Junior

• Prof. Dr. Manoel Gonçalves Ferreira Filho

• Prof. Dr. Rodolfo Luis Vigo

SUMÁRIO

PREFÁCIO

Por Ricardo Breier

A tributação da economia digital constitui, atualmente, uma das frentes mais relevantes — e complexas — do Direito Tributário contemporâneo. A arquitetura normativa clássica, ainda alicerçada sobre categorias próprias de uma economia industrial e territorializada, como circulação física de mercadorias, prestação de serviços localizados e estabelecimento permanente, mostra-se estruturalmente inadequada para dar conta dos fenômenos jurídicos-tributários derivados da digitalização dos fluxos econômicos.

A presente obra, de autoria do Dr. Faustino Júnior, propõe-se a enfrentar esse descompasso sistêmico a partir de uma construção teórica inovadora e tecnicamente consistente: a consolidação do Direito Tributário Digital como campo interpretativo autônomo e funcional, comprometido com a reconexão entre normas tributárias e os vetores atuais de geração de riqueza — dados, atenção, algoritmos, reputação digital e operações intangíveis em redes descentralizadas.

Sob essa perspectiva, a obra transita entre os fundamentos constitucionais da tributação (arts. 145, §1º, 150, I a VI e 155, II, CF/88), os limites positivos do Código Tributário Nacional (arts. 43 a 52, CTN) e os debates contemporâneos sobre a redefinição da presença econômica significativa (significant economic presence) como critério de conexão fiscal. Além disso, dialoga com diretrizes internacionais, notadamente os pilares do plano BEPS 2.0 (Base Erosion and Profit Shifting), da OCDE/G20, no que se refere à redistribuição de lucros de multinacionais digitais e à tributação mínima global (Pillar One e Pillar Two).

O autor parte de uma premissa metodológica clara: não se trata de promover meras atualizações terminológicas, tampouco de propor soluções casuísticas. O objetivo é refundar, sobre base constitucionalmente orientada, um novo regime interpretativo, normativo e operacional que reconheça a natureza econômica da monetização de ativos digitais, a relevância fiscal dos dados pessoais e anonimizados, e a função estratégica das plataformas como sujeitos fiscalmente relevantes — inclusive sob a ótica da solidariedade tributária (arts. 124 e 128, CTN).

O leitor encontrará, ao longo dos capítulos, uma análise crítica da jurisprudência dominante sobre tributação de softwares, serviços digitais, *marketplaces* e infoprodutos, bem como propostas objetivas para a incorporação de novos fatos geradores, a redefinição das bases de cálculo em modelos SaaS e recorrência, e a necessidade de interoperabilidade fiscal entre os entes federativos — em consonância com os princípios da neutralidade tecnológica, da praticabilidade fiscal e da eficiência arrecadatória.

O conceito central da obra — a mentalidade milionária fiscal — vai além de uma expressão de impacto. Ele traduz, em linguagem pragmática, a exigência de estruturação fiscal racional, conforme os parâmetros da legalidade estrita, da responsabilidade contributiva e da segurança jurídica. No atual estágio da economia digital, o planejamento fiscal lícito não é mais um diferencial: é uma condição elementar de sobrevivência jurídica e econômica.

Por sua densidade argumentativa, atualidade temática e coerência propositiva, esta obra se qualifica como contribuição doutrinária relevante não apenas para a advocacia tributária aplicada, mas também para o debate acadêmico, para a jurisprudência e para a formulação de políticas públicas tributárias no contexto da Reforma iniciada pela Emenda Constitucional nº 132/2023.

O Direito Tributário Digital aqui defendido não é um desdobramento do Direito Tributário tradicional. É sua necessária reconfiguração, fundada em critérios materiais de justiça fiscal, aderência econômica e compatibilidade tecnológica.

— Ricardo Breier,
Doutor em Direito Penal pela
Universidade de Sevilha – Espanha
Pós-Doutor em Direito pela
Universidade Pública do Minho – Portugal.

APRESENTAÇÃO

Esta obra é fruto de minha vivência, por quase vinte anos, de exercício profissional como advogado tributarista, com foco em direito digital, e, por quase vinte e cinco anos, como empreendedor digital, especialmente como mentor, infoprodutor, agência de afiliados e criador de soluções tecnológicas e aplicativos.

Por toda esta minha trajetória e atuação, fui reconhecido como uma das pessoas mais influentes em tecnologia no Brasil (2024), bem como maior empresário brasileiro do setor de tecnologia e saúde (2025), assim como um dos cem advogados mais influentes na América Latina (2025).

Porém, sempre tive a inquietação de que a lacuna acadêmica existente na aplicabilidade do Direito Tributário aos negócios digitais carecia de um pioneiro aprofundamento científico que, ao fim e ao cabo, levaria (e levou) ao reconhecimento de um novo ramo do Direito, o do Direito Tributário Digital (brasileiro), ao qual tive a honra de fundar e cujo termo também tive a honra de cunhar entre os juristas e popularizar entre os empreendedores digitais.

É sobre o que trata o presente estudo: fundar as bases do Direito Tributário Digital, como pontapé fundamental para a verdadeira consolidação do sucesso de todo empreendedor digital que pressupõe, necessariamente, possuir uma verdadeira mentalidade milionária fiscal no âmbito do marketing digital, pois é justamente o planejamento tributário inteligente que define a solidez, a escalabilidade, a recorrenciabilidade, o crescimento e a duração de qualquer negócio digital.

INTRODUÇÃO

O avanço exponencial dos negócios digitais no Brasil tem escancarado a obsolescência de muitas categorias tradicionais do Direito Tributário. A Constituição de 1988, embora abrangente em sua estrutura federativa, não previa — nem poderia prever — a complexidade econômica promovida pelas novas formas de comercialização digital.

Infoprodutos, coproduções, afiliados, *dropshipping*, *marketplaces* automatizados e integrações com inteligência artificial constituem, hoje, uma realidade pulsante do mercado nacional. No entanto, a dogmática tributária vigente ainda se vale de classificações herdadas de uma economia analógica: mercadoria, serviço, circulação, estabelecimento físico, territorialidade — conceitos que se fragilizam frente à dinamicidade da economia digital.

É diante dessa ruptura paradigmática que este livro se posiciona: como uma proposta doutrinária autoral, sistematizada sob o nome de Direito Tributário Digital: a mentalidade milionária fiscal do marketing digital.

Esse campo não deve ser confundido com a tributação de softwares ou com a chamada "tributação da economia digital" discutida nos foros da OCDE. Trata-se, aqui, de algo mais específico e igualmente urgente: a necessidade de uma abordagem sistemática, técnica e pragmática sobre os impactos jurídicos-tributários decorrentes da comercialização de bens e serviços digitais em território nacional, com foco especial no contexto pós-Reforma Tributária.

Este livro parte da constatação prática de que a atividade de empreendedores digitais — muitas vezes estruturada com base em plataformas como Hotmart, Eduzz, Shopify, Cartpanda ou Chatify — opera em ambiente normativo incerto. A ausência de legislação específica, somada à fragmentação da competência tributária entre União, Estados e Municípios, tem gerado interpretações divergentes, insegurança jurídica e contencioso fiscal crescente.

Exemplo emblemático disso é a divergência entre a imunidade do livro digital (reconhecida pela Súmula Vinculante 57 e pelo art. 150, VI, "d", da CRFB/88) e a incidência de ISS sobre cursos, mentorias e infoprodutos comercializados em ambiente virtual. Em operações de coprodução, a jurisprudência oscilante entre mercadoria e serviço resulta em múltiplas incidências, bitributação potencial e obrigações acessórias complexas, sobretudo quando os entes municipais interpretam essas operações como prestação de serviço.

No *dropshipping*, a controvérsia é ainda mais aguda. Há incerteza quanto à incidência do ICMS quando o fornecedor é estrangeiro e o operador nacional apenas intermedia a venda. A ausência de regulamentação clara compromete a segurança jurídica da atividade e expõe os contribuintes ao risco de autuações, principalmente no contexto das operações interestaduais.

A proposta deste livro, portanto, não é apenas descritiva. É normativa. Busca-se propor uma interpretação sistemática que considere os princípios constitucionais da capacidade contributiva, da segurança jurídica, da neutralidade e da não cumulatividade — aplicados à nova realidade econômica. Propõe-se, ainda, uma leitura crítica da Reforma Tributária em curso, com foco nas repercussões para a economia digital e na viabilidade de implementação de um modelo de tributação mais adequado aos novos arranjos negociais.

Por fim, este livro pretende fomentar o debate técnico entre juristas, advogados tributaristas, magistrados, membros do fisco, estudiosos do Direito e, especialmente, os destinatários contribuintes do Direito Tributário Digital, isto é, empreendedores digitais em geral, como youtubers, influenciadores, afiliados, mentores, investidores digitais e em criptomoedas, infoprodutores, *dropshippers* e *creators*, contribuindo para a construção de um novo olhar, condizente com os novos desafios da atualidade tecnológica que caminha não mais em proporção aritmética (como foi até o século XIX) ou em proporção geométrica (como foi durante o século XX), mas em proporção quântica (como tem sido desde o início do século XXI).

A economia já é digital. O Direito Tributário, ainda não. E o domínio das estratégias corretas de planejamento tributária inteligente é essencial ao empreendedor digital para acelerar o alcance e a manutenção de uma mentalidade milionária (fiscal), pressuposto eficiente do funcionamento da dinâmica própria do marketing digital. Este é o ponto de partida do Direito Tributário Digital: a mentalidade milionária fiscal do marketing digital.

CAPÍTULO 1

CONSIDERAÇÕES INICIAIS: LIMITAÇÕES DO DIREITO TRIBUTÁRIO TRADICIONAL

A nova realidade econômica e a erosão do modelo tributário clássico

O Direito Tributário brasileiro foi construído sobre uma base normativa e conceitual moldada para uma economia material, territorializada e analógica. As normas constitucionais e infraconstitucionais que regem a tributação no país refletem uma realidade industrial do século XX: circulação física de mercadorias, prestação de serviços localizados e empresas estabelecidas em sedes fixas. Esse paradigma, embora coerente com a economia da época, mostra-se disfuncional diante da ascensão de um modelo econômico digital, intangível e descentralizado.

A digitalização da economia não apenas ampliou as fronteiras dos modelos de negócio, como dissolveu as referências clássicas de localização, tangibilidade e materialidade. Hoje é possível prestar serviços a milhares de usuários sem presença física, distribuir conteúdos globalmente, por meio de plataformas automatizadas e gerar receita a partir de dados e algoritmos. Nesse cenário, institutos como "estabelecimento", "circulação", "territorialidade" e "materialidade" carecem de atualização para se manterem compatíveis com os novos fatos geradores da tributação.

Essa incompatibilidade entre o modelo normativo e a realidade econômica não é uma particularidade brasileira. Em todo o mundo, organismos multilaterais vêm apontando a necessidade de revisão dos critérios clássicos de conexão tributária. A dificuldade em delimitar o local de geração de valor, especialmente em operações envolvendo ativos digitais e fluxos de dados, tem sido uma preocupação recorrente de jurisdições que buscam preservar sua base fiscal e assegurar justiça tributária. A OCDE, por exemplo, já reconheceu que os critérios tradicionais de residência e fonte não são suficientes para captar a complexidade dos fluxos econômicos digitais, tendo proposto soluções como o conceito de presença econômica significativa para fins de alocação de lucros e direitos de tributação.

No Brasil, esse descompasso é agravado por um sistema extremamente fragmentado, com múltiplos entes tributantes e competências sobrepostas. A ausência de normas específicas para a economia digital tem gerado interpretações arbitrárias, aplicação forçada de institutos analógicos e multiplicação de litígios. O caso dos softwares — historicamente disputado entre ICMS e ISS — e os conflitos envolvendo a natureza jurídica de cursos online e mentorias são ilustrações claras desse cenário.

Ao aplicar regras pensadas para a circulação de bens físicos à distribuição automatizada de conteúdo, os entes federativos aprofundam a insegurança jurídica e comprometem a eficiência do sistema. Em vez de promover justiça fiscal e neutralidade concorrencial, o modelo atual penaliza a inovação e afasta investimentos. A tributação confusa e descoordenada também impõe barreiras à entrada de novos agentes, reduzindo a competitividade e comprometendo a integração do Brasil a mercados digitais globais.

Nesse contexto, o conceito de Direito Tributário Digital, no âmbito do Direito Tributário Brasileiro, se impõe como resposta teórica e prática à erosão do modelo clássico. Ele visa reinterpretar os fundamentos constitucionais da tributação à luz da nova economia, estruturando soluções jurídicas adequadas às transformações já consolidadas no ambiente produtivo. Essa proposta não se confunde com a criação de um novo ramo autônomo do Direito, mas com a elaboração de um paradigma interpretativo transversal, que permita uma leitura funcional, sistemática e constitucionalmente orientada das normas tributárias vigentes — adaptando-as, com coerência, às novas formas de geração de valor promovidas pela tecnologia digital.

Reconhecer essa necessidade não significa abdicar dos princípios fundantes do sistema tributário nacional, mas sim atualizá-los a partir da realidade concreta da economia digital. O Direito Tributário Digital, assim concebido, visa oferecer diretrizes jurídicas claras, fomentar a segurança jurídica, estimular a inovação e garantir uma tributação justa, proporcional e eficiente frente à nova ordem econômica digital.

Limitações da dogmática tributária tradicional

A dogmática tributária brasileira ainda opera com categorias herdadas de uma lógica industrial, baseando-se em conceitos fixos como circulação de mercadorias, domicílio fiscal, estabelecimento permanente e prestação de serviços presencial. Esses conceitos, embora úteis no passado, mostram-se insuficientes para lidar com as novas manifestações de riqueza digital.

A dificuldade em qualificar juridicamente bens intangíveis, como softwares, licenças, assinaturas digitais e produtos informacionais, revela os limites da legislação vigente. A jurisprudência, embora tenha avançado ao reconhecer a incidência de ISS sobre softwares padronizados, ainda vacila diante de modelos híbridos, como SaaS, aplicativos com funcionalidades recorrentes, integrações com IA e plataformas de distribuição automatizada. Essas incertezas dificultam a definição do fato gerador, da base de cálculo e até mesmo da competência tributária.

A interpretação literal do conceito de "circulação" torna-se anacrônica quando aplicada a entregas digitais instantâneas, realizadas por download ou *streaming* em tempo real. Do mesmo modo, o critério de "estabelecimento fixo" revela-se inoperante frente a empresas que operam integralmente por meio de ambientes virtuais, servidores descentralizados e estruturas transfronteiriças baseadas em computação em nuvem.

A ausência de um conceito normativo de "presença econômica significativa", já adotado em outras jurisdições para fins de tributação de grandes operadores digitais, expõe o sistema brasileiro à evasão fiscal, à concorrência desleal e à litigiosidade crescente. Como resposta, os entes arrecadadores recorrem a interpretações ampliadas — muitas vezes em desconformidade com os princípios constitucionais — para garantir sua arrecadação.

Essa prática resulta em um ambiente tributário hostil, marcado por bitributação, guerra fiscal digital, insegurança para os empreendedores e ausência de diretrizes estáveis para planejamento tributário. Pequenos produtores de conteúdo, infoprodutores e empresas em ascensão enfrentam dificuldades para compreender seus deveres tributários e evitar autuações retroativas, agravadas pela falta de uniformidade interpretativa entre os entes federativos.

A superação dessas limitações exige mais do que atualização legislativa: demanda uma ruptura epistemológica no modo como se interpretam os institutos jurídicos tributários. É necessário reconhecer que os critérios tradicionais de sujeição passiva, fato gerador e base de cálculo precisam ser revisitados sob a ótica da funcionalidade econômica, da neutralidade tecnológica e da efetiva capacidade contributiva gerada em ambientes digitais.

O Direito Tributário Digital propõe, assim, uma releitura das categorias jurídicas clássicas a partir das novas dinâmicas econômicas, para garantir que a tributação digital se dê com proporcionalidade, segurança e aderência à realidade concreta da geração de valor na era da informação.

Princípios constitucionais sob tensão na economia digital

A Constituição Federal de 1988 estabeleceu princípios estruturantes que orientam a ordem tributária brasileira, com o objetivo de assegurar justiça fiscal, segurança jurídica e equilíbrio federativo. No entanto, esses princípios vêm sendo crescentemente tensionados pela prática fiscal diante da nova economia digital, marcada pela fluidez dos modelos de negócio e pela constante mutação tecnológica.

A ausência de um arcabouço normativo compatível com os fenômenos digitais tem levado à aplicação extensiva — e muitas vezes distorcida — dos dispositivos constitucionais. O princípio da legalidade tributária, pilar do Estado Democrático de Direito, vem sendo relativizado por meio de atos infralegais, pareceres administrativos e interpretações criativas que buscam alcançar fatos geradores não previstos em lei. Essa prática, ainda que orientada pelo interesse arrecadatório, compromete a segurança jurídica e fragiliza a legitimidade do sistema.

O princípio da capacidade contributiva, que exige a adequação entre o tributo exigido e a real possibilidade econômica do contribuinte, também sofre com distorções relevantes. Modelos digitais de monetização — como remuneração por tráfego, engajamento, micropagamentos e uso de dados — escapam frequentemente da malha fiscal tradicional. Com isso, operadores de grande volume podem ser subtributados, enquanto pequenos empreendedores digitais, muitas vezes mal assessorados, são autuados de forma desproporcional.

A isonomia, princípio fundante do sistema tributário, é fragilizada pela disparidade interpretativa entre entes federativos e pela ausência de critérios uniformes para a tributação de operações digitais. Contribuintes em situações econômicas semelhantes podem receber tratamentos tributários distintos a depender do domicílio fiscal ou da interpretação local da autoridade competente, violando o dever de tratamento igual perante a lei.

Outro princípio frequentemente negligenciado é o da neutralidade tributária, que busca evitar que a tributação distorça decisões econômicas. A insegurança quanto ao enquadramento tributário de novas atividades — como mentorias online, *dropshipping*, *marketplaces* de nicho e venda de infoprodutos — leva empresas e empreendedores a adotarem modelos operacionais baseados no risco fiscal, e não na eficiência econômica, o que compromete a alocação racional de recursos e o desenvolvimento da inovação.

A tensão desses princípios revela a urgência de uma hermenêutica tributária capaz de reconectar a normatividade constitucional com a realidade econômica digital. A construção do Direito Tributário Digital passa necessariamente por esse resgate, com o objetivo de restaurar a coerência entre os fundamentos constitucionais e a dinâmica da nova economia. Trata-se de garantir que a tributação acompanhe a evolução tecnológica sem perder sua base principiológica, assegurando previsibilidade, racionalidade e justiça no ambiente tributário brasileiro contemporâneo.

A jurisprudência atual: avanços, contradições e omissões

A jurisprudência tributária brasileira tem se deparado, nos últimos anos, com o desafio de interpretar uma nova realidade econômica que extrapola as categorias tradicionais do Direito. A economia digital, por sua natureza intangível, transfronteiriça e automatizada, impõe à jurisprudência uma reavaliação dos conceitos clássicos de tributação. Algumas decisões judiciais sinalizam um movimento inicial nessa direção, mas ainda de forma tímida, reativa e muitas vezes contraditória.

Decisões paradigmáticas, como as proferidas nas ADIs 1945 e 5659, reconheceram a incidência do ISS sobre softwares padronizados, afastando o ICMS e pacificando, ao menos parcialmente, um tema que por décadas gerou insegurança. Esse avanço, no entanto, não se consolidou como marco interpretativo suficiente para guiar os desdobramentos mais complexos da economia digital. As decisões posteriores têm sido esparsas e, muitas vezes, restritas a aspectos formais dos negócios jurídicos digitais.

A jurisprudência ainda hesita em firmar posicionamentos sobre operações híbridas ou modelos econômicos emergentes. A ausência de uniformização sobre a tributação de mentorias, cursos online, *marketplaces* digitais, *dropshipping* e licenciamento automatizado de produtos informacionais evidencia a lacuna interpretativa. Enquanto isso, os contribuintes operam sob risco constante de autuações conflitantes, baseadas em entendimentos locais e conjunturais.

Além disso, a insistência em utilizar categorias como "serviço" e "mercadoria" sem considerar a funcionalidade econômica dos modelos digitais revela o descompasso entre a realidade dos negócios e os parâmetros jurídicos aplicados. A jurisprudência, por vezes, opta por soluções formalistas que, embora coerentes com a dogmática clássica, resultam em distorções na aplicação da norma e em perda de eficiência do sistema tributário.

Casos emblemáticos como o do *dropshipping* — em que a venda é realizada por intermediários nacionais, mas o produto nunca circula fisicamente no território nacional — ainda não possuem orientação jurisprudencial clara. A multiplicidade de interpretações por tribunais estaduais e municipais apenas reforça a insegurança jurídica.

Outro ponto relevante é o silêncio dos tribunais superiores sobre temas sensíveis, como a competência tributária em coproduções digitais e marketing de afiliados. A ausência de enfrentamento desses temas perpetua a assimetria informacional e afasta investimentos em modelos escaláveis baseados em tecnologia.

A ausência de critérios objetivos quanto à presença digital significativa — já adotados em diversas jurisdições estrangeiras — expõe o Brasil à evasão fiscal e compromete a justiça tributária. Operadores globais com ampla atuação no mercado digital brasileiro muitas vezes escapam da tributação, enquanto empreendedores locais enfrentam o peso desproporcional da carga tributária.

Para que a jurisprudência cumpra seu papel normativo e estabilizador, é necessário abandonar a postura estritamente reativa. O Judiciário deve assumir função interpretativa orientadora, aplicando os princípios constitucionais à luz das novas realidades econômicas e reconhecendo a necessidade de uma abordagem funcional e finalística do Direito Tributário.

A utilização de parâmetros econômicos reais, como a monetização de dados, a base de usuários ativa, o tráfego digital e o engajamento recorrente, deve ser incorporada às análises.

É nesse cenário que se insere o Direito Tributário Digital como proposta interpretativa capaz de fornecer critérios objetivos e coerentes para o enfrentamento dessas controvérsias. Ele não substitui a legislação, mas oferece uma estrutura analítica que integra os princípios constitucionais, a realidade econômica digital e a jurisprudência necessária para garantir segurança jurídica e justiça fiscal.

A jurisprudência, nesse contexto, deve ser entendida como um instrumento de fomento à inovação e ao desenvolvimento econômico sustentável. Não basta decidir litígios pontuais; é preciso construir precedentes com efeitos estruturantes, que reduzam a litigiosidade e ofereçam previsibilidade aos agentes econômicos.

O desafio do século XXI não é apenas normativo, mas hermenêutico. É preciso coragem institucional para reinterpretar, de forma sistemática e constitucionalmente orientada, os elementos da tributação sob a lógica da nova economia.

A responsabilidade do intérprete e a reconstrução do sistema tributário

A análise da crise do modelo tributário clássico e da resposta jurídica emergente evidencia que não se trata de uma mera transição entre formatos de negócios, mas de uma ruptura estrutural na forma como o valor é criado, capturado e tributado. O Direito Tributário Digital surge, assim, não como categoria de nicho, mas como um campo fundamental para a reorganização da dogmática, da jurisprudência e da política fiscal contemporânea.

Esse novo campo exige do intérprete — seja ele legislador, juiz, advogado ou gestor público — uma atitude crítica, aberta às transformações tecnológicas e comprometida com os fundamentos constitucionais. O papel do intérprete não é apenas o de aplicar normas existentes, mas o de construir, com base em princípios, soluções coerentes com a realidade concreta.

A complexidade crescente das relações digitais não pode ser enfrentada com respostas simplificadas. Tampouco a segurança jurídica pode se apoiar em ficções que desconsideram a forma como a economia realmente opera. É tempo de substituir o formalismo estático por uma racionalidade dinâmica, que reconheça a centralidade da tecnologia nos modelos de negócio e a necessidade de repensar os institutos jurídicos a partir de seus fins.

O Direito Tributário Digital brasileiro, portanto, representa um convite à reconstrução: não apenas da teoria, mas da prática e da cultura jurídica que sustenta o sistema tributário nacional. Ele propõe uma nova linguagem para um novo tempo — e a pergunta que resta é se estamos dispostos a falá-la com profundidade, responsabilidade e coragem técnica. Trata-se, assim, da necessária mentalidade milionária fiscal própria do marketing digital.

> ***"Não se trata de tributar a tecnologia, mas de compreender juridicamente as novas formas de geração de valor que ela permite."***
>
> (Dr. Faustino Júnior)

CAPÍTULO 2

AS RELAÇÕES JURÍDICAS DA ERA DIGITAL: POR UM DIREITO TRIBUTÁRIO DIGITAL

A explosão dos modelos digitais e a riqueza imaterial

A nova economia tem como característica fundamental a valorização da intangibilidade. Diferente do modelo tradicional baseado na produção industrial e na circulação física de bens, o ambiente digital opera com ativos que não se tocam, mas que têm valor econômico incontestável. Dados, algoritmos, conhecimento, atenção, reputação digital e engajamento são as novas moedas de troca. Infoprodutos, plataformas de ensino online, mentorias, aplicativos por assinatura, e-*commerces* de intermediação e sistemas de afiliados despontam como principais vetores de geração de riqueza no século XXI.

Esses modelos operam de forma altamente escalável, automatizada e descentralizada. Muitos deles dispensam estruturas físicas, estabelecimentos comerciais e mesmo vínculos territoriais fixos. Basta um servidor em nuvem, uma audiência qualificada e um meio de pagamento digital para que uma operação esteja em pleno funcionamento e gerando receita — muitas vezes em múltiplas jurisdições simultaneamente. O conceito clássico de "presença física" deixa de ser condição para a materialização da atividade econômica. Isso desafia os paradigmas legais e fiscais vigentes, que ainda associam a atividade tributável a elementos tangíveis e geograficamente localizados.

Nesse cenário, os instrumentos tradicionais do Direito Tributário mostram-se obsoletos ou insuficientes. A aferição da riqueza torna-se mais complexa quando ela se manifesta em forma de capital intelectual, autoridade digital ou acesso a bases de dados. Como mensurar a capacidade contributiva de um infoprodutor cujo ativo principal é a confiança de uma audiência construída ao longo de anos? Como definir o fato gerador em operações compostas por múltiplos elementos — conteúdos, licenças, serviços, royalties — reunidos num mesmo pacote digital? O critério de materialidade, outrora fundamental, perde efetividade diante da riqueza imaterial e simbólica que caracteriza o mundo digital.

Além disso, o ciclo econômico de muitos produtos digitais é descontínuo, híbrido e baseado em modelos de recorrência. Uma mentoria pode ser adquirida uma única vez, mas gerar valor contínuo por meio de comunidades, atualizações, eventos e suporte. O modelo de assinatura transforma a lógica do consumo e desafia os critérios tradicionais de temporalidade da incidência tributária. A linearidade entre produção, circulação e consumo é substituída por um ecossistema dinâmico, participativo e em constante retroalimentação, no qual o valor não se esgota na primeira transação.

A criação de riqueza não está mais necessariamente vinculada à propriedade de bens ou à prestação direta de um serviço. No marketing de afiliados, por exemplo, o valor econômico surge da influência e da capacidade de gerar conversões por meio de autoridade digital. Em plataformas educacionais, ele se manifesta por meio da reputação do produtor, da curadoria do conteúdo e da experiência do usuário. Em ambos os casos, o ativo tributável não é palpável — é simbólico, digital e, muitas vezes, transfronteiriço, gerando uma multiplicidade de efeitos fiscais que desafiam a estrutura jurídica vigente.

Há, portanto, um deslocamento da lógica de tributação: do tangível ao intangível, do fixo ao fluido, do local ao global. A identificação da base de cálculo, do sujeito passivo e do fato gerador exige novos critérios de análise, mais conectados com o fluxo real de geração de valor do que com a forma jurídica da operação. É urgente repensar a própria noção de riqueza tributável. Assim, o Direito Tributário Digital precisa incorporar uma abordagem mais funcional e menos formalista, que considere o valor efetivamente gerado, a participação econômica e os efeitos concretos das transações digitais.

Esse desafio não é exclusivo do Brasil. Jurisdições como França, Reino Unido e Índia têm desenvolvido o conceito de "presença econômica significativa" para tributar grandes empresas digitais mesmo sem estabelecimento físico em seus territórios. No mesmo sentido, a OCDE tem promovido discussões sobre a redefinição de nexus e a realocação dos direitos de tributação com base na geração efetiva de valor, especialmente em ambientes digitais. O

Brasil, embora parte dessas discussões, ainda carece de marcos normativos e doutrinários que traduzam tais princípios em prática tributária efetiva.

Outro fenômeno relevante é o da monetização da atenção. Plataformas como YouTube, Instagram e TikTok transformaram visualizações, curtidas e compartilhamentos em métricas de capital econômico. A atenção virou ativo comercializável, muitas vezes superior em valor a produtos físicos. Essa nova forma de geração de receita escapa à lógica tradicional de tributação, gerando lacunas regulatórias que precisam ser enfrentadas.

Também merece destaque a ascensão das criptomoedas e ativos digitais descentralizados, como NFTs, que representam novas formas de riqueza e circulação econômica. A volatilidade, anonimato e descentralização desses instrumentos dificultam sua regulação tributária com base nos conceitos clássicos. Apesar disso, já existem precedentes regulatórios em países desenvolvidos que podem servir como referência para a construção de uma abordagem brasileira consistente.

Por fim, a ausência de regulamentação específica no Brasil tem incentivado o aumento da litigiosidade e do planejamento fiscal agressivo. Muitos agentes econômicos operam em zonas cinzentas da legislação, o que favorece tanto a insegurança jurídica quanto a evasão fiscal. Esse cenário demonstra a urgência de desenvolver um modelo tributário que concilie inovação tecnológica, justiça fiscal e segurança jurídica. O Direito Tributário Digital surge, assim, como resposta teórica e prática à necessidade de um novo pacto fiscal para a era digital.

Modelos de coprodução, infoprodutos e afiliados: tensões conceituais e implicações fiscais

A estrutura de comercialização de infoprodutos no Brasil ganhou contornos próprios com a ascensão dos modelos de coprodução e marketing de afiliados. Essas modalidades, que integram a lógica da economia colaborativa, configuram verdadeiras redes de geração de valor e distribuição de receita, desafiando os limites conceituais da legislação tributária vigente.

Na coprodução, duas ou mais pessoas físicas ou jurídicas se associam para desenvolver, lançar e comercializar um produto digital — como cursos online, mentorias, ferramentas, e-books ou aplicativos. Ocorre a repartição tanto de responsabilidades (produção de conteúdo, gestão de tráfego, atendimento, copywriting, hospedagem) quanto de receitas. Contudo, esse modelo não se confunde com uma sociedade empresarial tradicional, nem com a mera prestação de serviços. A ausência de personalidade jurídica, formalização contratual precária e pulverização de receitas entre diferentes CPFs e CNPJs tornam difícil o enquadramento jurídico-tributário adequado.

Em muitos casos, a Receita Federal e os fiscos municipais têm qualificado a coprodução como prestação de serviços mútua, aplicando ISSQN sobre os valores recebidos individualmente por cada parte. Em outras situações, os fiscos estaduais, ao identificarem a entrega de conteúdo automatizado, tentam aplicar o ICMS, especialmente quando há uso de plataformas digitais com funcionalidades próprias de *streaming*, download ou acesso contínuo. Essa multiplicidade de interpretações leva a autuações cruzadas, insegurança jurídica e elevação do custo tributário da operação.

O debate sobre a materialidade tributária é particularmente sensível. A lógica tradicional exige um bem ou serviço claramente delimitado, mensurável e associado a um fluxo de riqueza tangível. Nos modelos digitais, entretanto, o valor está associado a fatores como autoridade, engajamento, posicionamento de marca e exclusividade simbólica. O Direito Comparado já começa a desenvolver mecanismos alternativos, como a noção de "valor agregado digital" (digital value creation), que busca tributar a geração de valor por meio da presença econômica e da influência digital — independentemente da entrega de um bem físico ou serviço tradicional.

Adicionalmente, os princípios da não cumulatividade do ICMS e do PIS/COFINS encontram obstáculos práticos em modelos digitais. A estrutura clássica de créditos e débitos não se aplica com a mesma clareza quando não há insumos físicos ou fornecedores tradicionais. Isso gera uma cadeia tributária distorcida, em que o produtor digital arca com carga tributária efetiva superior, sem direito ao abatimento proporcional de créditos. O resultado é um encarecimento artificial dos produtos digitais, que compromete a competitividade do setor e agrava o desequilíbrio frente a modelos tradicionais.

A assimetria entre os modelos digitais e físicos também se expressa de forma contundente na tributação. Enquanto empresas convencionais seguem submetidas a regras rígidas de registro, emissão de notas fiscais e recolhimento de tributos, muitos infoprodutores, afiliados e coprodutores atuam sob CPFs, sem CNPJ, com formalização parcial ou inexistente. Essa discrepância alimenta um ambiente de informalidade, mas também revela a inadequação do modelo tributário para acolher novas formas de organização produtiva.

No marketing de afiliados, a problemática é igualmente complexa. Nesse modelo, um terceiro (o afiliado) promove o produto digital de um produtor em troca de uma comissão, recebida automaticamente por meio da plataforma intermediadora. Embora o afiliado não detenha o conteúdo nem participe de sua construção, ele é remunerado por seu poder de influência e capacidade de gerar conversões — geralmente por meio de tráfego pago, e-mail marketing ou influência em redes sociais. Trata-se de uma nova forma de geração de valor baseada em reputação digital, que ainda não encontra enquadramento jurídico preciso.

Do ponto de vista contratual e tributário, surgem dúvidas: trata-se de intermediação de negócios, prestação de serviço publicitário, cessão de uso de imagem ou simples comissão? A resposta tem implicações tributárias distintas — ISS, IRPF, INSS, IOF — dependendo da configuração legal atribuída à operação. A ausência de contratos formais e a pulverização de pagamentos complicam ainda mais a conformidade fiscal, aumentando o risco de autuações e litígios.

O papel das plataformas intermediadoras é especialmente relevante. Elas não apenas intermediam os pagamentos, mas controlam os algoritmos de visibilidade, os critérios de precificação, a coleta de dados e a retenção de tributos. Exercem, assim, um poder que extrapola a mera intermediação e as aproxima de agentes econômicos centrais na cadeia de valor digital. A ausência de reconhecimento legal desse papel como potencial sujeito passivo ou responsável tributário revela uma lacuna grave no sistema atual.

Casos práticos ilustram a gravidade do cenário: há relatos de infoprodutores autuados retroativamente por anos de operações digitais sem recolhimento de ISS, com multas baseadas em estimativas de movimentação. Há também coprodutores que, por ausência de contrato formal, foram individualmente responsabilizados por toda a operação perante os fiscos. Afiliados, por sua vez, vêm sendo enquadrados como prestadores de serviços mesmo sem qualquer emissão de nota ou estrutura empresarial, gerando autuações cruzadas entre Receita Federal, INSS e municípios.

Por fim, o quadro se completa com a disputa federativa. Estados, Municípios e União criam normativas, interpretam à sua maneira as operações digitais e tentam capturar parcelas da arrecadação. Essa guerra fiscal digital, sem mediação normativa nacional, resulta em sobreposição de exigências, risco de bitributação e comprometimento da liberdade econômica.

Enquanto o Estado insiste em tributar o intangível com instrumentos do século passado, milhares de operações digitais seguem crescendo à margem da lei — não por omissão, mas por inadequação do próprio sistema. A superação dessas tensões exige mais do que simples ajustes legais. Exige uma reconstrução interpretativa que reconheça a complexidade, fluidez e intangibilidade da nova economia como expressão legítima de riqueza tributável.

Mentorias, plataformas educacionais e a crise interpretativa do sistema tributário

A tributação de mentorias, cursos digitais e plataformas educacionais é um dos maiores pontos cegos do Direito Tributário atual. Embora esse setor tenha crescido exponencialmente, gerando renda, capacitação e novas formas de inserção no mercado de trabalho, ele segue sem um regime jurídico próprio, ficando à mercê de analogias inadequadas. Trata-se de um segmento que, ao mesmo tempo, representa inovação e inclusão social — e que, paradoxalmente, sofre com o peso da insegurança jurídica.

A questão central gira em torno da qualificação jurídica da atividade. Cursos online, mentorias, trilhas de conhecimento, workshops gravados e aulas ao vivo são interpretados ora como serviços, ora como fornecimento de conteúdo, ora como cessão de direito autoral ou mesmo como produto. A instabilidade conceitual resulta em diferentes tributações possíveis: ISS, ICMS, IR, PIS/COFINS, INSS, entre outros — com riscos de cumulação, autuações retroativas e bitributação.

A lógica da não cumulatividade é praticamente inaplicável nessas estruturas. Como não há insumos materiais e a cadeia de valor é intangível, os créditos de ICMS ou PIS/COFINS tornam-se irrelevantes ou inexistentes, gerando carga tributária líquida elevada. O infoprodutor que não pode abater créditos encontra-se em desvantagem em relação a negócios tradicionais, o que distorce o princípio da neutralidade econômica.

Surge aqui a figura do "produto híbrido digital", cada vez mais comum: um curso ao vivo que dá acesso a comunidade, materiais escritos, gravações, suporte e ferramentas. Essa complexidade não é adequadamente captada pela legislação vigente. Tentar forçar tais modelos em categorias binárias — serviço ou produto — compromete a racionalidade do sistema e gera distorções inaceitáveis.

A guerra fiscal entre municípios reforça essas distorções. Há casos em que o prestador da mentoria está em um município, o cliente em outro, e a plataforma que processa o pagamento em um terceiro. Em diversas situações, dois entes municipais reivindicam a tributação pelo ISS com base em regras conflitantes. Essa disputa reflete a obsolescência da regra matriz de incidência, pensada para serviços presenciais e unilocalizados.

As plataformas digitais, por sua vez, exercem papel cada vez mais ativo na dinâmica educacional. Elas definem a visibilidade de produtos, interferem na precificação, criam algoritmos que priorizam ou limitam entregas e, em muitos casos, moldam a experiência pedagógica. Não se trata mais de simples gateways de pagamento, mas de verdadeiros curadores educacionais, cuja influência econômica e fiscal exige reconhecimento jurídico. Ignorar seu papel nas relações tributárias é ignorar a nova arquitetura da economia do conhecimento.

Mesmo a recente Emenda Constitucional 132, que promove ampla reforma no sistema tributário brasileiro, falha em abordar diretamente os desafios trazidos pela educação digital. A transição para o IBS e a CBS não resolve a dúvida elementar: o que é, juridicamente, um curso digital? Sem essa resposta, as novas contribuições replicarão as mesmas inseguranças da tributação atual.

Nesse contexto, emerge a necessidade de um novo vocabulário jurídico-tributário. Mais do que criar exceções ou regimes especiais, é preciso reconhecer que estamos diante de uma nova base de incidência: o conhecimento digital como forma legítima de riqueza. E essa riqueza, como tal, deve ser tributada com racionalidade, clareza e justiça fiscal.

Por fim, talvez o primeiro passo não seja legal, mas pedagógico: é preciso alfabetizar o sistema sobre o que, de fato, constitui um produto de conhecimento na era digital. Não se trata de proteger nichos ou reinventar exceções, mas de entender que o conhecimento se tornou capital. E como capital, precisa ser tratado com inteligência tributária, e não com fórmulas ultrapassadas que apenas geram conflito, insegurança e desigualdade competitiva.

Jurisprudência fragmentada e a urgência de um paradigma funcional

As tentativas do Judiciário de acompanhar a transformação digital da economia têm sido marcadas por avanços pontuais, omissões significativas e contradições perigosas. Em alguns casos, como nas ADIs 1945 e 5659, o Supremo Tribunal Federal reconheceu a incidência do ISS sobre softwares padronizados — um aceno importante para a adaptação das categorias jurídicas à realidade intangível. No entanto, a falta de uniformidade e de uma diretriz sistemática impede que tais decisões gerem efeitos concretos de estabilidade.

O silêncio da jurisprudência superior sobre temas como a tributação de mentorias, infoprodutos híbridos, coproduções, marketing de afiliados, *dropshipping* e *fulfillment* internacional cria um vácuo interpretativo preocupante. Essa omissão não é neutra: ela gera espaço para interpretações arbitrárias, para a atuação desenfreada de fiscos locais e para autuações que partem de fundamentos ultrapassados. O resultado é uma multiplicação de litígios e a consolidação de uma cultura de judicialização da inovação.

Além disso, há um desalinhamento grave entre o tempo da economia digital e o tempo do Judiciário. Enquanto *startups* escalam e pivotam modelos de negócio em ciclos trimestrais, processos judiciais se arrastam por anos — muitas vezes resultando em decisões anacrônicas frente ao modelo já superado. Essa desconexão temporal compromete a utilidade prática da jurisprudência como guia para a atividade econômica.

A insistência do Judiciário em utilizar categorias tradicionais como "circulação de mercadorias" ou "prestação de serviços" para decidir casos envolvendo plataformas digitais revela a limitação do instrumental dogmático atual. Ignora-se o caráter multifacetado dessas operações, que envolvem tecnologia, dados, conhecimento e interação em tempo real — elementos que não se encaixam nas categorias clássicas de produto ou serviço.

Mesmo a jurisprudência que busca inovar frequentemente recai em soluções casuísticas, sem construir precedentes sólidos e aplicáveis a outros casos semelhantes. A ausência de sistematização impede que operadores do direito e empreendedores tenham previsibilidade, o que prejudica o planejamento tributário e alimenta a insegurança jurídica.

Nesse cenário, o Superior Tribunal de Justiça, enquanto Corte de uniformização da legislação infraconstitucional, possui papel estratégico. Sua atuação pode ser decisiva na consolidação de entendimentos que orientem o comportamento da administração tributária e do mercado. No entanto, essa função ainda não foi assumida com a contundência que o momento histórico exige.

A omissão judicial já não é apenas uma falha técnica; ela é, em muitos casos, um obstáculo estrutural ao avanço da economia digital brasileira. A judicialização preventiva, em que empresas ingressam com ações antes mesmo de iniciarem operações, torna-se um sintoma grave da ausência de segurança normativa.

Por fim, é preciso reconhecer que o Judiciário tem a oportunidade e o dever de participar ativamente da construção do novo Direito Tributário Digital brasileiro. Uma abordagem funcional, baseada na lógica econômica das operações, nas novas formas de geração de valor e nas especificidades do ambiente digital, é o único caminho para uma tributação justa e eficiente.

Enquanto o Estado insiste em tributar o intangível com instrumentos do século passado, milhares de operações digitais seguem crescendo à margem da lei — não por omissão, mas por inadequação do próprio sistema.

Um manifesto pela reconstrução tributária na era digital

A realidade tributária brasileira chegou a um ponto de inflexão. Normas desatualizadas, interpretações anacrônicas e estruturas institucionais fragmentadas estão colapsando diante de uma economia cada vez mais fluida, descentralizada e imaterial. A contradição entre forma e substância não é mais episódica — tornou-se estrutural.

A digitalização da economia não é um fenômeno transitório — ela reconfigura, de forma permanente, os fundamentos da produção, da circulação de valor e da interação entre agentes econômicos. Modelos como *dropshipping*, plataformas de cursos, coproduções e marketing de afiliados não são meras inovações marginais, mas expressões legítimas de um novo padrão civilizatório de geração de riqueza.

Nesse contexto, insistir na aplicação de institutos concebidos para tributar fábricas, lojas físicas e prestações presenciais é o mesmo que tentar medir o oceano com uma régua de madeira. A crise atual não decorre da ausência de normas, mas da inadequação estrutural do sistema vigente — um sistema que tributa de forma desigual, estimula litígios, desincentiva a formalização e penaliza a inovação.

É chegada a hora de um novo compromisso fiscal, que rompa com a cultura de improviso e insegurança. O Direito Tributário Digital brasileiro deve ser construído com base em cinco pilares fundamentais:

1. Funcionalidade — tributação conforme a lógica econômica das operações, e não segundo rótulos jurídicos obsoletos;
2. Neutralidade tecnológica — evitando que o meio digital represente ônus ou privilégio tributário;
3. Presença econômica significativa — como critério de conexão tributária, independentemente de sede física;
4. Simplificação normativa — com clareza conceitual, redução de sobreposição de competências e facilitação do *compliance*;
5. Justiça fiscal — repartição proporcional do ônus tributário, reconhecendo a capacidade contributiva digital.

A reconstrução tributária exige ação coordenada entre os três Poderes. O Legislativo deve enfrentar o desafio de criar marcos legais que reconheçam as novas formas de trabalho, consumo e renda; o Executivo precisa orientar seus órgãos arrecadatórios para práticas compatíveis com a nova realidade; e o Judiciário deve consolidar entendimentos coerentes, abandonando a inércia analítica em nome de uma visão funcional e prospectiva.

Não se trata apenas de modernizar regras. Trata-se de preservar a competitividade do país, de assegurar segurança jurídica para empreendedores e de garantir que o Estado arrecade com legitimidade, sem sufocar a inovação. Persistir na negação dessa realidade não é conservadorismo jurídico — é cegueira institucional.

É por isso que não pode promover meros ajustes cosméticos ou remendos interpretativos. Impõe-se um novo marco teórico e prático. Um manifesto pela reconstrução tributária que enxergue o digital não como exceção a ser tolerada, mas como regra a ser compreendida.

Ou o sistema se reinventa com base na realidade digital — ou se assistirá à consolidação de duas economias paralelas: uma formal, sufocada por normas inaplicáveis, e outra fluida, informal e intangível, que cresce à margem da lei e à revelia do Estado.

Um chamado à inovação estrutural no Direito Tributário

A era digital não é apenas uma fase da história econômica — é a fundação de um novo ciclo civilizacional. Se o Direito Tributário brasileiro não se adaptar a essa ruptura, corre-se o risco de manter um aparato fiscal voltado ao passado, alheio à realidade de milhões de agentes econômicos que constroem valor de forma descentralizada, digital e colaborativa.

Persistir com estruturas jurídicas baseadas exclusivamente em materialidade, territorialidade e categorias jurídicas obsoletas é renunciar à efetividade do sistema. A fluidez do valor na nova economia exige um modelo de tributação capaz de reconhecer intangíveis, métricas de presença econômica significativa e formas emergentes de riqueza, muitas vezes não captadas por critérios clássicos.

A urgência não é apenas legislativa, mas epistemológica. É necessário abandonar a crença de que a interpretação extensiva de normas antigas resolverá problemas novos. A complexidade das plataformas, dos algoritmos, das redes de cocriação e dos dados exige uma nova racionalidade jurídica. Um novo alfabeto tributário.

Esse novo Direito Tributário Digital não se resume à digitalização do que já existe — trata-se de reconstruir fundamentos, resgatar a função econômica da tributação e redesenhar as relações entre Estado e contribuinte sob uma nova gramática de legitimidade fiscal. Portanto, a adequada tributação digital não é apenas um desafio jurídico; é uma questão de soberania, de justiça econômica e de viabilidade institucional.

> ***"O que está em jogo não é o futuro da arrecadação, é o futuro da legitimidade do Estado. Ou reformamos o sistema à altura da nova economia, ou vamos assistir ao colapso silencioso da autoridade fiscal frente à inovação, como quem tenta conter o oceano com barreiras de papel."***
>
> (Dr. Faustino Júnior)

CAPÍTULO 3

OS PROBLEMAS DA APLICAÇÃO DOS CONCEITOS TRADICIONAIS DO DIREITO TRIBUTÁRIO NO DIREITO DIGITAL

Presença digital como elemento tributário: rupturas conceituais

A tributação da presença digital significativa marca uma inflexão histórica no Direito Tributário. Até recentemente, os elementos que configuravam o dever de pagar tributos estavam vinculados à materialidade: um endereço físico, um estoque tangível, uma operação localizada. No entanto, com a ascensão da economia digital, tornou-se evidente que valor pode ser gerado, capturado e monetizado sem qualquer ancoragem territorial ou material.

Plataformas digitais, influenciadores, *marketplaces*, sistemas de *streaming*, SaaS e aplicativos mobile são capazes de movimentar bilhões em receitas em um país sem sequer manterem um único servidor ou escritório local. A lógica clássica do "estabelecimento permanente" ou da "residência fiscal" torna-se obsoleta diante da imaterialidade radical da operação digital. Isso gerou um colapso da noção tradicional de presença tributária — um vácuo jurídico que ameaça a arrecadação e mina a legitimidade do sistema.

A presença digital significativa surge, então, como tentativa de preencher esse vazio, substituindo a localização física pela presença econômica mensurável. Trata-se de considerar como critério de conexão tributária indicadores como número de usuários ativos, volume de dados trafegados, receita obtida em território nacional ou mesmo influência social e engajamento em plataformas. Esse deslocamento do critério da materialidade para o da relevância econômica inaugura um novo paradigma de conexão fiscal.

Não se trata apenas de atualizar a legislação, mas de reconhecer uma nova gramática de pertencimento fiscal: não mais "onde você está", mas "onde você impacta". Isso exige uma revisão profunda das estruturas normativas, doutrinárias e jurisprudenciais que sustentaram o modelo anterior. A desmaterialização da riqueza impõe a desmaterialização do vínculo tributário.

Esse novo modelo também implica riscos. Sem balizas claras, abre-se margem para arbitrariedades, dupla tributação ou evasão sofisticada. A definição de "presença significativa" ainda é controversa: quantos usuários justificam tributação? Qual é o patamar mínimo de receita? Como aferir engajamento com segurança jurídica? A ausência de respostas unívocas expõe a fragilidade das tentativas atuais.

Além disso, deve-se destacar o impacto que essa mudança traz à lógica de alocação de competência tributária no federalismo fiscal. Se a presença digital passa a ser critério legítimo de incidência, surgem dúvidas sobre a repartição de receitas entre entes federativos, exigindo reinterpretações constitucionais e, eventualmente, reformas legais de grande amplitude. Trata-se de uma transformação que demanda tanto visão estratégica quanto habilidade técnica.

O debate também precisa considerar o papel das plataformas como hubs de poder econômico e fiscal. Elas não apenas intermediam operações, mas concentram dados, controlam algoritmos de visibilidade e impõem regras contratuais, definindo, de fato, o funcionamento de mercados inteiros. A omissão do legislador em enquadrá-las como sujeitos relevantes na relação tributária é uma lacuna que precisa ser enfrentada.

Outro aspecto relevante é a assimetria na tributação entre os modelos digitais e físicos. Empresas que operam exclusivamente no ambiente digital muitas vezes escapam de obrigações que pesam sobre comércios tradicionais, gerando desequilíbrio concorrencial. Essa desigualdade, além de ferir o princípio da isonomia, compromete a livre concorrência e perpetua um modelo regressivo de arrecadação.

Ignorar essa transição é mais perigoso do que enfrentá-la. Ao continuar ancorado em critérios do século XX, o Estado renuncia a tributar boa parte da economia do século XXI. A construção de um novo alicerce para a incidência tributária na era digital — baseado na relevância econômica e não na presença física — é imperativa para restaurar o equilíbrio, assegurar justiça fiscal e preservar a autoridade tributária.

Essa ruptura conceitual não é um modismo acadêmico: é a única resposta possível à reorganização global da criação de valor. O Direito Tributário Digital propõe, portanto, uma mudança de eixo: do tangível ao intangível, do fixo ao fluido, do território à rede. E é nesse novo território jurídico que a presença digital significativa assume papel central.

A esse cenário soma-se a promulgação da Reforma Tributária de 2025, que, apesar de representar um avanço institucional relevante — ao unificar tributos e simplificar obrigações —, ainda se mostra insuficiente para lidar com os desafios estruturais da economia digital. A criação da CBS e do IBS racionalizou a base de consumo, mas não solucionou as distorções na tributação de bens e serviços digitais, tampouco incorporou critérios de relevância econômica ou presença digital significativa.

Na prática, o novo sistema mantém a lógica de alocação territorial clássica, o que reforça a dissonância entre estrutura normativa e realidade econômica. A Reforma de 2025 não avançou sobre conceitos como domicílio digital, mercado de impacto ou fator gerador descentralizado. Em um cenário de plataformas globais, com fluxos de dados em tempo real e cadeias produtivas distribuídas, isso significa que o Estado segue tentando tributar com mapas impressos um mundo que opera em satélite.

O Direito Tributário Digital, por sua vez, avança além da simplificação: propõe uma reestruturação paradigmática da própria conexão fiscal, com base na forma como valor é criado e capturado na nova economia. Em um mundo onde os limites entre produtor, consumidor e plataforma são tênues, qualquer resposta normativa que ignore essa complexidade está fadada à obsolescência.

O domicílio fiscal na era das nuvens: problemas de territorialidade

A ideia de domicílio fiscal sempre foi um pilar do Direito Tributário clássico. Associado a um endereço físico ou ao local onde se concentram as decisões empresariais, o domicílio fiscal cumpria a função de fixar o vínculo jurídico entre contribuinte e Estado. No entanto, com o avanço das tecnologias digitais e a virtualização dos modelos de negócio, esse conceito passou a operar como uma ficção jurídica desconectada da realidade econômica.

Empresas digitais podem gerar receitas bilionárias em diversos países sem presença física local. A territorialidade do domicílio, nesse contexto, torna-se irrelevante para efeitos de arrecadação. A tentativa de localizar atividades em uma sede jurídica fixa colide com a fluidez das operações em nuvem. Plataformas globais operam de forma descentralizada, com servidores espalhados pelo mundo, equipes remotas e estruturas contratuais complexas — o que desafia os próprios fundamentos da territorialidade tributária.

Essa problemática levou organismos internacionais, como a OCDE, a proporem a redefinição do domicílio fiscal com base no chamado "domicílio de mercado", tal como previsto no Pilar 1 do projeto BEPS 2.0. Nesse modelo, o local relevante para fins tributários passa a ser onde os consumidores estão localizados e onde a receita é efetivamente gerada, ainda que não haja presença física da empresa. Jurisdições como Índia, Reino Unido e França já adotaram medidas nesse sentido, ampliando o escopo de tributação sobre atividades digitais com base no impacto econômico.

No plano interno, essa mudança exige uma reinterpretação constitucional profunda. A alocação de competências tributárias previstas nos artigos 155 e 156 da Constituição precisará ser confrontada com a nova realidade de empresas que cruzam fronteiras sem atravessar fisicamente qualquer território. A ausência de uma abordagem coordenada entre União, Estados e Municípios gera conflitos de competência e aumenta o risco de dupla tributação.

Outro ponto sensível diz respeito à tentativa de vincular o domicílio fiscal à localização de servidores ou data centers. Essa estratégia, adotada por alguns fiscos, é cada vez mais anacrônica. A lógica da computação em nuvem pressupõe que os dados sejam processados de maneira distribuída, conforme a demanda e a capacidade computacional, e não com base na localização física do servidor. O local onde o dado é processado raramente coincide com o local onde o valor é extraído.

Nesse cenário, ganha força a proposta de domicílio funcional, ou domicílio de impacto. Trata-se de um critério que considera o local onde há geração de valor econômico, engajamento do usuário ou monetização de dados — elementos mais fiéis à lógica da economia digital. O desafio é estruturar juridicamente esse critério sem abrir margem a arbitrariedades.

A ausência de um modelo normativo claro também afeta o planejamento tributário e a previsibilidade jurídica, especialmente para *startups*, *fintechs* e empresas SaaS. Muitos negócios digitais, diante da incerteza sobre onde serão tributados, optam por estruturas *off-shore*, migrando receitas e desincentivando a formalização local. Isso mina a base arrecadatória e aprofunda a assimetria entre grandes plataformas globais e empreendedores nacionais.

A questão, portanto, não é apenas técnica — é política e institucional. Requer uma nova pactuação federativa e, em última instância, uma coordenação internacional. Sem isso, o Brasil continuará penalizando o contribuinte nacional enquanto deixa escapar receitas de corporações estrangeiras.

Como alerta o Direito Tributário Digital, insistir na territorialidade clássica é tentar capturar a nova economia com mapas antigos. O resultado é a erosão da base tributária, o aumento da litigiosidade e a progressiva desconexão entre a realidade econômica e o sistema fiscal. O futuro da tributação depende de reconhecer que, na era das nuvens, o verdadeiro território é o dado — e seu valor é o novo critério de pertencimento fiscal.

A natureza jurídica dos dados e a tributação da informação na economia digital

A ascensão da economia digital trouxe os dados para o centro da atividade econômica. Informações geradas, coletadas, processadas e monetizadas tornaram-se ativos estratégicos, capazes de gerar receitas bilionárias com base apenas em sua utilização inteligente. No entanto, a sistemática tributária brasileira ainda carece de critérios claros sobre como qualificar juridicamente os dados — se como bem, serviço, ativo intangível ou mero insumo tecnológico.

É fundamental distinguir entre diferentes categorias de dados: dados pessoais, dados anonimizados, dados sensíveis e dados comportamentais. Essa tipologia tem impacto direto na forma de exploração econômica e, por consequência, na definição da base tributável. A ausência de clareza sobre essa categorização gera uma lacuna normativa que compromete a efetividade da fiscalização e da arrecadação.

A falta de consenso sobre a natureza jurídica dos dados gera impactos diretos sobre a incidência tributária. Se os dados forem considerados bens, poderia haver aplicação de ICMS em determinadas operações. Caso sejam vistos como serviços, o ISS seria o imposto incidente. Se forem tratados como ativos intangíveis, abre-se margem para incidência de tributos federais, como IRPJ, CSLL e PIS/COFINS, dependendo da forma de exploração e amortização contábil.

Além disso, a produção de valor baseada em dados frequentemente escapa das malhas tradicionais de fiscalização. Plataformas que coletam informações de usuários, processam perfis de comportamento e vendem espaço publicitário segmentado criam riqueza real sem, necessariamente, realizar transações formalizadas ou emitirem documentos fiscais. Isso desafia o conceito clássico de fato gerador e exige a reinterpretação da materialidade econômica como fundamento da tributação.

Estudos recentes da OCDE indicam que a economia digital representa atualmente mais de 15% do PIB global, e que esse número deve ultrapassar 25% até o final da década. No Brasil, mais de 10 milhões de pessoas já atuam na chamada "nova economia" — seja como criadores de conteúdo, afiliados, desenvolvedores, gestores de tráfego, infoprodutores ou empreendedores digitais. Conforme dados do próprio Google, o e-*commerce* nacional já movimenta mais de R$ 250 bilhões por ano. Isso evidencia que o vácuo tributário sobre os dados é hoje uma das maiores renúncias fiscais silenciosas do país. Um modelo que ignora esse cenário não é apenas ineficiente: é economicamente irresponsável.

Plataformas digitais não apenas utilizam dados — elas os transformam em ativos financeiros por meio de perfilamento, segmentação e leilões automatizados de mídia. A chamada valoração algorítmica representa uma forma inédita de geração de valor, que se dá pela organização inteligente dos dados e não por sua posse física. Essa riqueza, embora imaterial, é mensurável e monetizável, e precisa ser reconhecida como fato gerador de obrigações tributárias.

Outro ponto relevante é o hiato entre a LGPD e o sistema tributário. A Lei Geral de Proteção de Dados brasileira trata o dado como objeto de proteção individual, mas não há integração normativa com a lógica da arrecadação. A ausência de diálogo entre essas esferas compromete a construção de um modelo tributário compatível com os valores constitucionais da proteção de dados e da justiça fiscal.

Nesse contexto, propõe-se a adoção de indicadores econômicos para mensuração da base tributária informacional, como número de usuários, volume de dados trafegados, intensidade de engajamento e receita por segmentação. Esses elementos podem servir como parâmetros objetivos para definir a presença econômica e estruturar regimes de tributação adequados à era digital.

No Direito Tributário Digital, portanto, o dado assume dupla natureza: como ativo e como base de incidência. Esse reconhecimento exige a criação de uma dogmática própria, capaz de lidar com questões como territorialidade dos dados, monetização de perfis, valoração algorítmica e estruturação de operações com base em inteligência artificial. É preciso avançar para além da tributação da superfície — e penetrar o coração informacional da economia contemporânea.

Tributação da presença econômica digital: do vínculo territorial ao vínculo de mercado

A consolidação da economia digital desmontou o alicerce clássico da conexão fiscal: a presença física. Empresas transnacionais já não precisam cruzar fronteiras para gerar valor — basta um clique. No contexto digital, operam, vendem, capturam dados e lucram intensamente em múltiplas jurisdições — muitas vezes sem instalar um único escritório ou servidor no território em questão. Essa realidade escancara uma lacuna profunda no modelo de incidência tributária vigente, cujas bases ainda estão ancoradas na territorialidade clássica e no estabelecimento permanente.

Como visto anteriormente, a valoração de dados como ativos tributáveis já demonstra a necessidade de adaptação do sistema. Agora, é preciso dar um passo além e compreender como essa nova realidade exige uma redefinição da própria noção de conexão tributária.

É nesse cenário que surge o conceito de presença econômica digital significativa como critério legítimo para fins de tributação. Esse conceito não se vincula à localização geográfica da empresa, mas sim à intensidade e ao impacto de sua atuação no mercado consumidor de um determinado país. O foco desloca-se do "onde está a empresa" para o "onde está o valor econômico gerado e capturado".

A presença econômica significativa pode ser aferida por meio de múltiplos parâmetros objetivos, como:

- Receita bruta anual auferida com usuários localizados em determinado território;
- Número de usuários ativos ou contas registradas;
- Volume de dados coletados, processados e monetizados localmente;

- Interação e engajamento em plataformas digitais;
- Participação em redes de publicidade localizadas ou personalizadas.

Essa abordagem rompe com o paradigma físico-jurídico do passado e inaugura um modelo fundado na relevância econômica. É uma tentativa de alinhar o sistema tributário à nova geografia do valor, em que fronteiras físicas cedem lugar a fluxos informacionais e conexões digitais. A lógica é clara: se os dados são ativos monetizáveis — como se viu no bloco anterior — então o engajamento que os gera é expressão direta de presença econômica.

Contudo, a operacionalização desse modelo exige balizas normativas sólidas para evitar arbitrariedades. A ausência de definições claras sobre os limites da "significância" pode gerar insegurança jurídica, dupla tributação ou, ainda, fuga de investimentos. Por isso, muitos países optaram por adotar regras de transição e mecanismos unilaterais temporários, enquanto se constroem soluções multilaterais mais robustas — como o Pilar 1 do Projeto BEPS 2.0, da OCDE.

No Brasil, a ausência de um marco normativo específico sobre a presença econômica digital tem gerado insegurança e judicialização. Empresas digitais, especialmente aquelas sediadas no exterior, exploram lacunas legislativas para operar em larga escala sem qualquer recolhimento efetivo de tributos no território nacional. Isso aprofunda a desigualdade concorrencial com empresas locais, que arcam com obrigações complexas e pesadas.

Ademais, a Reforma Tributária de 2025, embora relevante por instituir a CBS e o IBS, ainda não incorporou plenamente os desafios da economia digital. O novo sistema manteve a ênfase em critérios territoriais e não introduziu, por exemplo, elementos de tributação baseados em mercado ou critérios de alocação por engajamento digital. O risco, portanto, é cristalizar um sistema tributário moderno na estética, mas arcaico na essência — um tributo digital de fachada que ignora a lógica econômica do século XXI.

A experiência internacional oferece caminhos viáveis. A França, por exemplo, aplica a chamada Digital Services Tax (DST), cobrando 3% sobre a receita gerada por serviços digitais prestados a usuários franceses. A Índia adotou o "Equalisation Levy" sobre pagamentos por publicidade digital. Já o Reino Unido aplica a DST com foco em plataformas de redes sociais, motores de busca e *marketplaces*. Essas iniciativas, mesmo que unilaterais, pressionaram por avanços multilaterais e influenciaram a pauta da OCDE.

No contexto brasileiro, uma política fiscal voltada à presença digital deve considerar tanto a arrecadação quanto o estímulo à formalização da nova economia. Pequenos e médios empreendedores digitais — como criadores de conteúdo, afiliados, gestores de tráfego e infoprodutores — precisam de um ambiente previsível e proporcional, que não os trate com a rigidez reservada a grandes conglomerados. A ausência de regras claras inibe a conformidade voluntária e cria um ambiente de informalidade crônica.

O Direito Tributário Digital, nesse sentido, propõe uma nova teoria da conexão fiscal: uma que reconhece o dado, o engajamento e o impacto econômico como fundamentos legítimos de tributação. Esse novo paradigma demanda, simultaneamente, avanço técnico, coordenação federativa e pactuação internacional.

A presença econômica digital não é apenas uma hipótese de incidência tributária: é um reflexo da reorganização global da produção de valor. Tributá-la não é mais uma escolha política ou ideológica, mas se constitui numa condição de sobrevivência fiscal num mundo onde, cada vez mais, os fatos geradores tributáveis são ocasionados em transações e atividades digitais.

Algoritmos, inteligência artificial e a geração automatizada de valor

A revolução digital não se limita à virtualização dos negócios ou à monetização dos dados. Um de seus desdobramentos mais impactantes é a geração de valor a partir de processos totalmente automatizados, conduzidos por algoritmos e inteligências artificiais (IA). O sistema tributário, construído para tributar pessoas e relações jurídicas convencionais, encontra dificuldades estruturais para lidar com esse novo agente produtivo que não é uma empresa, nem uma pessoa física, mas um código que aprende e age com autonomia.

Algoritmos sofisticados já tomam decisões sobre investimentos, precificação, concessão de créditos, recomendação de produtos e gerenciamento de riscos. Esses sistemas, alimentados por bases massivas de dados, operam em tempo real, substituindo funções humanas e aumentando exponencialmente a produtividade das empresas. O resultado é a criação de riqueza sem a mediação direta de sujeitos identificáveis, dificultando a localização do fato gerador e da base tributável.

Esse fenômeno inaugura um novo paradigma de materialidade tributária: a materialidade algorítmica. Nela, o valor não se associa mais a um bem tangível, serviço prestado ou renda obtida por pessoa física ou jurídica, mas à capacidade de um sistema computacional gerar resultados econômicos mensuráveis a partir de comandos autônomos.

A falta de regulação específica sobre os efeitos fiscais da IA abre margem para lacunas de arrecadação e desigualdade concorrencial. Grandes plataformas digitais operam algoritmos proprietários que concentram receitas em poucos centros empresariais, mesmo que o valor seja gerado por interações com milhões de usuários espalhados pelo mundo. A desconexão entre o local da operação algorítmica e a origem da riqueza impede a justa distribuição da carga tributária.

Do ponto de vista normativo, o desafio é conceituar a atuação da IA como fato jurídico relevante para fins fiscais. Isso pode ocorrer por meio de:

- Reconhecimento do algoritmo como "elemento ativo" na cadeia produtiva;
- Aplicação de critérios de presença econômica baseados na atuação autônoma de sistemas digitais;
- Criação de métricas contábeis para valoração dos resultados algorítmicos;
- Integração entre legislação tributária e marcos regulatórios da IA.

Estudos recentes do FMI e da OCDE apontam que mais de 60% das transações digitais já são influenciadas, parcial ou totalmente, por inteligências artificiais. Esse número deve ultrapassar 80% até 2030, com a consolidação de sistemas como assistentes autônomos, chatbots empresariais, robôs fiscais e algoritmos de gestão automatizada de cadeias logísticas.

No Brasil, a Reforma Tributária de 2025 ainda não abordou diretamente os efeitos da IA sobre a geração de valor e sua respectiva tributação. A manutenção de uma abordagem centrada em fatos materiais clássicos pode gerar uma distorção progressiva entre a riqueza gerada e a base tributada. A desconexão entre a produtividade real e os instrumentos de tributação clássicos compromete a equidade, a eficiência e a capacidade arrecadatória do Estado.

O Direito Tributário Digital, nesse contexto, deve desenvolver ferramentas conceituais e normativas para lidar com a inteligência artificial não como mera tecnologia, mas como sujeito indireto da relação econômica. A criação de métricas fiscais baseadas em valor algorítmico, engajamento automatizado e desempenho computacional é o primeiro passo para uma tributação aderente à nova realidade tecnológica. Caso contrário, corre-se o risco de aplicar tributos analógicos a uma economia que já opera em código binário.

Plataformas digitais, intermediação e a desconexão com o fato gerador clássico

A economia digital deslocou o centro da atividade econômica para plataformas que não produzem bens, nem prestam serviços diretamente — mas intermediam, organizam e extraem valor de milhares de transações diárias. Elas são o novo epicentro da criação de riqueza, mas o sistema tributário ainda tenta enquadrá-las em categorias jurídicas obsoletas.

No cerne desse novo modelo estão as plataformas digitais — estruturas tecnológicas que viabilizam a conexão entre ofertantes e demandantes, organizam fluxos de informação, intermedeiam transações e, muitas vezes, extraem valor sem operar diretamente na relação de consumo. Elas representam um novo tipo de agente econômico, cuja atuação desafia os moldes tradicionais da intermediação comercial ou da prestação de serviços.

Ao intermediar milhares ou milhões de operações por meio de algoritmos, sistemas de ranqueamento e controle de reputação, essas plataformas capturam parte substancial do valor gerado nas pontas da relação. No entanto, essa captação de valor nem sempre está vinculada à emissão de documentos fiscais ou à constituição formal de uma obrigação tributária. Isso cria um descompasso entre a riqueza efetivamente gerada e a incidência dos tributos existentes.

Esse fenômeno é particularmente evidente em plataformas de venda de infoprodutos, como Hotmart, Eduzz e Monetizze, que comercializam cursos online, e-books e mentorias, e em *marketplaces* de *dropshipping* como Shopify, AliExpress, TikTokShop e similares, nos quais fornecedores e consumidores podem estar localizados em diferentes países, enquanto a plataforma apenas articula a transação. Nessas operações, a materialidade do fato gerador se dilui diante da ausência de circulação física de mercadoria, emissão de nota fiscal e definição clara de domicílio tributário.

Isso aprofunda uma distorção concorrencial: enquanto pequenos empreendedores locais precisam cumprir uma extensa carga tributária, plataformas digitais globais frequentemente operam à margem da arrecadação, valendo-se de lacunas normativas. A ausência de critérios objetivos sobre quem deve recolher os tributos incidentes nas operações intermediadas dificulta a implementação de uma tributação eficaz e justa nesse setor.

O ponto nevrálgico está na definição de sujeito passivo: seria o prestador do serviço? O tomador? A plataforma que viabiliza a operação? Sem uma resposta clara, os fiscos enfrentam barreiras para fiscalizar, autuar e arrecadar. Isso favorece práticas de elisão por meio da fragmentação artificial das operações e amplia as assimetrias entre negócios digitais e físicos.

Além disso, muitas plataformas atuam em múltiplas jurisdições simultaneamente, promovendo transações entre usuários de diferentes países. A ausência de um critério de territorialidade compatível com o funcionamento em nuvem e com a ubiquidade digital compromete a alocação justa do poder tributário entre os entes federativos e entre os países.

O Direito Tributário Digital precisa, portanto, propor soluções concretas para o tratamento fiscal das plataformas. Isso inclui:

- Definir critérios objetivos para caracterização da presença econômica significativa das plataformas em determinada jurisdição;
- Estabelecer parâmetros de responsabilidade solidária ou subsidiária da plataforma em relação ao recolhimento dos tributos incidentes nas operações intermediadas;
- Criar modelos declaratórios adaptados à lógica de intermediação digital, com foco em rastreabilidade e transparência;
- Promover a cooperação fiscal entre entes federados e, em âmbito internacional, entre administrações tributárias.

A permanência dessa zona cinzenta fiscal representa uma renúncia bilionária silenciosa e contínua. Se o Estado não desenvolver mecanismos de captação eficazes nesse novo ecossistema, corre o risco de se tornar obsoleto como arrecadador, financiando o futuro com ferramentas do passado.

Tributação em um mundo sem fronteiras físicas: o ICMS entre a inércia e a reinvenção

O avanço do e-*commerce* automatizado e das operações de *dropshipping* colocou o ICMS — um tributo moldado na lógica industrial do século XX — diante de seu maior desafio histórico. A tributação sobre a circulação física de mercadorias se tornou estruturalmente incompatível com um mercado onde o valor circula por APIs, o estoque é globalizado e a entrega ocorre sem que o vendedor sequer manuseie o produto.

A materialidade do fato gerador, tal como prevista na legislação vigente, exige a identificação de três elementos: a mercadoria, sua circulação entre estabelecimentos e a transferência da titularidade. No entanto, o comércio digital dissolveu todos esses elementos em códigos, cliques e contratos eletrônicos executados entre partes que nem sempre se enquadram na definição de "estabelecimento" ou "contribuinte habitual".

No *dropshipping*, o consumidor adquire produtos de fornecedores internacionais por meio de uma vitrine digital brasileira, mas sem qualquer armazenamento ou internalização fiscal do bem. Em muitas dessas operações, não há nota fiscal, domicílio tributário ou sequer presença jurídica reconhecida do fornecedor no Brasil. Resultado: o ICMS não incide, não porque não haja fato econômico, mas porque o sistema não sabe onde — nem como — alcançá-lo.

A tentativa de adaptar o modelo tradicional a esse novo cenário tem se mostrado insuficiente. Protocolos como o ICMS-Difal, exigido em operações interestaduais, ou os convênios firmados no âmbito do CONFAZ, têm eficácia limitada diante da complexidade das transações digitais internacionais. Mesmo com a Reforma Tributária de 2025 e a futura implementação do IBS (Imposto sobre Bens e Serviços), persistem dúvidas sobre como tributar efetivamente operações em que o consumo ocorre no Brasil, mas todos os demais elementos da cadeia estão no exterior ou "na nuvem".

Esse vácuo normativo favorece distorções concorrenciais: enquanto o varejista nacional paga tributos, cumpre obrigações acessórias e arca com os custos do sistema, vendedores informais ou plataformas estrangeiras operam com margens artificialmente maiores, sem qualquer fiscalização efetiva. A desmaterialização não eliminou a materialidade econômica — apenas a ocultou sob novas camadas de opacidade tecnológica.

Nesse contexto, é urgente pensar uma nova engenharia fiscal baseada em critérios que reflitam o ambiente digital, como:

- Presença econômica significativa, ainda que sem presença física ou representação legal no país;
- Geolocalização do consumo, como critério de alocação da competência tributária;

- Rastreabilidade digital da transação, permitindo que os fiscos acompanhem o fluxo de valor;
- Responsabilização solidária de plataformas, gateways de pagamento e operadores logísticos;
- Integração aduaneira e fiscal em tempo real, com uso de inteligência artificial para detecção de fraudes e subfaturamentos.

Mais do que insistir em adaptar regras analógicas à realidade digital, o Direito Tributário Digital precisa ser ousado. É hora de reformular conceitos fundamentais — como circulação, mercadoria e estabelecimento — à luz da economia em rede, do consumo descentralizado e da automação comercial.

O Estado brasileiro ainda tenta tributar o século XXI com ferramentas do século XX. A cada operação não alcançada, o sistema tributário perde tração sobre a realidade econômica, a justiça fiscal se enfraquece e a competitividade do país é comprometida por assimetrias normativas.

Enquanto o comércio se reinventa em tempo real, operando em redes descentralizadas, plataformas globais e estoques invisíveis, a tributação permanece ancorada em pressupostos materiais que já não se sustentam. O desafio não é mais apenas adaptar o ICMS — é reconhecer que sua lógica fundacional exige reinvenção.

Se a riqueza é digital, a tributação também precisa ser.

> ***"A nova economia não pede permissão para acontecer — ela simplesmente acontece. Se o Direito Tributário não aprender a operar na velocidade do digital, restará apenas contar prejuízos enquanto a riqueza circula invisível."***
>
> (Dr. Faustino Júnior)

CAPÍTULO 4

CRIPTOATIVOS E OS DESAFIOS FISCAIS

O grande desafio fiscal na tributação de criptoativos

A emergência dos criptoativos representa um dos fenômenos mais disruptivos da economia digital contemporânea, impondo desafios sem precedentes ao Direito Tributário brasileiro e internacional. Concebidos originalmente como instrumentos descentralizados de troca e reserva de valor, os criptoativos evoluíram para um amplo espectro de ativos digitais, cuja diversidade funcional abrange desde criptomoedas convencionais até tokens fungíveis, tokens não fungíveis (NFTs), *stablecoins* e instrumentos financeiros complexos de finanças descentralizadas (DeFi). Esta pluralidade impõe a necessidade de um aprofundamento conceitual e normativo que permita adequar o sistema tributário à nova realidade.

Do ponto de vista jurídico, os criptoativos são ativos digitais registrados em cadeias de blocos (*blockchains*) ou tecnologias similares, que garantem autenticidade, integridade e rastreabilidade por meio da criptografia e da descentralização. Contudo, não há consenso doutrinário ou normativo definitivo acerca de sua natureza jurídica, o que gera reflexos diretos na definição do fato gerador, da base de cálculo e da sujeição passiva para fins tributários. Esta indefinição normativa exige do Direito Tributário Digital um exercício de hermenêutica dinâmica e interdisciplinar para acomodar a inovação tecnológica dentro dos princípios constitucionais tributários.

Em termos de classificação, as criptomoedas, como Bitcoin e Ethereum, configuram-se como ativos digitais com função de meio de pagamento e reserva de valor, mas que fogem à tutela dos sistemas financeiros tradicionais, ampliando as lacunas de controle fiscal. Os tokens fungíveis reproduzem características similares a ativos financeiros tradicionais, enquanto os NFTs representam uma inovação ao certificarem a exclusividade e propriedade de bens digitais e até físicos tokenizados, criando um novo mercado para direitos digitais e propriedades intelectuais. As *stablecoins*, por sua vez, se apresentam como instrumentos híbridos, atrelados a moedas fiduciárias e suscetíveis tanto a regulamentações financeiras tradicionais quanto a novos marcos regulatórios de ativos digitais.

O crescimento global do mercado de criptoativos tem sido exponencial. Segundo relatórios recentes da Organização para a Cooperação e Desenvolvimento Econômico (OCDE) e do Fundo Monetário Internacional (FMI), o valor total dos criptoativos ultrapassou a marca de US$ 3 trilhões em 2024, com previsões de expansão contínua, impulsionada pela adoção institucional, a tokenização de ativos reais e a consolidação de ecossistemas financeiros descentralizados. Países como Estados Unidos, União Europeia, Japão e Coreia do Sul lideram esforços regulatórios e fiscais para mitigar riscos, promover a segurança jurídica e garantir a arrecadação fiscal compatível com a nova economia.

No Brasil, o mercado de criptoativos cresceu rapidamente, alcançando mais de 12 milhões de usuários ativos e já movimentando cifras superiores a R$ 400 bilhões. O arcabouço regulatório nacional, embora tenha avançado com a Instrução Normativa nº 2.037/2023 da Receita Federal, que obriga a declaração detalhada das operações, ainda carece de uma estrutura tributária clara e uniforme, o que intensifica a insegurança jurídica e a litigiosidade. O Banco Central e a Comissão de Valores Mobiliários têm buscado consolidar um marco regulatório que aborde os múltiplos aspectos das operações com criptoativos, desde o registro e custódia até a oferta pública e operações financeiras complexas.

As especificidades técnicas dos criptoativos — descentralização, anonimato relativo, transações internacionais e volatilidade — impõem dificuldades concretas à fiscalização e controle tributário. Assim, o Direito Tributário Digital brasileiro necessita incorporar esses elementos para definir critérios objetivos de incidência, base de cálculo e identificação do sujeito passivo, evitando tanto a evasão fiscal quanto a sobrecarga regulatória.

O desafio é, portanto, construir um arcabouço jurídico que harmonize inovação tecnológica, segurança jurídica e justiça fiscal, promovendo um ambiente propício para o desenvolvimento sustentável do mercado de criptoativos no Brasil. Este capítulo inaugura a análise detalhada desse universo complexo, preparando o terreno para debates aprofundados sobre os reflexos tributários das operações com criptoativos e suas implicações para o futuro do Direito Tributário Digital.

Estrutura regulatória e desafios jurídicos dos criptoativos: Brasil e cenário internacional

A rápida expansão dos criptoativos impõe desafios significativos aos sistemas jurídicos e tributários globalmente, obrigando a uma adaptação normativa capaz de equilibrar a inovação tecnológica e a proteção da segurança jurídica e da justiça fiscal. No Brasil, embora haja esforços importantes para acompanhar essa evolução, a regulação ainda se encontra em fase embrionária, marcada por normas dispersas e ausência de um marco regulatório específico que contemple a natureza singular desses ativos digitais.

Segundo dados recentes da Associação Brasileira de Criptoeconomia (ABCripto), o mercado nacional conta com mais de 12 milhões de investidores ativos, refletindo o crescimento exponencial desse setor no país. Contudo, essa expansão ocorre em paralelo a um ambiente regulatório ainda impreciso, que compromete a segurança jurídica dos participantes e dificulta o pleno desenvolvimento econômico e tributário do segmento.

No Brasil, a Receita Federal tem buscado aumentar o controle e a transparência sobre os criptoativos por meio da Instrução Normativa nº 2.037, de 2023, que estabelece a obrigatoriedade de declaração detalhada das operações envolvendo esses ativos. Essa medida representa um avanço relevante para a mitigação da evasão fiscal, mas ainda se distancia de uma legislação estruturada que defina com clareza os fatos geradores, a base de cálculo e os sujeitos passivos vinculados às operações com criptoativos.

No contexto legislativo, o Projeto de Lei nº 4.401/2023 é o principal instrumento em tramitação que visa preencher lacunas essenciais. O texto propõe um marco regulatório abrangente, trazendo definições técnicas para criptomoedas, tokens, NFTs, *stablecoins* e demais ativos digitais, além de estabelecer obrigações para emissores, intermediários e usuários. Importantes dispositivos abordam aspectos relativos à prevenção da lavagem de dinheiro, financiamento ao terrorismo e proteção ao consumidor, reconhecendo a necessidade de integrar a regulação financeira à fiscalização tributária. A aprovação deste projeto é fundamental para conferir previsibilidade e segurança jurídica, fortalecendo o mercado nacional e alinhando-o às melhores práticas internacionais.

Em um cenário global, a regulação dos criptoativos tem avançado em ritmo acelerado. A União Europeia implementou o regulamento MiCA (Markets in Crypto-Assets), que estabelece parâmetros claros para emissão, oferta pública e negociação de ativos digitais, promovendo uniformidade regulatória entre os países membros. Nos Estados Unidos, órgãos como a Securities and Exchange Commission (SEC) e o Internal Revenue Service (IRS) têm aprimorado normas relativas à classificação tributária dos criptoativos e às obrigações de reporte, buscando garantir que ganhos de capital e receitas decorrentes sejam devidamente tributados.

Organismos multilaterais como a Organização para a Cooperação e Desenvolvimento Econômico (OCDE) e o Fundo Monetário Internacional (FMI) têm atuado para promover a harmonização dessas regras, visando mitigar riscos de evasão fiscal e dupla tributação. O projeto BEPS 2.0, por exemplo, insere diretrizes específicas para a alocação da base tributável em operações digitais, incluindo criptoativos, ressaltando a importância da cooperação internacional na troca de informações fiscais e na construção de padrões comuns.

Todavia, apesar desse movimento global, permanece a ausência de padronização normativa, o que cria oportunidades para arbitragem fiscal e dificulta o monitoramento eficaz das operações transnacionais com criptoativos. No Brasil, essa lacuna normativa expõe o mercado a riscos significativos de insegurança jurídica, tornando o planejamento tributário incerto e incentivando práticas informais que podem comprometer a arrecadação e a integridade do sistema financeiro.

Além dos desafios legislativos, o aspecto tecnológico também impõe obstáculos relevantes. A descentralização das redes *blockchain*, o anonimato ou pseudonimato dos usuários e a alta velocidade das transações dificultam o rastreamento e a fiscalização, exigindo a adoção de ferramentas avançadas de inteligência fiscal e parcerias com plataformas globais para troca de dados.

A ausência de critérios claros sobre a natureza jurídica dos criptoativos — se são considerados bens móveis, ativos intangíveis, instrumentos financeiros ou serviços — agrava o problema. Isso se reflete na indefinição sobre quais tributos devem incidir, incluindo o Imposto de Renda (IR), Contribuição Social sobre o Lucro Líquido (CSLL), PIS/COFINS, Imposto sobre Operações Financeiras (IOF), além do ICMS e ISS em algumas hipóteses. Essa multiplicidade de interpretações abre espaço para litígios judiciais e decisões administrativas divergentes, prejudicando a previsibilidade e a segurança jurídica.

A cooperação internacional emerge como fator imprescindível para mitigar esses desafios. A adesão a tratados multilaterais, o fortalecimento dos mecanismos de troca automática de informações fiscais e a articulação com organismos internacionais são estratégias essenciais para conter a evasão fiscal e garantir a efetividade da tributação dos criptoativos.

Por fim, a regulação e tributação dos criptoativos no Brasil devem ser articuladas com os princípios constitucionais tributários, como a legalidade, capacidade contributiva, isonomia, segurança jurídica e eficiência. É fundamental que o marco normativo seja capaz de promover justiça fiscal e estimular o desenvolvimento tecnológico, evitando que o país permaneça à margem da revolução digital financeira.

Esse contexto expõe, com clareza, a necessidade urgente de um marco regulatório tributário que não apenas acompanhe a evolução acelerada dos criptoativos, mas que também resgate a coerência do sistema fiscal brasileiro com a realidade tecnológica contemporânea. Sem a devida atualização normativa, a insegurança jurídica persistirá, corroendo a confiança dos investidores e abrindo espaço para práticas de elisão fiscal que comprometem a justiça tributária e a competitividade nacional. Mais uma vez, a questão não é apenas técnica, mas estrutural: o Brasil precisa romper com modelos ultrapassados e assumir protagonismo na construção de um direito tributário digital que dialogue com a economia real do século XXI.

Desafios jurídicos e tributários dos criptoativos no Brasil Pós-Reforma 2025

A Reforma Tributária brasileira de 2025 representou um marco importante na tentativa de modernizar o sistema fiscal nacional. No entanto, a aplicação das novas regras ao universo dos criptoativos ainda enfrenta desafios substanciais, fruto da natureza híbrida, inovadora e descentralizada desses ativos digitais. A atualização legislativa buscou ampliar a base tributária e aprimorar a arrecadação, mas ainda carece de dispositivos normativos específicos para o contexto cripto, o que gera insegurança e lacunas interpretativas.

Um ponto crucial é a definição precisa do fato gerador tributário para operações envolvendo criptoativos, cuja descentralização e anonimato dificultam a identificação dos sujeitos e das transações. Diferentemente dos bens tangíveis, os criptoativos não possuem forma física e operam em redes distribuídas, o que torna complexa a aplicação das regras tradicionais baseadas em circulação de mercadoria ou prestação de serviço localizada. Essa situação exige uma releitura dos conceitos clássicos, como fato gerador, base de cálculo e sujeito passivo, sob uma ótica funcional e adaptada à economia digital.

As recentes resoluções da Comissão de Valores Mobiliários (CVM) e do Banco Central do Brasil (BCB) têm procurado estabelecer critérios para classificar tokens, regulamentar *exchanges* e fixar regras para *stablecoins*, fortalecendo o arcabouço regulatório e tributário brasileiro. A CVM, por exemplo, tem adotado um entendimento que alguns tokens podem configurar valores mobiliários, impondo obrigações de registro, transparência e prestação de contas, o que afeta diretamente o tratamento tributário. O Banco Central, por sua vez, regula a emissão e operação das chamadas Moedas Digitais de Banco Central (CBDCs) e outros criptoativos com função monetária, buscando garantir a estabilidade financeira e a segurança dos sistemas de pagamento.

No entanto, além dos criptoativos tradicionais, novas modalidades como as finanças descentralizadas (DeFi) vêm desafiando o sistema. Produtos financeiros como staking, yield farming, empréstimos peer-to-peer e pools automatizados de liquidez operam sem intermediários centrais, por meio de contratos inteligentes, o que torna a fiscalização e a tributação mais complexas e requer soluções inovadoras para identificar o fato gerador e o sujeito passivo da obrigação tributária.

O Brasil, inserido num contexto global, deve considerar a importância da cooperação internacional na tributação de criptoativos. Iniciativas da Organização para a Cooperação e Desenvolvimento Econômico (OCDE) e do G20 trabalham no sentido de estabelecer parâmetros comuns para combater a evasão fiscal e evitar a dupla tributação, promovendo a transparência e a troca automática de informações entre países. A adoção e alinhamento a esses padrões internacionais são essenciais para garantir a efetividade da tributação no ambiente digital globalizado.

A Receita Federal brasileira vem incorporando ferramentas tecnológicas avançadas, como análise de cadeias de blocos (*blockchain analytics*), inteligência artificial e *big data* para identificar operações suspeitas e mapear ativos digitais. Essa evolução tecnológica na fiscalização exige constante aprimoramento das capacidades institucionais para acompanhar o ritmo acelerado das inovações, além de garantir o respeito aos direitos fundamentais e à segurança jurídica dos contribuintes.

Não obstante os avanços, a insegurança jurídica ainda permeia o ambiente tributário dos criptoativos. A falta de regras claras para temas emergentes como *forks*, *airdrops*, permutas e rendimentos provenientes de staking pode levar a interpretações divergentes e autuações retroativas. A ausência de regulamentação uniforme cria um ambiente propício à litigiosidade, dificultando o planejamento tributário eficiente e a atração de investimentos.

Economicamente, como já referido, os criptoativos representam parcela crescente do mercado financeiro brasileiro, movimentando bilhões de reais anualmente, seja com investidores, seja com empreendedores digitais ou seja com usuários de serviços financeiros baseados em *blockchain*. Esse crescimento reforça a necessidade de um marco tributário robusto, que permita ao Estado captar receitas de forma justa, sem comprometer o dinamismo e a inovação.

No campo jurisprudencial, embora ainda incipiente, observa-se um número crescente de decisões administrativas e judiciais que começam a consolidar entendimentos sobre a tributação desses ativos. A análise dessas decisões, com destaque para seus fundamentos técnicos e constitucionais, será abordada adiante, com o intuito de orientar operadores jurídicos, fiscais e contribuintes.

Assim, o contexto atual exige uma postura proativa do Direito Tributário Digital para desenvolver uma dogmática capaz de responder às peculiaridades dos criptoativos, incorporando novos conceitos como a territorialidade digital, a presença econômica significativa em ambiente virtual e a valoração algorítmica. Essa nova abordagem deve equilibrar a efetividade da arrecadação com a promoção de um ambiente jurídico seguro, transparente e favorável à inovação.

O papel das *Exchanges* e corretoras na tributação dos criptoativos: desafios regulatórios e fiscais

Nos últimos anos, a evolução dos criptoativos transformou significativamente o panorama econômico global e brasileiro, consolidando-se como uma nova fronteira da economia digital. Em 2025, o Brasil figura como um dos países de maior destaque no uso e investimento em criptoativos, conforme dados recentes da Associação Brasileira de Criptoativos e *Blockchain* (ABCB) e da Federação Brasileira de Bancos (Febraban). Esse crescimento robusto apresenta desafios inéditos para o sistema tributário nacional, especialmente em relação às *exchanges* e corretoras — instituições que funcionam como intermediárias essenciais nesse ecossistema.

As *exchanges* são responsáveis por viabilizar o acesso dos investidores ao mercado de criptoativos, oferecendo plataformas para compra, venda, custódia e troca de ativos digitais. No contexto tributário, elas desempenham papel estratégico, não apenas como facilitadoras das operações financeiras, mas também como pontos críticos para a coleta de informações e cumprimento das obrigações fiscais. No Brasil, a Lei nº 14.478/2022 regulamenta as atividades dessas instituições, impondo requisitos rigorosos de cadastro, transparência e comunicação de dados às autoridades fiscais, buscando evitar evasão fiscal, lavagem de dinheiro e fraudes.

A diversidade das *exchanges* dificulta o estabelecimento de um modelo regulatório uniforme. Por um lado, as *exchanges* centralizadas (CEX) operam com controle e custódia direta dos ativos, mantendo bancos de dados robustos que permitem rastrear as operações e identificar os usuários. Este modelo facilita a fiscalização tributária, visto que as autoridades podem exigir informações precisas sobre volume de operações, receitas e perfil dos contribuintes. No entanto, o mercado de *exchanges* descentralizadas (DEX), que cresce aceleradamente, apresenta um quadro mais complexo. Estas funcionam por meio de contratos inteligentes em *blockchain*, sem pontos de controle centralizados, o que torna difícil, senão impossível, a aplicação dos modelos tradicionais de fiscalização tributária.

A desmaterialização e a autonomia dos sistemas que suportam as DEXs, combinadas com a internacionalização dos participantes e a multiplicidade de jurisdições, criam lacunas normativas que possibilitam a evasão fiscal e a diminuição da arrecadação estatal. A ausência de um arcabouço legal específico para as DEXs evidencia uma das maiores vulnerabilidades do sistema tributário brasileiro frente à economia digital: a dificuldade em acompanhar e tributar fluxos econômicos que não respeitam os limites físicos e jurídicos tradicionais.

Além disso, a diversidade de produtos financeiros associados aos criptoativos — como staking, *yield farming*, tokens não fungíveis (NFTs), empréstimos descentralizados e *stablecoins* — impõe desafios adicionais para a caracterização do fato gerador e a aplicação dos tributos correspondentes. O sistema fiscal tradicional brasileiro não contempla explicitamente essas modalidades, o que exige uma interpretação progressiva e inovadora para garantir a justiça fiscal e a neutralidade tributária.

Do ponto de vista da governança fiscal, as autoridades brasileiras têm intensificado esforços para integrar mecanismos de controle e *compliance* às *exchanges*. A exigência de políticas robustas de KYC (Conheça Seu Cliente) e AML (Prevenção à Lavagem de Dinheiro) é fundamental para a transparência e o controle fiscal, mas enfrenta limitações práticas frente à diversidade tecnológica e à rapidez com que o mercado se transforma.

No campo judicial, as decisões recentes do Conselho Administrativo de Recursos Fiscais (CARF) e do Superior Tribunal de Justiça (STJ) indicam uma tendência à maior rigidez no cumprimento das obrigações tributárias por parte dos usuários e das plataformas. Autuações por omissão de receitas e irregularidades na declaração de operações com criptoativos têm se tornado comuns, demandando atenção especial dos investidores, gestores e consultores tributários.

Frente a esse cenário, recomenda-se que:

- Legisladores avancem na criação de normativas específicas para o mercado de criptoativos, incluindo dispositivos que regulamentem as *exchanges* descentralizadas, seus mecanismos de operação e responsabilidades fiscais;
- Órgãos reguladores promovam a cooperação internacional para enfrentar os desafios transnacionais impostos pelas transações digitais;
- *Exchanges* adotem sistemas integrados de *compliance* fiscal que possibilitem o monitoramento em tempo real das operações e o fornecimento automático de informações às autoridades;

- Investidores e empresas desenvolvam estratégias fiscais preventivas, com suporte jurídico especializado para assegurar conformidade e mitigar riscos de autuações;
- Advogados tributaristas ampliem seu conhecimento técnico sobre *blockchain*, contratos inteligentes e produtos financeiros digitais, atuando de forma consultiva e contenciosa para garantir a segurança jurídica dos clientes.

A incorporação desses elementos ao Direito Tributário Digital é imprescindível para a construção de um sistema fiscal capaz de acompanhar a evolução tecnológica, garantir a justiça tributária e fomentar o desenvolvimento sustentável da economia digital brasileira. Sem esse avanço, novamente, o país corre o risco de se tornar terreno fértil para a informalidade, a evasão e a concentração injusta de renda nas mãos de poucos agentes econômicos globais.

Tributação de criptoativos: impostos federais, estaduais e municipais em perspectiva

A crescente popularização e adoção dos criptoativos no Brasil, aliada à sua complexidade técnica e econômica, impõe um desafio sistêmico à estrutura tributária vigente. O sistema precisa acomodar uma variedade heterogênea de operações — compra, venda, permuta, mineração, staking, emissão de tokens e serviços correlatos — assegurando a arrecadação justa, a segurança jurídica e o estímulo à inovação tecnológica. O desafio maior reside na coexistência e na sobreposição de competências tributárias em diferentes esferas da federação, além das especificidades inerentes aos criptoativos, que diferem radicalmente dos ativos financeiros tradicionais.

Impostos federais

No Brasil, a tributação dos criptoativos começou a ganhar contornos mais claros a partir da publicação da Instrução Normativa RFB nº 1.888/2019, que estabeleceu a obrigatoriedade da declaração das operações com criptoativos no Imposto de Renda Pessoa Física (IRPF) e Jurídica (IRPJ). Essa medida buscou aumentar a transparência fiscal e controlar o crescente volume de transações que movimentam bilhões de reais anualmente.

No âmbito federal, a tributação recai principalmente sobre o Imposto de Renda, incluindo a Contribuição Social sobre o Lucro Líquido (CSLL), além dos tributos sobre o faturamento, como PIS e COFINS. No entanto, as peculiaridades dos criptoativos — alta volatilidade, descentralização das operações e complexidade técnica — dificultam a correta apuração dos ganhos e a definição precisa do momento do fato gerador. Essas dificuldades geram riscos de inconsistências fiscais, potenciais conflitos jurídicos e insegurança para contribuintes e autoridades.

A legislação ainda não prevê regras específicas para diversas modalidades que surgiram recentemente, como *staking* (participação em redes *blockchain* para validação de transações), emissões de tokens por meio de ICOs (Initial Coin Offerings) e NFTs (tokens não fungíveis). A ausência de regulamentação clara dificulta a aplicação de tributos federais e abre espaço para lacunas e práticas elisivas.

Além disso, o sistema tributário federal enfrenta o desafio de adaptar os critérios de base de cálculo e fato gerador a uma realidade onde a posse física e a titularidade plena dos ativos digitais são fluidas e descentralizadas, demandando um esforço contínuo para acompanhar a evolução tecnológica e econômica.

Impostos estaduais

A incidência do ICMS sobre operações com criptoativos permanece um tema jurídico controverso e não pacificado no país. Tradicionalmente, o ICMS incide sobre a circulação de mercadorias e sobre serviços específicos de transporte e comunicação. Contudo, a qualificação jurídica das criptomoedas e tokens digitais, que podem ser interpretados ora como mercadorias digitais, ora como ativos financeiros, ainda gera divergências entre os entes federados.

Estados brasileiros apresentam entendimentos distintos e decisões judiciais conflitantes, o que reforça a insegurança jurídica para investidores e empresas do setor. A ausência de posicionamento uniforme do Supremo Tribunal Federal (STF) e do Conselho Nacional de Política Fazendária (CONFAZ) contribui para a multiplicação de interpretações e para o aumento da litigiosidade.

Essa disputa tributária estadual se reflete em diferentes critérios para a base de cálculo, alíquotas aplicadas e exigências documentais, impactando a competitividade e a previsibilidade das operações. Além disso, há questionamentos sobre a competência dos estados para tributar transações que envolvem operações internacionais, dada a natureza global e descentralizada dos criptoativos.

Impostos municipais

No âmbito municipal, o ISS incide sobre serviços, o que inclui atividades correlatas ao universo dos criptoativos, como consultorias especializadas, desenvolvimento de *softwares blockchain*, auditorias, análise de segurança e outras prestações de serviço digital.

Entretanto, a diversidade dos serviços digitais e a ausência de critérios claros sobre o objeto tributável provocam interpretações heterogêneas entre municípios. Essa disparidade pode acarretar bitributação ou dupla tributação quando há sobreposição com tributos estaduais e federais, agravando a insegurança jurídica dos contribuintes.

A multiplicidade de modelos de negócio, a dinâmica acelerada das inovações tecnológicas e a inexistência de normas padronizadas tornam imperativo o esforço de harmonização normativa e de coordenação entre entes municipais para evitar conflitos e promover um ambiente mais seguro para os agentes econômicos.

Tributação indireta e complementar

Além dos tributos diretos, incidem sobre o ecossistema cripto diversos impostos indiretos, tais como o ICMS sobre equipamentos de mineração, softwares relacionados, serviços de hospedagem e energia elétrica consumida por data centers.

Essa complexidade tributária adicional eleva os custos operacionais, especialmente para *startups* e pequenos investidores, dificultando a competitividade e o desenvolvimento do setor no país. A fragmentação das obrigações acessórias e o volume de exigências burocráticas tornam-se entraves significativos para a formalização e expansão do mercado.

Definição de base de cálculo e fato gerador

Um dos desafios centrais na tributação dos criptoativos reside na definição precisa do fato gerador e da base de cálculo, especialmente diante da volatilidade intrínseca dos preços e da descentralização das transações em redes *blockchain*.

Operações fragmentadas e distribuídas geograficamente complicam a determinação do momento exato em que o fato gerador ocorre para fins fiscais. A possibilidade de transações anônimas ou pseudônimas aumenta ainda mais a complexidade, exigindo a implementação de critérios objetivos e o desenvolvimento de mecanismos tecnológicos avançados para monitoramento e controle.

Esses desafios técnicos demandam do legislador e do fisco soluções inovadoras que garantam a eficiência na arrecadação sem comprometer a segurança jurídica e os direitos dos contribuintes.

Análise crítica da integração normativa

O ordenamento tributário brasileiro carece ainda de uma abordagem integrada e coerente que reconheça as especificidades dos criptoativos e harmonize as competências tributárias em todas as esferas federativas.

Como já referido, a coexistência de interpretações divergentes e a rápida evolução tecnológica criam um ambiente propício à insegurança jurídica, à litigiosidade e à evasão fiscal. A ausência de um marco regulatório robusto e articulado para a tributação dos criptoativos revela uma lacuna significativa que deve ser enfrentada para assegurar a justiça fiscal e a competitividade do mercado nacional.

Conclusão e diretrizes recomendadas

Diante do contexto complexo e em rápida transformação dos criptoativos, torna-se imperativo adotar medidas específicas para mitigar riscos fiscais, aumentar a transparência e promover um ambiente seguro para investimentos e inovação.

Recomenda-se, entre outras medidas:

- Que os legisladores implementem normas claras e específicas para a definição do fato gerador e da base de cálculo dos tributos incidentes sobre operações com criptoativos, considerando suas características técnicas e econômicas peculiares;
- Que as autoridades fiscais adotem sistemas tecnológicos integrados de monitoramento e análise de dados para rastrear transações em redes *blockchain*, garantindo maior eficiência, transparência e combate à evasão;
- Que os entes federativos promovam cooperação institucional para evitar conflitos de competência, bitributação e sobreposição de tributos, por meio da criação de protocolos e mecanismos de partilha de receitas;

- Que sejam avaliados incentivos e regimes tributários diferenciados que estimulem a formalização do setor, a inovação tecnológica e o ingresso de pequenos investidores no mercado legal;
- Que a regulamentação evolua em sintonia com as diretrizes internacionais, tais como as recomendações da OCDE, assegurando harmonização normativa e segurança jurídica global.

Essas diretrizes visam promover um ambiente fiscal que reconheça a complexidade e a inovação dos criptoativos, protegendo os direitos dos contribuintes e garantindo a sustentabilidade da arrecadação pública.

Compliance e governança fiscal no mercado de criptoativos: desafios e boas práticas

A expansão acelerada dos criptoativos no Brasil impõe desafios inéditos ao sistema tributário e à governança fiscal das empresas e investidores envolvidos nesse ecossistema. A complexidade técnica, a volatilidade dos ativos, a descentralização das operações e a ausência de regulamentação específica colocam em xeque a capacidade dos agentes econômicos e do Estado em garantir conformidade, segurança jurídica e eficiência na arrecadação.

No âmbito normativo brasileiro, a Receita Federal tem se posicionado por meio da Instrução Normativa RFB nº 1.888/2019 e suas atualizações, que exigem a declaração detalhada das operações com criptoativos e estabelecem parâmetros para apuração de ganhos de capital. Além disso, órgãos como o Banco Central e a Comissão de Valores Mobiliários (CVM) vêm implementando regras específicas para *exchanges*, *fintechs* e fundos que atuam no mercado cripto, visando mitigar riscos financeiros e promover a transparência. Contudo, a ausência de uma legislação tributária detalhada e integrada deixa lacunas importantes que afetam o *compliance* fiscal e a governança das operações digitais.

Nesse cenário, as autoridades fiscais têm incorporado tecnologias de inteligência artificial, análise de *big data* e monitoramento eletrônico para rastrear operações, identificar inconsistências e combater fraudes e evasão fiscal. A Receita Federal utiliza sistemas sofisticados para cruzamento de informações, analisando movimentações financeiras e transações em *blockchain*, mesmo diante da descentralização inerente a esses ativos. Essa evolução tecnológica demanda que os contribuintes estejam cada vez mais preparados para atender às exigências de transparência e controle.

Para as empresas, especialmente *startups*, *exchanges*, e fundos de investimento em criptoativos, a adoção de um programa robusto de governança fiscal é imperativa. Isso inclui a implementação de controles internos rigorosos, auditorias periódicas, documentação detalhada de todas as operações e constante capacitação das equipes jurídicas e contábeis. A governança fiscal não deve ser entendida apenas como cumprimento legal, mas como elemento estratégico para mitigar riscos, garantir segurança jurídica e promover a sustentabilidade do negócio.

A conformidade com as regras de prevenção à lavagem de dinheiro e ao financiamento do terrorismo (PLD/CFT) é outro aspecto crítico. O Brasil, alinhado às recomendações do Grupo de Ação Financeira Internacional (GAFI), estabeleceu normas que obrigam as *exchanges* e demais prestadores de serviço a identificar clientes, monitorar operações suspeitas e reportar transações relevantes ao COAF. O não cumprimento dessas obrigações pode acarretar sanções severas e afetar a credibilidade institucional, impactando diretamente o mercado de criptoativos.

No âmbito da governança corporativa, a integração do *compliance* tributário com políticas internas de risco, auditoria e ética empresarial deve ser priorizada. A cultura organizacional deve fomentar o compromisso com a transparência fiscal, a responsabilidade social e o respeito à legislação, promovendo uma visão holística da governança. Essa integração é vital para lidar com a volatilidade e as rápidas transformações tecnológicas que caracterizam o setor.

Um desafio particular recai sobre os pequenos investidores e empreendedores digitais, que muitas vezes enfrentam limitações técnicas e de conhecimento para implementar práticas adequadas de governança fiscal. A falta de estrutura pode levar a erros na declaração, omissões involuntárias e até autuações fiscais, o que evidencia a necessidade de iniciativas públicas e privadas voltadas à educação fiscal e apoio técnico.

Adicionalmente, o uso de tecnologias emergentes oferece novas possibilidades para o *compliance*. O *blockchain*, por exemplo, pode ser aproveitado como ferramenta para auditoria tributária, garantindo imutabilidade e rastreabilidade das operações. *Smart contracts*, contratos autoexecutáveis programados em *blockchain*, têm potencial para automatizar obrigações fiscais, reduzindo custos e erros. Plataformas integradas que consolidam informações fiscais e facilitam a declaração e o pagamento de tributos digitais também emergem como soluções inovadoras para o mercado.

A coordenação entre órgãos reguladores e fiscais — Receita Federal, Banco Central, CVM, COAF e Ministério da Economia — é essencial para fortalecer a governança e a fiscalização do mercado. A criação de grupos interinstitucionais e o compartilhamento de informações podem potencializar a eficácia das ações e reduzir a fragmentação normativa, que atualmente alimenta a insegurança jurídica.

No âmbito internacional, países como Estados Unidos, União Europeia, Singapura e Japão já possuem *frameworks* avançados de governança fiscal para criptoativos, com regulamentações claras e tecnologias integradas para *compliance*. O Brasil deve observar essas experiências para aprimorar sua estrutura, equilibrando inovação, proteção ao investidor e justiça fiscal.

Além do aspecto regulatório, a adoção de boas práticas de governança fiscal representa vantagem competitiva para empresas que buscam captação de recursos, parcerias estratégicas e reputação no mercado. Investidores institucionais e fundos de venture capital valorizam a transparência e a conformidade, fatores decisivos para o crescimento sustentável.

Por fim, recomenda-se aos agentes econômicos, legisladores e autoridades fiscais a adoção das seguintes diretrizes para o fortalecimento da governança fiscal no mercado de criptoativos:

- Desenvolvimento e implementação de normas tributárias claras e específicas para operações digitais, incluindo definições de fato gerador e base de cálculo;
- Investimento em tecnologias de monitoramento e análise de dados para fiscalizar operações em *blockchain* com eficiência;
- Promoção de programas de capacitação contínua para profissionais jurídicos, contábeis e fiscais atuantes no setor;
- Fomento à cooperação interinstitucional e internacional para evitar conflitos de competência e práticas de evasão;

- Incentivo à adoção de tecnologias disruptivas, como *blockchain* e *smart contracts*, para automatizar obrigações fiscais;
- Criação de canais de diálogo permanente entre o setor privado e os órgãos reguladores, visando atualização normativa constante e alinhamento estratégico.

Este conjunto de medidas não apenas mitiga os riscos fiscais, mas também contribui para a consolidação de um ambiente de negócios saudável, justo e inovador, alinhado às exigências do século XXI e preparado para os desafios futuros da economia digital brasileira.

Governança fiscal e *compliance* no ecossistema de criptoativos: desafios e oportunidades

A governança fiscal e o *compliance* tributário no universo dos criptoativos configuram-se hoje como um dos maiores desafios enfrentados pelo sistema tributário brasileiro. A natureza descentralizada, globalizada e, muitas vezes, anônima das operações em *blockchain* demanda modelos inovadores de fiscalização, monitoramento e regulação, que vão além das abordagens tradicionais baseadas em documentos fiscais e controles territoriais.

No cenário internacional, países e organismos multilaterais vêm desenvolvendo estratégias para acompanhar a evolução rápida dos criptoativos. Iniciativas como as recomendações do Grupo de Ação Financeira Internacional (FATF), os programas de *compliance* do IRS nos Estados Unidos e as diretrizes da União Europeia por meio das diretivas AMLD5 e AMLD6 servem de referência para práticas que combinam tecnologia, legislação e cooperação internacional. Essas experiências evidenciam a necessidade de políticas fiscais adaptativas, capazes de enfrentar a complexidade tecnológica e jurídica do setor.

Os desafios específicos da governança fiscal em cripto são múltiplos. A descentralização elimina pontos únicos de controle; o anonimato dificulta a identificação de contribuintes; a velocidade e o volume das transações superam os modelos tradicionais de monitoramento; e a dispersão geográfica multiplica jurisdições e potenciais conflitos. Isso impõe uma revisão profunda das estruturas institucionais, que precisam incorporar soluções multidisciplinares, combinando direito tributário, tecnologia da informação, auditoria e inteligência de dados.

Entre as tecnologias emergentes, destaca-se o papel das RegTechs (tecnologias regulatórias) que facilitam o cumprimento automático das obrigações fiscais, reduzindo erros e custos. A implementação de smart contracts para execução automática de tributos em transações digitais, embora ainda incipiente, aponta para um futuro em que a tributação poderá ser integrada diretamente às operações, garantindo maior eficiência e transparência. Ademais, o uso da própria tecnologia *blockchain* para fins de auditoria fiscal pode oferecer uma base segura e imutável para comprovação de dados, elevando o nível de confiança e simplificando processos de fiscalização.

Para os agentes econômicos, a ausência ou falha na governança fiscal representa riscos significativos. Além das multas e sanções administrativas, há o impacto reputacional e as dificuldades no acesso a serviços financeiros, que podem comprometer investimentos e o crescimento sustentável dos negócios. A complexidade do ambiente cripto exige que investidores, *startups* e empresas estabeleçam estratégias robustas de *compliance*, integrando equipes jurídicas, contábeis e tecnológicas para mitigar riscos e garantir aderência regulatória.

A capacitação multidisciplinar emerge, portanto, como requisito fundamental. O profissional do futuro precisará navegar entre códigos legais, frameworks tecnológicos e análises econômicas para propor soluções eficientes. No Brasil, essa integração ainda está em fase inicial, demandando investimentos em educação, treinamentos especializados e intercâmbio com centros internacionais de referência.

Igualmente importante é a cooperação entre setor público e privado. Um diálogo contínuo pode acelerar a criação de normativas eficazes, evitar regulações excessivas que inibam a inovação, e fomentar ambientes de confiança que promovam a formalização e o crescimento do ecossistema. A construção de parcerias estratégicas pode viabilizar o desenvolvimento de plataformas de monitoramento conjuntas e protocolos de troca de informações, essenciais para a efetividade da governança fiscal.

Por fim, a governança e *compliance* fiscal transcendem o aspecto tributário e assumem papel estratégico para o posicionamento do Brasil no cenário global. Um sistema tributário adaptado, transparente e eficiente é atrativo para investidores internacionais e fundamental para o fortalecimento do mercado interno de criptoativos. A capacidade de acompanhar a inovação tecnológica determina a competitividade econômica e a inclusão financeira no século XXI.

O futuro aponta para a adoção crescente de mecanismos automatizados de tributação, maior integração entre reguladores e operadores, e normativas flexíveis capazes de se ajustar rapidamente às transformações do setor. A regulamentação da economia digital precisa, assim, contemplar não apenas a arrecadação, mas a construção de um ambiente de negócios sustentável e justo.

Riscos regulatórios: lacunas, inseguranças e judicialização do novo modelo

A consolidação do marco tributário para os criptoativos no Brasil ainda convive com uma série de lacunas normativas que alimentam um ambiente de insegurança jurídica e crescente judicialização. Essas falhas não se restringem a aspectos técnicos, mas refletem uma ausência de harmonização institucional e visão integrada, o que compromete a eficácia do sistema tributário e impacta diretamente agentes econômicos, reguladores e a sociedade em geral.

Judicialização e controvérsias jurídicas

Nos últimos anos, diversas controvérsias tributárias envolvendo criptoativos têm chegado ao Judiciário, especialmente ao Superior Tribunal de Justiça (STJ) e, em alguns casos, ao Supremo Tribunal Federal (STF). As principais disputas giram em torno da competência tributária — ou seja, qual ente federativo tem o direito de tributar —, da definição do fato gerador, da base de cálculo e da natureza jurídica desses ativos.

Exemplos típicos envolvem debates sobre a incidência do ICMS em operações de compra e venda via *exchanges*, a aplicabilidade do ISS em serviços correlatos como consultorias em *blockchain*, e a tributação de ganhos obtidos por mineração ou staking. Essas controvérsias não apenas refletem a complexidade do tema, mas também demonstram o hiato entre a velocidade da inovação tecnológica e a capacidade regulatória e legislativa do país.

Além disso, a ausência de posicionamentos claros e uniformes provoca insegurança para investidores, operadores e prestadores de serviços. O resultado é um cenário de litígios prolixos, que consomem recursos públicos e privados, atrasam o desenvolvimento do setor e desencorajam novos entrantes.

Impacto econômico da insegurança jurídica

A insegurança tributária afeta diretamente o ambiente de negócios, elevando os custos de conformidade e provocando hesitação em investimentos estratégicos. *Startups* e pequenos investidores, que representam parcela significativa do ecossistema cripto, encontram barreiras para operar formalmente, preferindo muitas vezes o mercado informal ou o deslocamento de operações para outras jurisdições com ambientes regulatórios mais estáveis.

Esse fenômeno também reduz a arrecadação potencial do Estado, que perde a oportunidade de captar tributos decorrentes de um setor em franca expansão. Sob o ponto de vista macroeconômico, a judicialização prolongada e a ausência de clareza tributária minam a confiança internacional no mercado brasileiro de criptoativos, prejudicando sua inserção e competitividade no mercado global.

Desafios tecnológicos e de fiscalização

A natureza descentralizada, anônima e global das operações com criptoativos impõe desafios inéditos para a fiscalização tributária. Os sistemas baseados em *blockchain* dificultam a identificação dos agentes econômicos envolvidos, a localização da operação e a verificação da materialidade econômica para fins tributários.

Embora a Receita Federal e outras autoridades tenham investido em tecnologias de rastreamento e análise de dados, a rápida evolução do mercado e o surgimento constante de novos ativos e modalidades operacionais criam uma lacuna operacional que alimenta dúvidas e disputas. Esse cenário propicia práticas de elisão e evasão fiscal, que, somadas à judicialização, criam um ciclo vicioso prejudicial a todos.

Recomendações e caminhos para mitigação dos riscos

Para enfrentar esses riscos e lacunas, é urgente que legisladores, autoridades fiscais e agentes econômicos adotem posturas proativas e coordenadas. Recomenda-se:

Criação de grupos de trabalho interinstitucionais, que incluam representantes da Receita Federal, Fazendas Estaduais, municípios, operadores do mercado e associações do setor, para elaboração de normativas específicas, claras e atualizadas, que reflitam as particularidades dos criptoativos.

Implementação de regimes tributários simplificados para pequenos investidores e *startups*, com regras específicas de *compliance* e obrigações acessórias reduzidas, que incentivem a formalização e o crescimento sustentável.

Estímulo ao uso de soluções tecnológicas avançadas de rastreamento, auditoria e monitoramento das operações em *blockchain*, aumentando a transparência e a conformidade sem inviabilizar a inovação.

Promoção de mecanismos extrajudiciais para resolução de conflitos tributários, como acordos de *compliance*, mediação e arbitragem, diminuindo o volume de litígios judiciais e proporcionando segurança jurídica.

Contexto internacional e a importância da harmonização

No âmbito global, países e organismos multilaterais, como a OCDE e o G20, vêm intensificando esforços para estabelecer normas tributárias coordenadas sobre a economia digital e criptoativos, visando reduzir conflitos de competência, prevenir a evasão e garantir justiça fiscal.

Legislações pioneiras em países como Estados Unidos, União Europeia, Reino Unido, Japão e Canadá já incorporam regras avançadas de tributação, *compliance* e fiscalização, com ênfase na definição clara de domicílio fiscal, presença econômica significativa e compartilhamento de informações entre autoridades. Para o Brasil, alinhar-se a esses padrões internacionais é fundamental não apenas para evitar a perda de arrecadação, mas para garantir competitividade e integridade no mercado global. A cooperação internacional também é essencial para superar limitações intrínsecas a jurisdições isoladas frente à natureza transnacional dos criptoativos.

A judicialização da tributação dos criptoativos reflete um desafio estrutural do sistema tributário brasileiro diante da transformação digital. Manter a atual fragmentação normativa e regulatória é perpetuar um ambiente de insegurança, litígios e ineficiência que contrasta com o dinamismo e potencial da economia digital.

A superação desses riscos demanda não apenas avanços legislativos, mas um compromisso coletivo entre Estado, sociedade e mercado para construir um sistema tributário adaptado às complexidades da nova economia, que promova justiça fiscal, segurança jurídica e incentivo à inovação.

Um novo pacto fiscal digital: oportunidade e urgência nacional

A transformação digital não é mais uma tendência, mas a nova realidade que redefine economias, mercados e relações sociais. Nesse cenário, o sistema tributário brasileiro encontra-se diante de um desafio histórico: adaptar-se ou perder relevância. A tributação de criptoativos e demais ativos digitais não é um mero ajuste técnico, mas um teste de capacidade institucional e visão estratégica para o país.

O modelo tributário atual, ainda fortemente baseado em paradigmas do século XX, está sendo pressionado a mudar radicalmente. Manter estruturas e conceitos obsoletos diante da fluidez, descentralização e intangibilidade da economia digital equivale a tentar encaixar uma engrenagem nova em uma máquina antiga — o desgaste é inevitável, e o custo para a competitividade nacional será alto. O risco de lacunas fiscais, insegurança jurídica e perda de arrecadação é real e imediato.

Por isso, urge o estabelecimento de um novo pacto fiscal digital que promova uma profunda revisão dos instrumentos jurídicos e fiscais, alinhando-os aos princípios da legalidade, da capacidade contributiva e da neutralidade tributária, mas com um olhar aberto à inovação tecnológica e às particularidades da economia digital. Esse pacto deve incluir:

- A criação de normas específicas para a tributação dos criptoativos e das operações digitais, contemplando as múltiplas formas de geração e transferência de valor;
- A definição clara e uniforme de conceitos-chave, como domicílio fiscal digital, estabelecimento virtual, fato gerador e base de cálculo, para evitar disputas e litígios;
- O fortalecimento da cooperação entre entes federativos e com órgãos internacionais para harmonizar critérios e prevenir a bitributação ou evasão fiscal;
- A adoção de tecnologia avançada para fiscalização, monitoramento e transparência das operações em *blockchain* e plataformas digitais, garantindo maior eficiência e controle;
- A promoção de regimes diferenciados e incentivos para fomentar a formalização de pequenos e médios empreendedores digitais, democratizando o acesso ao mercado e à inovação.

Ademais, é crucial que esse novo pacto fiscal dialogue com outras esferas regulatórias, especialmente a proteção de dados pessoais (LGPD), a segurança da informação e a governança digital, construindo um ambiente integrado, seguro e previsível para todos os agentes econômicos.

A experiência internacional mostra que países que investem em regulamentação clara e adaptada às novas tecnologias conseguem não apenas aumentar sua arrecadação, mas atrair investimentos, gerar empregos qualificados e posicionar-se como líderes globais no setor digital. O Brasil, com sua base crescente de usuários, *startups* inovadoras e mercado consumidor ávido, tem potencial para se destacar nesse cenário, desde que a legislação evolua em ritmo compatível.

A omissão ou atraso nesse processo não é uma opção neutra. Ela gera custos elevados em termos de competitividade, justiça fiscal e capacidade do Estado de cumprir seu papel social. A persistência de zonas cinzentas e insegurança jurídica cria um ambiente propício à elisão e evasão fiscal, privilegia grandes plataformas estrangeiras em detrimento dos empreendedores nacionais e aprofunda as desigualdades econômicas.

Portanto, este capítulo conclui com um chamado inequívoco à ação coordenada, técnica e visionária. O Brasil deve construir um sistema tributário digital que seja moderno, eficiente e justo, capaz de acompanhar a revolução tecnológica sem perder de vista seus fundamentos constitucionais e sociais.

> ***"Não se trata apenas de tributar a nova economia, mas de reimaginar o contrato social entre o Estado e o cidadão digital. Ou avançamos juntos, ou ficamos para trás — a escolha é nossa, e o tempo, inexorável."***
>
> (Dr. Faustino Júnior)

CAPÍTULO 5

REFORMA TRIBUTÁRIA E SIMPLIFICAÇÃO FISCAL NA ECONOMIA DIGITAL

Do sistema caótico à promessa de simplificação: breve histórico da reforma tributária no Brasil

O sistema tributário brasileiro sempre foi caracterizado por uma arquitetura disfuncional, marcada por sobreposição de competências, multiplicidade de tributos sobre a mesma base econômica e um emaranhado de normas infraconstitucionais que criam insegurança jurídica e aumentam os custos de conformidade. A complexidade é tamanha que, segundo o Banco Mundial (Doing Business Report), empresas no Brasil gastam, em média, mais de 1.500 horas por ano apenas para cumprir obrigações acessórias — um recorde mundial de ineficiência.

Desde a promulgação da Constituição de 1988, que estabeleceu um federalismo cooperativo e atribuiu competências tributárias a todos os entes da federação, o país vem acumulando distorções graves. A descentralização tributária buscava garantir autonomia financeira a estados e municípios, mas, na prática, fomentou uma guerra fiscal predatória, conflitos federativos e um ambiente hostil à livre iniciativa. O resultado foi um sistema regressivo, injusto e pouco transparente.

Diversas propostas de reforma foram apresentadas ao longo das últimas décadas. A PEC 175/95, por exemplo, propunha mudanças estruturais no IPI e no ICMS. Posteriormente, a PEC 233/08 tentou unificar tributos federais e simplificar a legislação, mas esbarrou em forte resistência federativa. Nos anos seguintes, ganharam força as PECs 45/2019 (de iniciativa do Centro de Cidadania Fiscal - CCiF) e 110/2019 (proposta pelo Senado Federal), que convergiam na proposta de unificação dos tributos sobre o consumo, embora com diferenças importantes em sua estrutura e transição.

Essas propostas tinham em comum o reconhecimento de que o modelo vigente — com cinco tributos sobre o consumo (PIS, Cofins, IPI, ICMS e ISS) — não apenas dificulta a vida das empresas, como distorce decisões de produção, investimento e consumo. Além disso, o sistema atual estimula litígios administrativos e judiciais, com impacto direto na previsibilidade do ambiente de negócios. Só no contencioso tributário federal, por exemplo, estima-se um estoque superior a R$ 4 trilhões, segundo dados do Conselho Nacional de Justiça e da Receita Federal.

A reforma ocorre em um cenário de profundas transformações econômicas e tecnológicas, em que ativos digitais, como os criptoativos, e modelos inovadores de negócios desafiam a estrutura tributária tradicional, evidenciando a urgência de um sistema mais moderno, flexível e aderente às novas realidades.

A conjunção de fatores econômicos e políticos tornou inadiável a reforma. O avanço da economia digital, a internacionalização dos mercados e a necessidade de simplificar o ambiente de negócios foram catalisadores da mudança. Mas o impulso decisivo veio da Emenda Constitucional nº 132/2023, que incorporou partes das PECs 45 e 110 e estabeleceu o modelo de tributação dual sobre o consumo: a Contribuição sobre Bens e Serviços (CBS), de competência federal, e o Imposto sobre Bens e Serviços (IBS), de competência compartilhada entre estados e municípios.

Esse novo modelo busca substituir a miríade de tributos atuais por um sistema de imposto sobre valor agregado (IVA) moderno, não cumulativo, cobrado no destino e com creditamento amplo e financeiro. Essa estrutura se alinha às melhores práticas internacionais e pretende corrigir distorções históricas, como a incidência em cascata, a guerra fiscal interestadual e o tratamento desigual entre setores.

Do ponto de vista político, a aprovação da reforma foi possível graças à construção de um consenso multipartidário e multissetorial, articulado por um governo com capital político, apoio técnico do Ministério da Fazenda e engajamento de setores empresariais e da sociedade civil. Pela primeira vez em décadas, os principais atores do pacto federativo aceitaram abrir mão de parte da autonomia formal em nome de um sistema mais racional, eficiente e justo.

Entretanto, a simples unificação de tributos não basta. A economia contemporânea não é apenas mais digital — ela é descentralizada, algorítmica, globalizada e imaterial. O grande desafio será compatibilizar a estrutura da CBS e do IBS com um ambiente em que o valor se cria sem fronteiras físicas, por meio de códigos, dados e automações. A promessa de simplificação é real, mas sua concretização dependerá da capacidade do novo sistema de enfrentar a complexidade do século XXI com inteligência, tecnologia e justiça fiscal.

O modelo dual de tributação: fundamentos, estrutura e lógica

A Emenda Constitucional nº 132/2023 consolidou a transição do sistema tributário brasileiro para um modelo dual de Imposto sobre Valor Agregado (IVA), composto pela Contribuição sobre Bens e Serviços (CBS), em nível federal, e pelo Imposto sobre Bens e Serviços (IBS), em âmbito estadual e municipal. Essa mudança representa uma tentativa expressiva de modernizar um sistema historicamente complexo, fragmentado e oneroso, alinhando-o a práticas internacionais consagradas e aos desafios econômicos do século XXI.

O modelo dual busca reunir simplicidade e eficiência, substituindo a multiplicidade de tributos sobre o consumo — PIS, COFINS, ICMS e ISS — por dois grandes tributos de base ampla. A CBS unifica a contribuição federal sobre bens e serviços, enquanto o IBS concentra a tributação estadual e municipal, fundindo as competências do ICMS e do ISS. Essa unificação visa não apenas racionalizar a arrecadação, mas evitar a cumulatividade e as distorções geradas por sistemas paralelos.

Inspirado em modelos de IVA dual adotados em países como Canadá, Austrália e Alemanha, o sistema brasileiro mantém particularidades para acomodar a estrutura federativa nacional. A base ampla de incidência é acompanhada do princípio da não cumulatividade plena, com crédito financeiro integral para permitir a compensação tributária, garantindo neutralidade e evitando a incidência em cascata. Além disso, o critério do regime de destino orienta a alocação das receitas tributárias, privilegiando a jurisdição onde o consumo ocorre, e não onde se localiza o produtor ou prestador.

A gestão do IBS será centralizada, contando com um Comitê Gestor Nacional, formado por representantes da União, dos Estados e dos Municípios, com o objetivo de coordenar a regulamentação, a fiscalização e a repartição da arrecadação. Essa centralização busca superar entraves federativos, evitando a fragmentação e os conflitos de competência que marcaram o sistema anterior, embora traga desafios complexos de governança e negociação política.

No entanto, apesar das inovações, o modelo enfrenta desafios práticos relevantes, sobretudo durante a fase de transição, que deve se estender até 2033. Durante esse período, será necessária a convivência dos regimes antigos e novos, implicando na necessidade de manutenção de dois sistemas de apuração simultâneos, ajustes nos softwares fiscais (ERP) e capacitação dos profissionais de contabilidade e *compliance*. Essa fase pode gerar aumento dos custos operacionais e incertezas jurídicas, especialmente para empresas com operações interestaduais e digitais.

Além disso, a aplicação do modelo dual à economia digital revela lacunas ainda não totalmente solucionadas. Embora a CBS e o IBS tenham base ampla, a definição de fato gerador, do sujeito passivo e da territorialidade de operações virtuais — como serviços em nuvem, licenciamento de software, *marketplaces*, infoprodutos e transações desmaterializadas — ainda suscita dúvidas que podem dar origem a litígios.

O impacto econômico dessa reforma, porém, é potencialmente significativo. Estudos internacionais indicam que a adoção de um IVA dual pode elevar a arrecadação de forma estável e melhorar a competitividade empresarial, reduzindo custos decorrentes da guerra fiscal e da cumulatividade. No Brasil, espera-se que a simplificação promova maior previsibilidade, atraia investimentos e fomente o crescimento econômico, especialmente nos setores inovadores.

É importante destacar o papel dos sistemas tecnológicos integrados, como o Sistema Público de Escrituração Digital (SPED), a Nota Fiscal Eletrônica (NF-e) e a Escrituração Fiscal Digital (EFD), que serão essenciais para garantir transparência, rastreabilidade e eficiência na arrecadação do CBS e do IBS. A inovação tecnológica é aliada estratégica para combater a evasão, otimizar a fiscalização e garantir a justiça fiscal.

Por fim, o sucesso do modelo dual dependerá não apenas de sua estrutura normativa, mas também da capacidade política e técnica dos entes federativos para implementar ajustes contínuos, responder às transformações da economia digital e promover a harmonização legislativa necessária. O sistema deve ser concebido como dinâmico e responsivo, evitando a rigidez que comprometeu reformas passadas.

Assim, o modelo dual de tributação configura um avanço estruturante, porém exige monitoramento permanente, capacitação institucional e diálogo constante entre legisladores, administradores fiscais, empresários e operadores jurídicos para cumprir sua promessa de modernização tributária.

A promessa de simplificação versus a realidade da economia digital

A Reforma Tributária brasileira, consolidada pela Emenda Constitucional nº 132/2023, representa uma das mudanças mais ambiciosas e necessárias do sistema fiscal nacional. Seu principal eixo — a substituição de cinco tributos dispersos sobre o consumo por dois grandes impostos sobre bens e serviços, a CBS (Contribuição sobre Bens e Serviços) em âmbito federal e o IBS (Imposto sobre Bens e Serviços) para estados e municípios — busca oferecer uma resposta estruturada à complexidade tributária que por décadas penalizou o ambiente de negócios brasileiro. A promessa é clara: simplificação, harmonização e racionalização para estimular o desenvolvimento econômico.

No entanto, quando esse modelo é confrontado com a fluidez e a complexidade da economia digital, suas limitações se tornam evidentes e ameaçam comprometer sua efetividade prática. A estrutura normativa da CBS e do IBS repousa sobre princípios clássicos: base ampla de incidência, neutralidade tributária, não cumulatividade integral e tributação no destino. São fundamentos robustos e internacionalmente reconhecidos, mas que ainda refletem uma lógica industrial, ancorada em mercadorias físicas, circulação interestadual e prestação de serviços delimitada por fronteiras territoriais.

Essa concepção tradicional se mostra inadequada para as sofisticadas e multifacetadas formas de geração de valor promovidas pela digitalização. Infoprodutos, e-*commerces* com sistemas de *dropshipping*, plataformas digitais de intermediação, SaaS (Software as a Service), conteúdos sob demanda, publicidade algorítmica e ativos digitais desafiam os conceitos jurídicos e fiscais convencionais. Em muitos casos, a materialidade do fato gerador se dilui — e por vezes desaparece — dificultando não apenas a caracterização jurídica da operação tributável, mas também a identificação do sujeito passivo e a correta alocação da competência tributária entre os entes federativos.

Essa desconexão é ilustrada em modelos econômicos que, ao mesmo tempo, ampliam a base tributária e diluem suas fronteiras, como as operações em e-*commerce*, infoprodutos, SaaS, *dropshipping* e *marketplaces* digitais. Exemplos notórios incluem plataformas como Hotmart, Eduzz, Monetizze, Shopify, Amazon, AliExpress e Mercado Livre. Nessas cadeias produtivas digitais, a figura tradicional do prestador ou vendedor se dilui, interligando múltiplos agentes, atravessando países e sistemas tributários em uma única operação. A ausência de clareza sobre quem é o sujeito passivo, onde o fato gerador ocorreu e qual ente federativo detém competência para tributar aumenta significativamente os riscos de dupla tributação, omissão arrecadatória e contencioso judicial.

Podemos destacar três aspectos estruturais que evidenciam essa tensão entre a promessa de simplificação da reforma e a realidade da economia digital:

- A natureza desmaterializada das operações digitais: O consumo, cada vez mais frequente em ambientes virtuais, ocorre sem circulação física de mercadoria ou prestação localizável de serviço, o que dificulta a aplicação da definição clássica do fato gerador, alicerçada em conceitos territoriais e materiais.
- A fragmentação internacional das cadeias digitais: Plataformas hospedadas no exterior, transações que envolvem múltiplas jurisdições, pagamentos realizados em criptomoedas e contratos inteligentes (smart contracts) ampliam o desafio de aplicar critérios territoriais claros e uniformes para a tributação.
- A ausência de marcos normativos complementares: Apesar da modernização, a regulamentação da CBS e do IBS ainda não contempla de forma específica aspectos centrais da economia digital, como a monetização de dados, o licenciamento de ativos digitais, a intermediação algorítmica e a atuação das plataformas digitais como sujeitos tributários.

Mais preocupante ainda é o risco de que essa nova sistemática tributária incida de forma desproporcional sobre os pequenos empreendedores digitais — criadores de conteúdo, infoprodutores, freelancers e microempreendedores individuais — que geralmente operam por meio de plataformas intermediadoras. Enquanto grandes corporações estruturam-se em arquiteturas jurídicas complexas, muitas vezes sediadas no exterior, esses pequenos agentes enfrentam insegurança jurídica crônica, sem clareza sobre a incidência tributária, as obrigações acessórias e a repartição dos tributos arrecadados. Essa disparidade pode gerar um desestímulo grave à formalização, inovação e crescimento sustentável no setor digital nacional.

Internacionalmente, países como França, Índia, Canadá e os membros da OCDE estão à frente nas discussões sobre critérios de presença digital significativa, responsabilidade fiscal das plataformas e taxação da monetização algorítmica. Tais esforços buscam harmonizar a tributação digital com as dinâmicas globais de comércio eletrônico e economia de dados, evitando distorções e inseguranças.

Por sua vez, o Brasil avança com um modelo ainda bastante generalista, que pode comprometer a eficácia do sistema tributário justamente em setores que têm demonstrado elevado potencial de crescimento econômico e arrecadação futura.

A promessa de simplificação fiscal, portanto, só poderá ser cumprida plenamente se vier acompanhada de um robusto esforço técnico-legislativo para adequar a lógica do novo sistema à singularidade da economia digital. Isso implica, entre outras medidas, na criação de regras claras e específicas para operações em nuvem, na definição inequívoca da materialidade em contextos digitais, na responsabilização solidária das plataformas em determinadas situações e na integração dos sistemas de arrecadação com mecanismos de rastreabilidade digital avançada.

Sem esse alinhamento técnico-jurídico, o que hoje parece uma evolução poderá se transformar em mais um obstáculo regulatório e tributário. Persistiremos tentando regular algoritmos e ativos digitais com ferramentas concebidas para uma era industrial analógica, enquanto a inovação tecnológica acelera numa velocidade exponencial.

O conceito de destino no consumo digital: onde ocorre o fato gerador?

A tributação no destino — um dos pilares da Reforma Tributária aprovada pela Emenda Constitucional nº 132/2023 — busca promover maior justiça fiscal ao redistribuir a arrecadação para os estados e municípios onde efetivamente ocorre o consumo. Essa diretriz, eficaz no contexto de circulação física de bens e serviços, enfrenta desafios significativos na economia digital, cujo caráter imaterial e descentralizado subverte as noções tradicionais de localização do fato gerador.

A economia digital é marcada pela multiplicidade e fragmentação das operações: um único serviço pode ser consumido simultaneamente em diversas localidades, por meio de plataformas globais que conectam consumidores, produtores e intermediários espalhados em diferentes jurisdições. Por exemplo, um curso online pode ser adquirido por um consumidor em Minas Gerais, produzido por um infoprodutor em Santa Catarina, hospedado em servidores nos Estados Unidos e intermediado por uma plataforma sediada na Irlanda. Essa complexidade torna difícil identificar o "destino" tributável para fins da CBS e IBS, gerando dúvidas sobre qual ente federativo tem competência para arrecadar.

Normas tradicionais como as do ICMS e do ISS pressupõem a possibilidade de definir o local da circulação da mercadoria ou da prestação do serviço, mas o consumo digital rompe essa linearidade, configurando-se como uma rede de relações pulverizadas e instantâneas. Essa ausência de presença fiscal física dificulta o estabelecimento do fato gerador e cria espaço para insegurança jurídica.

Diversos critérios têm sido propostos para a definição do local de consumo, porém cada um possui limitações práticas e jurídicas:

- Local do endereço IP do usuário: suscetível a manipulações por VPNs e falhas técnicas, o que compromete a confiabilidade desse critério;
- Endereço de cobrança do cartão de crédito: pode não refletir a real localização do consumidor, especialmente em casos de cartões internacionais ou compras realizadas por terceiros;
- Domicílio fiscal declarado: sujeito a inconsistências cadastrais e eventuais simulações, sem garantia de refletir o local efetivo de consumo;
- Local de emissão do documento fiscal: muitas vezes emitido por plataformas automatizadas com sede em regiões diversas, sem conexão direta com a jurisdição do consumidor.

A ausência de uniformidade entre estados e municípios no âmbito do IBS potencializa o risco de sobreposição de competências, abrindo margem para uma nova guerra fiscal digital. Esta, no entanto, não se baseará em incentivos fiscais tradicionais, mas em disputas interpretativas sobre territorialidade e fato gerador, o que pode aumentar a litigiosidade e a instabilidade do sistema.

Outro desafio refere-se a modelos de negócios baseados em assinaturas, como plataformas de *streaming* e SaaS, nos quais o consumo ocorre de forma contínua e distribuída ao longo do tempo e de múltiplos dispositivos.

A caracterização do momento e do local do fato gerador, nesse contexto, torna-se ainda mais complexa, exigindo novos parâmetros interpretativos.

No plano internacional, a OCDE propõe a adoção do conceito de presença digital significativa, que permite tributar empresas sem estabelecimento físico, com base em critérios objetivos como volume de usuários, receita local e número de transações. Contudo, essa abordagem ainda não foi consolidada na legislação brasileira, que carece de mecanismos específicos para sua implementação no âmbito da CBS e do IBS.

Ignorar essas especificidades não só compromete a arrecadação como fomenta a construção de negócios que exploram as lacunas tributárias, aprofundando a erosão da base tributária e gerando desigualdade competitiva entre negócios digitais e físicos.

O uso de tecnologias emergentes, como *blockchain* e *big data*, surge como alternativa para mitigar essas inseguranças, permitindo maior transparência e rastreabilidade das operações digitais, facilitando a definição do local do consumo e a arrecadação adequada. A integração desses recursos à administração tributária é, portanto, uma ferramenta imprescindível para acompanhar a dinâmica da economia digital.

Finalmente, esta discussão complementa diretamente a análise do capítulo anterior, que apontou os limites da promessa de simplificação diante da complexidade digital. A correta definição do "destino" no consumo digital é condição indispensável para que a reforma tributária alcance seus objetivos de justiça fiscal, eficiência e competitividade em um mundo cada vez mais digitalizado e interconectado.

Em suma, é urgente construir uma nova dogmática tributária que reconheça a fluidez do valor econômico e sua circulação em ambientes virtuais descentralizados, garantindo segurança jurídica e sustentabilidade ao sistema tributário brasileiro na era digital.

A CBS e a nova definição de "serviço" na era da desmaterialização

A Contribuição sobre Bens e Serviços (CBS), instituída pela Emenda Constitucional nº 132/2023 como o novo tributo federal sobre o consumo, substitui o PIS e a COFINS com a promessa de simplificação e maior racionalidade no sistema tributário brasileiro. Uma das transformações mais significativas trazidas por essa reforma é a necessidade de redefinir o conceito jurídico de "serviço", categoria que, até então, estava fortemente associada a prestações materiais, localizáveis e tipificadas. A digitalização da economia impõe a expansão desse conceito para abranger novas formas de consumo, sob pena de comprometer a efetividade da CBS frente às dinâmicas do mercado digital.

O mercado global de serviços digitais cresce de forma exponencial, representando fatias significativas do PIB em economias avançadas e emergentes. No Brasil, a proliferação de produtos digitais — como softwares sob demanda (SaaS), licenças temporárias, armazenamento em nuvem, plataformas de *streaming*, publicidade programática e ativos digitais tokenizados — evidencia a urgência dessa revisão conceitual. São operações predominantemente automatizadas, escaláveis e muitas vezes realizadas sem a intermediação humana direta, mas que geram valor econômico real e devem estar sujeitas à tributação.

A base ampla de incidência da CBS autoriza sua aplicação sobre qualquer fornecimento oneroso de bens e serviços, incluindo os de natureza digital. Esse princípio está alinhado com diretrizes internacionais para tributos sobre valor agregado, como a neutralidade fiscal, que busca assegurar tratamento isonômico entre modelos de negócio físicos e digitais. Entretanto, a aplicação prática enfrenta desafios críticos na definição do que efetivamente configura um serviço digital para fins tributários.

O tratamento tributário de licenças de software, por exemplo, suscita dúvidas sobre a distinção entre cessão definitiva de direito, que pode ser tributada como alienação de bem, e uso temporário com suporte técnico, que se aproxima da prestação de serviço. Plataformas de *streaming* levantam questões sobre sua classificação: seriam serviços de comunicação, de conteúdo, ou simplesmente acesso digital? A publicidade programática, por sua vez, mistura veiculação de serviço, venda de dados e intermediação algorítmica — componentes que exigem uma análise multifacetada para evitar distorções.

Decisões recentes da Receita Federal e debates legislativos têm evidenciado a ausência de parâmetros claros para essa definição, o que resulta em múltiplas interpretações administrativas e judiciais. Essa incerteza impacta diretamente a segurança jurídica, um requisito essencial para a competitividade das empresas digitais e para a própria arrecadação estatal. Na prática, empresas com operações similares podem ser tributadas de maneira distinta, dependendo da interpretação adotada por diferentes órgãos fiscais ou tribunais.

Outro ponto complexo é a determinação do fato gerador em serviços digitais. Modelos baseados em assinaturas mensais, micropagamentos ou uso sob demanda dificultam a identificação do momento exato em que nasce a obrigação tributária. Esse cenário requer regulamentações que definam critérios objetivos para a apuração da CBS, de modo a garantir a conformidade fiscal e evitar litígios extensos.

A experiência internacional oferece alguns exemplos úteis. A União Europeia, por meio da Diretiva VAT, adota o critério do local do consumidor para a incidência do imposto sobre serviços digitais, buscando refletir o consumo efetivo. Nos Estados Unidos, a tributação varia por estado, mas há esforços para harmonização, especialmente no que tange a serviços digitais e *streaming*. Países como Índia e Austrália vêm atualizando suas legislações para contemplar as especificidades do mercado digital, promovendo maior clareza e segurança.

No Brasil, o avanço tecnológico também pode ser aliado à eficiência fiscal. Ferramentas como o Sistema Público de Escrituração Digital (SPED), notas fiscais eletrônicas e, futuramente, soluções baseadas em *blockchain* podem facilitar a fiscalização e o controle das operações digitais, permitindo rastreabilidade e transparência sem onerar excessivamente os contribuintes.

Para que a CBS seja efetiva e justa, será indispensável:

- Estabelecer uma tipologia clara e funcional dos serviços digitais tributáveis, que vá além da mera descrição formal e considere as características econômicas e tecnológicas das operações;
- Definir critérios objetivos para o fato gerador em serviços contínuos, escaláveis e automatizados, com foco na previsibilidade e na redução de litígios;
- Diferenciar juridicamente operações de cessão de direito, fornecimento de dados, uso de plataforma e veiculação de mídia digital, evitando sobreposições e bitributação;
- Garantir a uniformidade interpretativa por meio de regulamentações infralegais claras, ágeis e tecnicamente fundamentadas;
- Promover um diálogo contínuo entre legisladores, autoridades fiscais, setor produtivo e sociedade civil para que o arcabouço normativo acompanhe a rápida evolução tecnológica.

Sem esses avanços, a CBS corre o risco de se tornar um tributo formalmente moderno, porém desconectado da realidade econômica que pretende tributar. O desafio está em construir uma tributação que dialogue com a lógica fluida, escalável e automatizada da nova economia digital — caso contrário, seguiremos aplicando tributos analógicos a um universo dominado por códigos binários.

O IBS frente ao comércio interestadual digital e às operações desmaterializadas

A implementação do Imposto sobre Bens e Serviços (IBS), prevista pela Emenda Constitucional nº 132/2023, representa um marco na tentativa de modernizar e simplificar a tributação indireta no Brasil, especialmente diante da crescente complexidade econômica. Ao unificar o ICMS e o ISS em um imposto subnacional único, o legislador busca superar uma das maiores distorções do sistema tributário brasileiro: a fragmentação e a sobreposição federativa que historicamente encarecem o ambiente de negócios e freiam o crescimento econômico. Todavia, a aplicação do IBS nas operações digitais interestaduais e nas cadeias produtivas desmaterializadas impõe desafios inéditos, que demandam revisão profunda de conceitos tradicionais, métodos de fiscalização e mecanismos de governança.

Contexto e desafios da economia digital

A transformação digital revolucionou a cadeia produtiva e comercial, tornando obsoletas muitas premissas do direito tributário clássico. O comércio interestadual, por exemplo, migrou de uma lógica pautada na posse física e movimentação material de mercadorias para operações em que plataformas digitais, *marketplaces*, *fulfillment centers* e o modelo *dropshipping* dominam a dinâmica. Nessas operações, mercadorias são frequentemente enviadas diretamente do exterior ao consumidor final, sem a intermediação física ou logística do vendedor nacional. Essa desmaterialização dificulta o rastreamento do fato gerador, a definição do sujeito passivo e a identificação do local da operação, pilares fundamentais para a incidência tributária.

Enquanto o modelo anterior podia contar com a existência de estabelecimento fixo e circulação concreta, o IBS enfrenta a necessidade de adequar sua base normativa para operações pulverizadas e digitais, cuja cadeia de valor se estende a múltiplas jurisdições e atores interdependentes. Essa realidade impõe riscos elevados de insegurança jurídica e conflitos entre entes federativos, sobretudo em função da diversidade normativa estadual e municipal, que persistem durante o longo período de transição até 2033.

Partilha do IBS e os desafios federativos

Um princípio básico da reforma é a tributação no destino, segundo o qual o imposto deve ser recolhido no local do consumo final. Para operacionalizar essa regra, o IBS estabelece critérios de partilha da receita entre estados e municípios, baseados em regras que levam em conta a efetiva realização das operações em cada ente federativo. Contudo, a complexidade das cadeias digitais torna a aplicação desses critérios um verdadeiro desafio operacional e legal.

A fragmentação das operações — com fornecedores, intermediários, plataformas e consumidores distribuídos em diversos entes da federação — demanda sistemas de rastreamento precisos e interoperáveis. A ausência de padronização e integração entre os fiscos pode resultar em bitributação, omissões na arrecadação e litígios prolongados. Isso não apenas compromete a eficiência do sistema, como mina a confiança dos agentes econômicos.

Tecnologia como aliada da governança fiscal

A governança fiscal no IBS dependerá diretamente do avanço tecnológico e da integração dos sistemas de escrituração eletrônica, como o SPED e a Nota Fiscal Eletrônica (NF-e). A automatização e o intercâmbio ágil de informações entre os entes federados serão indispensáveis para garantir transparência, rastreabilidade e conformidade tributária. O desenvolvimento de plataformas digitais nacionais e subnacionais integradas deverá acompanhar o ritmo da inovação tecnológica, permitindo a fiscalização em tempo real e o combate a fraudes.

A interoperabilidade desses sistemas, porém, exige investimentos em infraestrutura tecnológica, treinamento de pessoal e harmonização normativa, desafios que precisam ser enfrentados conjuntamente pelos governos federal, estaduais e municipais.

O caso *dropshipping*: um paradigma desafiador

O *dropshipping* — modalidade de comércio eletrônico em que o vendedor atua como intermediário, sem estoque próprio, enviando mercadorias diretamente de fornecedores estrangeiros ao consumidor — ilustra de forma clara os dilemas do IBS no comércio digital. Neste modelo, o vendedor nacional muitas vezes não detém fisicamente a mercadoria, tampouco participa da logística, o que complica a definição do fato gerador e do sujeito passivo.

A legislação brasileira ainda carece de dispositivos específicos para tratar essas operações. A indefinição favorece estratégias de planejamento tributário agressivo, evasão fiscal e dificulta a fiscalização, principalmente quando as transações envolvem múltiplas jurisdições e pagamentos em criptomoedas ou outras formas digitais. O risco de competição desleal e erosão da base tributária se agrava, ameaçando a sustentabilidade fiscal e a justiça tributária.

Impactos econômicos e de competitividade

A insegurança jurídica gerada pela ausência de normas claras e pela fragmentação normativa impacta negativamente o ambiente de negócios. Pequenos e médios empreendedores digitais — especialmente aqueles que operam via plataformas intermediárias — tornam-se vulneráveis a autuações fiscais inesperadas e à complexidade burocrática, o que pode inibir a formalização e o crescimento. Por outro lado, a falta de regulação efetiva para grandes plataformas globais cria uma lacuna que favorece a concentração de receitas em ambientes fiscais menos rigorosos, agravando as desigualdades concorrenciais.

Perspectivas e propostas para o futuro

Para que o IBS seja um instrumento eficiente, justo e adaptado à realidade digital, o Direito Tributário Digital brasileiro aponta algumas medidas fundamentais:

- Promover a revisão contínua e dinâmica da legislação tributária, incluindo regulamentações específicas para o comércio digital e as tecnologias emergentes;
- Implementar sistemas tecnológicos integrados e interoperáveis, que permitam o rastreamento eficaz das operações interestaduais e o monitoramento em tempo real;

- Estabelecer normas uniformes, em níveis federal, estadual e municipal, que reduzam a fragmentação e previnam conflitos de competência e bitributação;
- Fortalecer a cooperação fiscal intergovernamental e internacional, alinhando a tributação doméstica às práticas e acordos globais;
- Investir na capacitação técnica dos órgãos fiscais para lidar com a complexidade das operações digitais e o uso de novas tecnologias;
- Criar regimes simplificados e incentivos para pequenos empreendedores digitais, facilitando a formalização e promovendo a justiça fiscal.

Essas ações visam transformar o IBS de uma mera reforma estrutural em um instrumento dinâmico e flexível, capaz de acompanhar as transformações do mercado e assegurar a justiça fiscal, eficiência arrecadatória e competitividade do Brasil no cenário digital global.

Riscos regulatórios: lacunas, inseguranças e judicialização do novo modelo

A aprovação do novo modelo tributário brasileiro, centrado na CBS (Contribuição sobre Bens e Serviços) e no IBS (Imposto sobre Bens e Serviços), representa um marco para a simplificação fiscal nacional. Contudo, apesar do avanço, a legislação que sustenta essa transição ainda apresenta lacunas significativas que podem comprometer sua eficácia, sobretudo no contexto da economia digital. Essas incertezas favorecem conflitos interpretativos, insegurança jurídica e um aumento da judicialização, colocando em risco o propósito maior da reforma: um sistema tributário mais justo, simples e eficiente.

Um dos desafios centrais está na definição precisa dos conceitos tributários aplicáveis aos bens e serviços digitais. A natureza intangível dessas operações expõe fragilidades na classificação fiscal, especialmente em relação a ativos digitais como softwares, licenças, assinaturas, dados e conteúdos interativos. A ausência de normativas específicas permite que diferentes fiscos adotem interpretações divergentes, estimulando litígios e decisões judiciais contraditórias que geram incerteza para contribuintes e o próprio Estado.

Além disso, a questão da cumulatividade tributária permanece delicada. Embora a reforma busque a plena não cumulatividade do IBS, as regras para o aproveitamento de créditos carecem de clareza, especialmente em cadeias produtivas complexas como as que envolvem plataformas digitais, *marketplaces* e operações de *dropshipping*. A Lei Complementar nº 192/2023, que regula aspectos do IBS, ainda necessita de regulamentações infralegais para detalhar esses mecanismos de crédito, sob pena de gerar interpretações conflitantes e potenciais litígios.

Outro ponto de tensão refere-se à observância rigorosa do princípio da legalidade tributária. É provável que normas infralegais, atos administrativos e interpretações técnicas coexistam com a legislação principal, criando conflitos sobre a validade e o alcance das regras que regulamentam a CBS e o IBS. A ausência de um marco regulatório consolidado para o setor digital pode levar à aplicação por analogia ou extensão indevida da tributação, afrontando o princípio constitucional da legalidade e ampliando o grau de controvérsia.

A integração harmoniosa entre os entes federativos também não está garantida. A complexidade da partilha do IBS e os interesses concorrentes de estados e municípios podem resultar em disputas internas, sobreposição de competências e mesmo em práticas renovadas de guerra fiscal, contrariando o espírito unificador da reforma. Essa fragmentação dificulta a previsibilidade e aumenta a insegurança jurídica dos contribuintes, fomentando a multiplicação de contenciosos administrativos e judiciais.

Em termos práticos, já existem precedentes internacionais que ilustram os desafios da tributação digital e podem servir de referência para o Brasil. Por exemplo, a União Europeia estabeleceu o IVA digital, com regras específicas para comércio eletrônico, incluindo plataformas e serviços digitais, buscando simplificar a arrecadação e reduzir fraudes. Nos Estados Unidos, o *Marketplace Facilitator Laws* atribui a responsabilidade do recolhimento de tributos sobre vendas a plataformas que intermedeiam negócios, um mecanismo que pode inspirar ajustes no IBS brasileiro para operações digitais.

No plano internacional, o Brasil enfrenta o desafio da falta de alinhamento com tratados e normas multilaterais que regulem a tributação da economia digital. Organismos como a OCDE e o G20 estão avançando no projeto BEPS 2.0, que propõe regras globais para a tributação de grandes multinacionais digitais, incluindo critérios para presença econômica significativa e repartição de lucros. A ausência de uma posição clara e coordenada pode comprometer a atração de investimentos estrangeiros e dificultar a cooperação fiscal transnacional.

Diante desse quadro, a tendência é que a judicialização seja uma constante nos próximos anos. Os tribunais terão que enfrentar temas complexos, como a definição do fato gerador em ambientes digitais, o enquadramento jurídico de novos modelos de negócio, a correta aplicação das alíquotas e a legitimidade dos créditos tributários. Decisões recentes do Superior Tribunal de Justiça (STJ) sobre tributação de serviços digitais já indicam que a jurisprudência está em processo de construção, mas ainda carece de uniformidade e segurança.

Para que o sistema tributário brasileiro possa superar esses desafios e oferecer um ambiente mais seguro e eficiente, é imprescindível que legisladores, administradores fiscais, empresários digitais e advogados atuem de forma coordenada e proativa. Os legisladores devem concentrar esforços na elaboração de normas complementares específicas, que detalhem a tributação dos bens e serviços digitais, estabelecendo conceitos claros sobre natureza jurídica, fato gerador, base de cálculo e sujeito passivo. Além disso, é fundamental promover a harmonização entre União, Estados e Municípios para evitar conflitos de competência e minimizar o risco de bitributação, sempre mantendo diálogo aberto com o setor privado e especialistas para garantir um arcabouço legal adaptado à inovação tecnológica.

Por sua vez, os agentes fiscais precisam investir na capacitação técnica de suas equipes para compreender as especificidades dos modelos digitais e atuarem com base em interpretações técnicas e alinhadas aos princípios constitucionais, evitando autuações fundamentadas em analogias e conceitos ultrapassados. Também é essencial a implementação de sistemas tecnológicos integrados, que permitam o monitoramento e o compartilhamento de informações entre entes federativos e incentivem a cooperação internacional para combater a evasão em operações transfronteiriças.

Os empresários e empreendedores digitais devem estar atentos à complexidade normativa e buscar assessoria jurídica especializada para estruturar sua atuação tributária de forma preventiva. A adoção de práticas de *compliance* rigorosas, com documentação adequada das operações e contratos, é fundamental para mitigar riscos fiscais e garantir transparência. Além disso, sua participação ativa em debates setoriais e consultas públicas contribui para a construção de um ambiente fiscal justo e adequado à dinâmica digital.

Finalmente, os advogados tributaristas têm papel estratégico na atualização constante sobre as normas, jurisprudência e tendências internacionais relativas à tributação digital. Sua atuação preventiva e estratégica na estruturação jurídica dos negócios digitais, bem como na defesa judicial e administrativa, é crucial para oferecer segurança e inovação na aplicação do Direito Tributário Digital.

Em suma, o êxito do novo modelo tributário dependerá não apenas da sua promulgação, mas da capacidade coletiva de enfrentar as lacunas e incertezas regulatórias, construindo um ambiente de segurança jurídica que fomente a justiça fiscal, a inovação e a competitividade do país no cenário global.

Um novo pacto fiscal digital: oportunidades, desafios e propostas para a modernização tributária no Brasil

A Reforma Tributária representou um marco na tentativa de modernizar o sistema fiscal brasileiro, mas ainda há um longo caminho a percorrer para que o sistema seja plenamente capaz de abarcar a complexidade e dinamicidade da economia digital. A transformação tecnológica impõe não apenas a atualização normativa, mas uma reformulação estrutural no pacto fiscal brasileiro, que deve ser mais integrado, flexível e colaborativo, alinhado às novas formas de criação e circulação de valor.

Internacionalmente, países como França, Índia, Alemanha e membros da OCDE têm avançado em regimes tributários adaptados à economia digital, incorporando critérios objetivos para a presença econômica significativa, valorização de ativos intangíveis e responsabilidades fiscais das plataformas digitais. O Brasil, para não ficar em descompasso, precisa se inspirar nesses modelos, adaptando-os às suas especificidades federativas e econômicas. A harmonização normativa entre a legislação tributária, a Lei Geral de Proteção de Dados (LGPD) e normas setoriais é imprescindível para garantir segurança jurídica, transparência e respeito aos direitos fundamentais, como a privacidade e a proteção dos dados pessoais.

A adoção de indicadores claros e cientificamente embasados — como o volume de dados trafegados, número de usuários ativos, intensidade do engajamento e receitas provenientes da monetização algorítmica — deve ser a base para delimitar presença econômica e fato gerador, promovendo a redução de conflitos entre entes federativos e a diminuição da judicialização excessiva. A aplicação dessas métricas possibilita um sistema tributário mais previsível e justo, capaz de acompanhar a inovação tecnológica sem perder a eficiência arrecadatória.

Para a implementação dessas mudanças, propõe-se a criação de grupos técnicos multidisciplinares permanentes, reunindo juristas, economistas, especialistas em ciência de dados, tecnologia da informação e proteção de dados. Esses comitês devem revisar periodicamente as normas tributárias, sugerir adaptações rápidas diante das inovações e fomentar um diálogo constante entre governo, setor privado e sociedade civil. A participação ativa desses atores é fundamental para evitar regulamentações excessivamente burocráticas e incompatíveis com o ritmo acelerado da inovação digital.

Além disso, a implantação de sistemas tecnológicos integrados para monitoramento e fiscalização das operações digitais é vital. A interoperabilidade entre as bases de dados da União, Estados e Municípios, aliada ao uso de inteligência artificial, aprendizado de máquina e *big data*, deve permitir maior transparência, eficiência e redução dos custos para o Estado e contribuintes. Ao mesmo tempo, tais sistemas devem respeitar os direitos fundamentais, garantindo equilíbrio entre eficácia fiscal e proteção à privacidade e à liberdade econômica.

O alinhamento do Brasil com iniciativas multilaterais, como as diretrizes da OCDE para a tributação da economia digital e os acordos internacionais de cooperação fiscal, é estratégico para enfrentar desafios transfronteiriços, evitar dupla tributação e combater a evasão fiscal. A participação ativa em fóruns globais assegura maior segurança jurídica para investidores e estimula a competitividade do país no mercado internacional.

Esse novo pacto fiscal digital, entretanto, só será bem-sucedido se sustentado por um diálogo permanente e inclusivo entre todos os atores envolvidos. *Startups*, pequenos empreendedores, associações empresariais, acadêmicos e sociedade civil precisam ser protagonistas na construção das normas para evitar excessos regulatórios que poderiam tolher a inovação e a formalização. A participação coletiva é a chave para um ambiente tributário dinâmico, justo e adaptado às demandas do século XXI.

A governança tributária deve ser repensada, incorporando transparência, flexibilidade e mecanismos de atualização contínua. Modelos centralizados e rígidos não acompanharão o ritmo da revolução digital, enquanto estruturas adaptativas e colaborativas podem assegurar a legitimidade do sistema, promover justiça fiscal e fomentar a competitividade econômica.

Em última análise, a construção desse pacto representa uma oportunidade histórica para o Brasil. Não se trata apenas de atualizar leis, mas de resgatar a legitimidade do Estado como agente arrecadador e regulador, transformando o sistema tributário em um verdadeiro catalisador do desenvolvimento tecnológico, da justiça fiscal e do crescimento econômico sustentável.

> ***"A tributação, na era digital, não é apenas uma questão de arrecadação, mas um teste de capacidade do Estado para se reinventar. Ignorar a revolução tecnológica é condenar-se à irrelevância fiscal e ao enfraquecimento da justiça tributária. O futuro pertence aos que compreendem que a nova economia exige um novo Direito Tributário — dinâmico, integrado e orientado pelo valor real gerado, e não pela materialidade física do passado."***
>
> (Dr. Faustino Júnior)

CAPÍTULO 6

SISTEMA FISCAL E PLATAFORMAS DIGITAIS NO NOVO DIREITO TRIBUTÁRIO DIGITAL

A revolução das plataformas digitais e o novo cenário econômico e fiscal

As plataformas digitais tornaram-se protagonistas centrais da economia global e brasileira, configurando-se como motores imprescindíveis da inovação, do empreendedorismo e da geração de valor. Em 2025, segundo dados da Associação Brasileira de Comércio Eletrônico (ABComm), o faturamento do comércio eletrônico brasileiro também ultrapassou R$ 400 bilhões, com mais de 80 milhões de consumidores ativos. A Hotmart, líder em venda de infoprodutos, registra uma base superior a 10 milhões de produtores e afiliados no país, enquanto plataformas de *marketplace* como Mercado Livre e Shopify contabilizam bilhões de transações anuais, impulsionando a economia digital de forma inédita.

Globalmente, relatórios da OCDE e do Banco Mundial apontam que as plataformas digitais representam mais de 25% do PIB das economias avançadas e são responsáveis por movimentar trilhões de dólares, com crescimento acelerado impulsionado por modelos de negócios baseados em intermediação, automação e inteligência artificial. A B3, bolsa de valores brasileira, destaca a crescente entrada de empresas digitais em seu ambiente, sinalizando a consolidação desse segmento como vetor estratégico do desenvolvimento econômico.

No Brasil, o impacto social dessas plataformas vai além da simples movimentação econômica. Elas democratizam o acesso a serviços, ampliam oportunidades para populações remotas e contribuem para a inclusão digital, ainda que desafios persistam em relação à concentração de poder econômico, privacidade de dados e transparência algorítmica. O papel das inteligências artificiais, como o ChatGPT e outros sistemas de machine learning, se expande nas operações dessas plataformas, automatizando desde atendimento ao cliente até a definição dinâmica de preços, reconhecimento de receita e personalização de ofertas, criando um ecossistema cada vez mais complexo para fins fiscais.

Historicamente, a legislação brasileira tenta enquadrar essas operações nas categorias tradicionais de ICMS (imposto sobre circulação de mercadorias) e ISS (imposto sobre serviços), normas originalmente concebidas para a economia analógica e que encontram limitações crescentes para lidar com as especificidades digitais. A ausência de normas específicas para plataformas gera insegurança jurídica e lacunas regulatórias, evidentes na multiplicidade de entendimentos sobre a tributação de serviços digitais, licenciamento de software, e operações de *marketplace*.

Assim, evidentemente, a complexidade tecnológica das plataformas digitais exige uma ruptura com os modelos tributários tradicionais, exigindo repensar conceitos tributários fundamentais como fato gerador, sujeito passivo e local da incidência. Ademais, diversos estudos recentes também apontam que o Brasil precisa urgentemente alinhar seu sistema tributário à realidade digital para evitar perdas bilionárias em arrecadação e manter a competitividade internacional.

Além disso, a influência das plataformas digitais sobre o mercado de trabalho, o consumo cultural e a produção de conhecimento requerem um olhar atento do Direito Tributário, pois o impacto social e econômico dessas novas formas de intermediação desafia princípios constitucionais tradicionais, como a capacidade contributiva e a isonomia fiscal.

Por fim, o Brasil enfrenta um cenário de tensão entre o potencial disruptivo dessas tecnologias e a necessidade de adaptação normativa ágil e eficaz. O risco é que a inércia regulatória resulte em evasão fiscal, distorções concorrenciais e uma desvantagem crescente frente a economias que já avançaram em marcos regulatórios mais modernos, como União Europeia e Estados Unidos. Para além da arrecadação, está em jogo a capacidade do

Estado brasileiro de regular um setor que é, simultaneamente, econômico, social e tecnológico — exigindo uma abordagem integrada, interdisciplinar e inovadora.

Modelos de negócios das plataformas e fluxos econômicos

As plataformas digitais transformaram profundamente a estrutura econômica global, criando ecossistemas digitais complexos onde a geração, circulação e captura de valor se dão por meios inéditos. Essas plataformas não são apenas intermediárias tradicionais; elas reinventam o papel do intermediário ao agregar funções múltiplas — desde a gestão da experiência do usuário até a análise avançada de dados — e criar redes que integram produtores, consumidores, anunciantes e fornecedores em um mesmo ambiente digital.

A geração de valor e a arquitetura das plataformas digitais

A essência do modelo de negócios das plataformas reside em sua capacidade de conectar múltiplos grupos econômicos simultaneamente, criando um mercado bilateral ou multilateral. Conforme identificado por especialistas em economia digital, esse modelo possibilita externalidades de rede: o valor para um usuário aumenta à medida que mais participantes entram na plataforma, gerando um efeito multiplicador de valor.

No Brasil, plataformas como Hotmart, Monetizze, Shopify, Mercado Livre e AliExpress exemplificam a variedade desse modelo, desde a venda e distribuição de produtos físicos e digitais até a oferta de infraestrutura tecnológica para terceiros. O faturamento agregado dessas plataformas movimenta dezenas de bilhões de reais por ano — por exemplo, o Mercado Livre reportou mais de R$ 40 bilhões em GMV (Gross Merchandise Value) no Brasil em 2023, enquanto Hotmart cresceu exponencialmente no mercado de infoprodutos, com milhões de transações registradas mensalmente.

Essa expansão reflete um fenômeno global: segundo relatório da OCDE de 2024, as plataformas digitais representam aproximadamente 12% do PIB dos países desenvolvidos, com crescimento estimado em 15% ao ano na América Latina, impulsionado pela penetração crescente da internet e pelo aumento da digitalização do comércio.

Algoritmos e monetização: a centralidade da inteligência artificial

Os algoritmos são o coração da operação das plataformas digitais. A aplicação de inteligência artificial (IA), machine learning e análise preditiva permite a personalização massiva da oferta, a precificação dinâmica e o direcionamento estratégico da publicidade. Isso cria uma economia da atenção, onde o principal recurso é o engajamento do usuário e o tempo de permanência na plataforma.

No contexto tributário, a monetização algorítmica desafia a tradicional relação jurídica do tributo, pois o valor não resulta da simples venda, mas da combinação de dados, interações e automação. Plataformas como o ChatGPT, Google e Facebook utilizam sistemas complexos para monetizar conteúdos e interações que, muitas vezes, não são percebidas diretamente pelo consumidor, ampliando as dificuldades de definição do fato gerador e do sujeito passivo.

Do ponto de vista da regulação, o uso intensivo de IA suscita questões sobre transparência, controle e responsabilidade, inclusive tributária. A discricionariedade algorítmica e a opacidade dos processos automatizados criam riscos de evasão e elisão fiscal, demandando respostas inovadoras do Direito Tributário Digital.

Impacto na cadeia produtiva e fragmentação das responsabilidades

A revolução das plataformas digitais desestrutura as cadeias produtivas tradicionais, fragmentando as etapas de produção, distribuição e consumo. Essa fragmentação gera complexidade na identificação dos responsáveis tributários e no enquadramento jurídico das operações.

Por exemplo, no modelo de *dropshipping*, o lojista atua como intermediário sem possuir o estoque físico, que é enviado diretamente pelo fornecedor estrangeiro ao consumidor brasileiro. Essa operação desafia a aplicação tradicional do ICMS, pois o fluxo físico não passa pelo território nacional, mas há consumo final localizado. A ausência de regras claras para enquadramento desse modelo favorece insegurança jurídica e planejamento tributário agressivo.

De forma similar, no ecossistema de infoprodutos, o criador de conteúdo, os afiliados e a plataforma formam uma rede de prestação de serviços interdependente, em que cada agente assume um papel específico. A repartição das receitas e a responsabilidade pelo recolhimento tributário exigem regras claras, sob pena de litígios e bitributação.

Desafios regulatórios e tributários diante dos fluxos econômicos digitais

Os fluxos financeiros dentro das plataformas são altamente dinâmicos e complexos. As operações envolvem múltiplas partes, podem ser internacionais, envolver pagamentos em moedas digitais e utilizar mecanismos de compensação automática. Essa dinâmica dificulta a aplicação dos conceitos clássicos de fato gerador, base de cálculo e sujeito passivo.

Os fiscos enfrentam desafios para rastrear e fiscalizar essas operações, uma vez que os dados podem estar dispersos entre jurisdições, e a movimentação financeira ocorre em tempo real por canais eletrônicos, muitas vezes sem documentação física formalizada. A dificuldade de fiscalização aumenta o risco de evasão e distorce o ambiente concorrencial.

O Brasil ainda carece de um marco regulatório integrado que padronize o tratamento fiscal das operações nas plataformas, alinhando definições jurídicas, critérios de territorialidade e mecanismos de cooperação entre os entes federativos. Sem essa harmonização, a insegurança jurídica e a litigiosidade tendem a se intensificar, onerando contribuintes e dificultando a arrecadação.

Inteligência Artificial como agente econômico: conceito e evolução da Inteligência Artificial (IA)

A Inteligência Artificial (IA) é um campo multidisciplinar que combina ciência da computação, estatística, neurociência e linguística para desenvolver sistemas capazes de realizar tarefas que, tradicionalmente, exigiam inteligência humana. Desde os primeiros algoritmos simples baseados em regras até as sofisticadas redes neurais profundas e modelos de aprendizado reforçado, a IA vem evoluindo exponencialmente, especialmente nas últimas duas décadas. Essa evolução tecnológica permitiu o surgimento de sistemas capazes de aprender, adaptar-se e tomar decisões complexas com autonomia e em escala global.

Hoje, a IA é uma força disruptiva que vai além da automação industrial, moldando setores como finanças, saúde, logística, comércio eletrônico e, especialmente, as plataformas digitais que dominam o novo paradigma econômico. Sistemas como os de reconhecimento de voz e imagem, processamento de linguagem natural (exemplificado pelo ChatGPT e similares), robótica inteligente, e algoritmos preditivos já transformaram profundamente a maneira como as empresas operam e geram valor.

Dessa forma, a IA está inserida em múltiplos aspectos da vida cotidiana e do ambiente de negócios, transformando radicalmente setores diversos. Na economia digital, por sua vez, a IA não é apenas uma ferramenta auxiliar; mas se tornou um agente econômico fundamental, capaz de influenciar diretamente fluxos financeiros, decisões estratégicas e modelos de negócio. E é justamente essa autonomia que torna a IA uma espécie de agente econômico não tradicional, que cria valor e influência significativa no mercado, desafiando modelos clássicos de responsabilidade tributária e regulatória.

IA nas plataformas digitais: automação, personalização e tomada de decisão autônoma

Nas plataformas digitais, a IA atua como núcleo estruturante. Ela automatiza processos antes manuais e fragmentados, desde atendimento ao cliente, gerenciamento de inventário até otimização de campanhas publicitárias. Por exemplo, a Shopify usa IA para ajudar comerciantes a prever demandas, ajustar preços em tempo real e recomendar produtos para maximizar vendas. A Hotmart e Eduzz incorporam sistemas inteligentes que mapeiam o comportamento do consumidor, personalizando ofertas e otimizando o funil de vendas digital.

Além da automação, a personalização em escala massiva é uma das maiores revoluções trazidas pela IA. Algoritmos analisam bilhões de pontos de dados, como histórico de navegação, comportamento em redes sociais e preferências declaradas, para oferecer experiências individualizadas. Esse processo gera um ciclo virtuoso que aumenta o engajamento do usuário, melhora a conversão e, consequentemente, amplia as receitas das plataformas.

A tomada de decisão autônoma, por sua vez, transforma a IA em um agente econômico independente. Algoritmos sofisticados realizam precificação dinâmica, alocação de recursos, análise de risco, aprovação de crédito, e até mesmo operações financeiras automáticas. No setor financeiro, por exemplo, robôs de trading operam com base em aprendizado automático, ajustando estratégias em frações de segundo sem intervenção humana. Isso desloca o papel do agente econômico para uma entidade não humana, capaz de moldar fluxos financeiros globais com enorme rapidez e escala.

Implicações econômicas e fiscais da IA como agente produtivo

Essa nova configuração traz desafios fiscais inéditos. O Direito Tributário tradicional baseia-se na identificação clara de sujeitos tributáveis (pessoas físicas ou jurídicas) e na existência concreta do fato gerador, que pode ser mensurado e localizado. Com a IA atuando como agente econômico autônomo, surgem questões complexas sobre como atribuir responsabilidade tributária a sistemas que não têm personalidade jurídica, mas geram valor econômico real e mensurável.

A chamada "materialidade algorítmica" exige que o sistema tributário avance para além da mera tributação da superfície das operações (como venda de bens ou serviços), incorporando a valoração do impacto econômico produzido por códigos e algoritmos. Esse conceito desafia a dogmática tradicional, demandando novas bases de cálculo, métricas de mensuração e formas de comprovação que considerem o papel da IA na geração de riqueza.

Além disso, a opacidade dos algoritmos — frequentemente protegidos por segredos industriais e complexos sistemas de inteligência proprietária — torna a fiscalização tributária ainda mais difícil. A possibilidade de uso de estruturas descentralizadas, como *blockchain* e contratos inteligentes, amplia a dificuldade de rastreamento, abrindo espaço para elisão e evasão fiscal.

Dados e tendências globais sobre o impacto da IA

Estudos recentes de organismos internacionais, como a OCDE e o FMI, estimam que atualmente mais de 60% das transações digitais são influenciadas por IA, seja na recomendação de produtos, precificação dinâmica ou automação de processos comerciais. Espera-se que essa participação ultrapasse 80% até 2030, com o avanço de tecnologias emergentes, como agentes autônomos, assistentes virtuais avançados e sistemas de gestão empresarial baseados em IA.

Globalmente, a adoção da IA tem sido associada a aumentos significativos na produtividade e geração de riqueza, mas também a desafios para a política tributária. Países desenvolvidos já iniciaram discussões sobre "taxação da economia algorítmica", buscando modelos que capturem a contribuição econômica dessas novas entidades, evitando a erosão da base tributária tradicional.

Desafios regulatórios e jurídicos para o Direito Tributário Digital

O Brasil, apesar de avanços recentes na reforma tributária, ainda não possui regulamentação específica para tratar da tributação da IA como agente econômico. A ausência de normas claras aumenta a insegurança jurídica, potencializa conflitos interpretativos e dificulta o controle fiscal.

O desafio é estruturar um marco regulatório que reconheça a IA como elemento ativo na cadeia produtiva, sem tentar enquadrá-la em categorias jurídicas tradicionais inadequadas. Isso pode incluir a criação de métricas de valor algorítmico, critérios de presença econômica baseada em atuação autônoma e desenvolvimento de mecanismos tecnológicos para monitoramento e auditoria das operações.

A regulamentação precisa ainda proteger direitos fundamentais, como privacidade, segurança da informação e liberdade econômica, equilibrando a necessidade de arrecadação com o estímulo à inovação e competitividade.

A importância do diálogo interdisciplinar e da atualização normativa

Para enfrentar esses desafios, é fundamental fomentar o diálogo entre especialistas em direito tributário, tecnologia, economia digital e ciência de dados. A formação de grupos técnicos multidisciplinares pode acelerar a elaboração de normas adaptadas à realidade tecnológica, garantir a atualização constante frente à evolução da IA e evitar descompassos entre legislação e prática econômica.

O desenvolvimento de soluções normativas inovadoras e tecnologicamente alinhadas é essencial para que o Direito Tributário Digital possa cumprir seu papel de garantir justiça fiscal. Além disso, a adoção de políticas públicas e investimentos em tecnologia fiscal, como inteligência artificial para fiscalização e *big data* para rastreamento, devem estar alinhados a um arcabouço legal que possibilite inovação e proteção contra abusos e sonegação.

Responsabilidade fiscal das plataformas digitais: sujeição passiva e responsabilidade tributária

As plataformas digitais revolucionaram a intermediação econômica ao promoverem a conexão massiva entre ofertantes e consumidores, por meio de ambientes digitais escaláveis e algoritmos sofisticados. Porém, esse modelo disruptivo desafia os fundamentos clássicos da tributação, sobretudo no que tange à identificação do sujeito passivo da obrigação tributária. Tradicionalmente, o sujeito passivo é o contribuinte direto da operação tributável, geralmente o vendedor ou o prestador do serviço, mas no contexto das plataformas digitais, a cadeia econômica é multifacetada, descentralizada e opaca.

No Brasil, a discussão sobre a responsabilidade tributária das plataformas ganhou relevo a partir da expansão do comércio eletrônico, *marketplaces* e plataformas de infoprodutos. A questão central é: as plataformas devem ser responsáveis pelo recolhimento dos tributos incidentes sobre as operações intermediadas? Ou essa responsabilidade recai exclusivamente sobre os vendedores e prestadores de serviço finais?

Essa indagação não é meramente técnica, mas de grande impacto econômico e social. A falta de responsabilização efetiva das plataformas pode gerar um ambiente propício à evasão fiscal e à informalidade, prejudicando o equilíbrio concorrencial e reduzindo a capacidade arrecadatória do Estado. Por outro lado, a imposição excessiva de obrigações às plataformas pode desincentivar a inovação, encarecer serviços e criar barreiras para pequenos empreendedores que dependem desses ecossistemas.

Perspectivas internacionais

Em países como Estados Unidos, União Europeia, Índia e Austrália, as autoridades fiscais têm adotado abordagens variadas para atribuir responsabilidades às plataformas digitais. Na União Europeia, por exemplo, a Diretiva DAC7, implementada em 2023, exige que plataformas digitais reportem informações detalhadas sobre os rendimentos obtidos por vendedores e prestadores de serviços, fortalecendo a fiscalização e combatendo a evasão.

Nos Estados Unidos, algumas jurisdições passaram a responsabilizar plataformas pelo recolhimento de impostos sobre vendas (sales tax), reconhecendo o papel crucial dessas entidades na efetivação das transações. A Índia implementou o conceito de "*Significant Economic Presence*" (Presença Econômica Significativa), que permite a tributação baseada na atividade econômica digital, mesmo na ausência de estabelecimento físico.

Esses exemplos evidenciam que o tratamento fiscal das plataformas digitais requer políticas públicas e regulamentações específicas que reflitam a complexidade e a inovação desses modelos, sem perder de vista a necessidade de justiça fiscal e segurança jurídica.

Polêmicas e desafios legais atuais

No Brasil, a ausência de legislação federal específica sobre a responsabilidade tributária das plataformas gera interpretações divergentes. Estados e municípios frequentemente adotam posturas distintas, criando um ambiente de insegurança e riscos de bitributação.

Entre os principais desafios destacam-se:

- Definição da natureza jurídica das plataformas: são meras facilitadoras, prestadoras de serviços, fornecedores indiretos ou sujeitos autônomos da cadeia econômica? A resposta influencia diretamente a possibilidade de responsabilidade solidária, substitutiva ou subsidiária.
- Princípio da legalidade tributária: a responsabilidade tributária só pode ser atribuída conforme expressamente prevista em lei, respeitando o devido processo legal e evitando cobrança indevida.
- Limites da substituição tributária: a aplicação desse instituto às plataformas deve ser criteriosamente avaliada para não extrapolar seu alcance original e evitar abusos.
- Proteção de dados e sigilo fiscal: a cooperação das plataformas com o fisco envolve o tratamento de dados pessoais e sensíveis, o que requer equilíbrio entre eficiência fiscal e direitos fundamentais.
- Emissão e validade de documentos fiscais eletrônicos: a obrigatoriedade para plataformas emitirem notas fiscais ou recibos eletrônicos, especialmente em operações transfronteiriças.

Essas questões ainda são objeto de debates no âmbito administrativo e judicial, com decisões que oscilam conforme a localidade, o tipo de tributo e o perfil da plataforma.

Jurisprudência e casos práticos

Os tribunais brasileiros têm julgado demandas relativas à responsabilidade tributária das plataformas, com decisões variadas. Em alguns julgados, verificou-se o reconhecimento da plataforma como substituta tributária em operações de ICMS, com fundamento na sua atuação como parte essencial da cadeia econômica.

Por outro lado, há decisões que afastam essa responsabilidade, sustentando que a plataforma não participa diretamente da operação comercial, sendo mera facilitadora, o que a exime da condição de contribuinte.

Casos emblemáticos, envolvendo plataformas como Uber, Airbnb e outros *marketplaces* digitais, ilustram a tensão jurídica e a necessidade urgente de consolidação normativa.

Impactos econômicos e regulatórios

A definição clara da responsabilidade tributária das plataformas é crucial para o equilíbrio do ambiente de negócios. Ela deve garantir:

- Eficiência arrecadatória, combatendo a evasão e a informalidade.
- Segurança jurídica, reduzindo litígios e custos administrativos.
- Equidade fiscal, evitando tratamentos diferenciados entre empresas físicas e digitais.
- Fomento à inovação e competitividade, assegurando que as obrigações fiscais não sejam um entrave para o crescimento do setor.

Recomendações para o Brasil

Para superar os desafios, recomenda-se:

- Criação de legislação federal específica que regule a responsabilidade tributária das plataformas, definindo critérios claros para sua sujeição passiva, direitos e deveres.
- Uniformização normativa entre União, Estados e Municípios, com mecanismos de coordenação e cooperação, para evitar conflitos e bitributação.
- Implementação de obrigações acessórias específicas para plataformas, como declarações de operações e retenção de tributos, aliadas à proteção da privacidade.
- Capacitação técnica do fisco e do setor privado, para compreensão das novas tecnologias e modelos de negócio.
- Adoção de tecnologia fiscal avançada, que permita rastreabilidade e transparência, reduzindo riscos de fraude.

- Incentivo à participação do setor privado em fóruns e consultas públicas, fomentando o diálogo construtivo para o aprimoramento da legislação.

Diante desse cenário complexo e dinâmico, fica claro que a responsabilidade fiscal das plataformas digitais é um tema estratégico para o futuro do sistema tributário brasileiro. A definição precisa dos sujeitos passivos e a atribuição adequada das obrigações tributárias não apenas garantirão a justiça fiscal, mas também fortalecerão a segurança jurídica necessária para que o ambiente digital continue a fomentar inovação e crescimento econômico.

Sem avanços normativos claros e harmonizados, o risco de insegurança jurídica, litígios e práticas desleais persistirá, prejudicando tanto o fisco quanto os agentes econômicos. Por isso, a construção de um marco regulatório específico, pautado na cooperação entre os entes federativos e no diálogo constante com o setor produtivo, é imperativa.

Somente com responsabilidade compartilhada, transparência e adaptação às particularidades tecnológicas será possível transformar as plataformas digitais em agentes integrados e legítimos do sistema tributário brasileiro, consolidando um ambiente tributário moderno, justo e sustentável para todos.

Tributação sobre serviços automatizados e digitais

A crescente digitalização dos serviços revolucionou a forma como o consumo é realizado e tributado. Os modelos tradicionais, baseados em prestações físicas ou pontuais, se mostram insuficientes para abarcar as especificidades dos serviços automatizados e digitais — como Inteligência Artificial (IA), Software as a Service (SaaS) e publicidade programática. Essa transformação exige uma profunda revisão dos conceitos jurídicos fundamentais do Direito Tributário, especialmente no que tange à definição do fato gerador e da base de cálculo.

Desafios na definição do fato gerador

O conceito clássico de fato gerador, consagrado no artigo 114 do Código Tributário Nacional (CTN), está fortemente vinculado a um evento material ou jurídico claro, geralmente identificado no momento da prestação do serviço ou entrega do bem. Contudo, em serviços digitais automatizados, a ocorrência do fato gerador é contínua e difusa, o que dificulta a delimitação precisa do momento da incidência tributária.

Por exemplo, no modelo SaaS, o serviço é prestado via assinatura, com acesso permanente a funcionalidades que são atualizadas e entregues continuamente — diferentemente da venda tradicional de software, que envolve cessão definitiva de direitos. Assim, a questão que se coloca é: qual o marco temporal para a incidência do tributo? A cada renovação mensal, a cada uso ou num período acumulado?

Na publicidade programática, a monetização se dá por microtransações que ocorrem em milissegundos, quando um algoritmo decide qual anúncio exibir para determinado usuário. Cada exibição, clique ou conversão representa um fato gerador, porém sua fragmentação impõe desafios técnicos e conceituais para a apuração correta da base tributável.

Ainda, a crescente adoção da Inteligência Artificial como agente econômico autônomo amplia essa complexidade. Sistemas algorítmicos capazes de aprender e tomar decisões geram valor sem intervenção humana direta, o que implica repensar o vínculo tradicional entre sujeito humano e fato gerador, pois a geração econômica é automatizada e distribuída.

Exemplos práticos nacionais e internacionais

No Brasil, empresas de tecnologia como TOTVS e Linx destacam-se na oferta de SaaS para setores variados, enfrentando desafios tributários que passam pela definição clara do fato gerador e pela base de cálculo. *Startups* em publicidade digital, operando com plataformas como Google *Ads* e Facebook *Ads*, também vivenciam incertezas quanto à correta incidência do ISS e do IBS, sobretudo diante da multiplicidade de serviços digitais prestados e da intermediação automatizada.

Internacionalmente, a União Europeia, por meio da Diretiva (UE) 2021/1151, estabelece regras para tributação de serviços digitais, incluindo um marco temporal para incidência tributária e definição de base de cálculo que consideram a natureza contínua desses serviços. A OCDE, em seus relatórios sobre tributação digital (OECD, 2021), enfatiza a necessidade de critérios claros para presença econômica significativa e base tributável definida por métricas objetivas, como receita gerada, número de usuários e volume de dados processados.

Na Índia, o conceito de "*Significant Economic Presence*" (Presença Econômica Significativa) já se aplica para tributar serviços digitais independentemente da presença física, estabelecendo precedentes que influenciam a discussão brasileira sobre o tema.

Marcos regulatórios e propostas legislativas no Brasil

A Emenda Constitucional nº 132/2023, que institui a CBS e o IBS, amplia a base tributária para incluir serviços digitais, porém ainda carece de detalhamento para regular a complexidade dos serviços automatizados. As regulamentações infralegais e instruções normativas da Receita Federal têm avançado na exigência de declarações detalhadas, mas sem definir claramente a caracterização do fato gerador em contratos de SaaS ou publicidade programática.

Projetos de lei em tramitação no Congresso Nacional, como o PL 3.887/2020, visam preencher essa lacuna, propondo definições específicas para o fato gerador em serviços digitais contínuos, estabelecendo obrigações acessórias específicas e critérios para evitar bitributação. Esses projetos também preveem a inclusão de tecnologias de rastreamento e monitoramento digital para aumentar a eficiência da fiscalização. Trata-se, portanto, da necessidade de um arcabouço jurídico dinâmico, que incorpore não só a materialidade econômica real, mas também as particularidades tecnológicas, garantindo neutralidade, segurança jurídica e equidade fiscal.

Considerações e caminhos para o futuro

Para que a tributação de serviços automatizados e digitais seja eficaz, justa e sustentável, são imprescindíveis:

- A criação de normas específicas que definam o fato gerador e base de cálculo para serviços digitais contínuos, reconhecendo a realidade do consumo por assinatura, uso sob demanda e automação algorítmica.
- A incorporação de critérios objetivos e mensuráveis, como volume de dados, usuários ativos e receita gerada, para fundamentar a incidência tributária.
- O desenvolvimento de sistemas tecnológicos avançados para rastreamento, monitoramento e *compliance*, garantindo transparência e controle.
- A capacitação técnica contínua dos agentes fiscais e do setor privado, fomentando diálogo e cooperação.

- A harmonização legislativa entre os entes federativos e a articulação com normas internacionais, reduzindo insegurança jurídica e riscos de bitributação.
- O Direito Tributário Digital demanda uma adaptação profunda e constante, sob pena de manter o país preso a paradigmas analógicos e perder competitividade em uma economia global acelerada pela inovação tecnológica.
- Obrigações acessórias e *compliance* fiscal nas plataformas digitais.

Panorama das obrigações acessórias no contexto digital

A transformação digital provocou uma mudança radical na estrutura das cadeias econômicas, desafiando as práticas tradicionais de fiscalização e cumprimento tributário. Nas plataformas digitais, onde milhões de operações são realizadas a cada instante, a conformidade com obrigações acessórias assume papel central para assegurar que a arrecadação seja eficiente e que o sistema fiscal não seja vulnerável a fraudes e evasões.

As obrigações acessórias englobam um conjunto de deveres documentais e declaratórios que vão muito além da simples emissão de notas fiscais. Elas incluem o registro detalhado de transações, a manutenção de livros fiscais digitais, o envio de informações periódicas para os fiscos (como a EFD-ICMS/IPI e a EFD-Contribuições), e a comunicação imediata de eventos fiscais relevantes. Esses requisitos criam um arcabouço que permite aos órgãos de fiscalização mapear, cruzar e auditar operações de forma eficaz.

Exigências legais específicas para plataformas

No Brasil, a Receita Federal e as Secretarias de Fazenda estaduais e municipais têm intensificado as exigências para o setor digital. A Instrução Normativa RFB nº 1.888/2019, que disciplina a declaração das operações com criptoativos, é um exemplo claro de como as normas estão evoluindo para acompanhar novos modelos de negócio. Plataformas que atuam como intermediadoras devem não apenas registrar as operações, mas também informar detalhes como identidade dos usuários, valores transacionados, datas, naturezas das operações e até mesmo dados cadastrais para facilitar a fiscalização.

Além disso, com a implementação do IBS e da CBS, que unificam e substituem diversos tributos, as plataformas precisarão adaptar seus sistemas para atender às novas obrigações acessórias previstas nos respectivos regulamentos. Isso envolve a atualização de sistemas ERP, a automação do processo de emissão fiscal e o aprimoramento das rotinas de *compliance* para garantir a aderência às normas e evitar sanções.

Uso de tecnologia para garantir a rastreabilidade

A adoção de tecnologias avançadas é indispensável para que as plataformas consigam atender às demandas fiscais sem comprometer a agilidade e a escalabilidade de seus negócios. Ferramentas como:

- *Blockchain*: Proporciona um registro imutável e transparente das operações, facilitando auditorias e garantindo autenticidade documental;
- Inteligência Artificial e *Machine Learning*: Permitem o monitoramento em tempo real de padrões de comportamento, detecção automática de inconsistências e prevenção de fraudes fiscais;
- Sistemas Integrados de Gestão Fiscal (ERP Fiscal): Automatizam o processo de geração de notas, cálculo de tributos e envio de informações para os órgãos públicos;
- *Big Data Analytics*: Analisam grandes volumes de dados para identificar riscos, tendências e oportunidades de melhoria no *compliance*.

Essas tecnologias não só asseguram conformidade com as normas tributárias, mas também geram insights estratégicos que podem melhorar a gestão e a tomada de decisão das plataformas.

Boas práticas de *compliance* para intermediários e usuários

O sucesso no cumprimento das obrigações acessórias depende da adoção de uma cultura de *compliance* que envolva todos os atores da cadeia econômica digital. Para as plataformas, as melhores práticas incluem:

- Desenvolvimento de políticas claras de governança fiscal: Definindo responsabilidades e fluxos internos para garantir que todas as operações sejam devidamente registradas e declaradas;
- Capacitação contínua das equipes jurídicas e fiscais: Manter os colaboradores atualizados sobre mudanças regulatórias, jurisprudência e melhores práticas internacionais;

- Transparência na relação com os usuários: Informar claramente sobre obrigações fiscais, documentação necessária e impactos tributários para evitar conflitos e reclamações;
- Investimento em auditorias internas e monitoramento constante: Para identificar e corrigir possíveis falhas antes de autuações fiscais.

Para os usuários, vendedores, prestadores de serviço e consumidores, o *compliance* passa pela documentação correta das operações, adoção de sistemas confiáveis e busca por assessoria especializada que oriente sobre os riscos e obrigações.

Impactos da não conformidade

O não cumprimento das obrigações acessórias pode gerar consequências severas. Multas que variam de 75% a 225% do valor do tributo devido são comuns em casos de omissão, documentação falsa ou atrasos na entrega das declarações. Além disso, plataformas e usuários podem sofrer bloqueios de contas, restrições operacionais e danos reputacionais irreversíveis.

Do ponto de vista do fisco, a falta de dados confiáveis compromete a fiscalização e amplia o risco de evasão, impactando negativamente a arrecadação e a justiça fiscal. Para o mercado, o descumprimento generalizado pode gerar distorções concorrenciais, penalizando quem atua dentro da legalidade.

Exemplos e casos práticos

Diversas plataformas brasileiras já enfrentaram autuações significativas por falhas no cumprimento das obrigações acessórias. Por exemplo, *marketplaces* que não emitiram corretamente notas fiscais eletrônicas foram alvo de ações fiscais que resultaram em multas milionárias e bloqueio temporário para operar em determinados estados. Empresas de SaaS e infoprodutos que não atualizaram seus sistemas para integrar as novas exigências do IBS tiveram que adaptar seus processos sob pressão da fiscalização.

Esses casos ilustram a importância do *compliance* fiscal robusto, além de evidenciar a necessidade de maior diálogo entre o setor privado e os órgãos fiscais para aperfeiçoar a legislação e sua aplicação.

O cumprimento rigoroso das obrigações acessórias nas plataformas digitais é uma condição indispensável para a sustentabilidade e legitimidade do sistema tributário brasileiro na era digital. A conjugação de tecnologia, governança eficaz e cultura de *compliance* assegura não apenas a conformidade fiscal, mas também fortalece a competitividade e a inovação.

Portanto, para que as plataformas digitais prosperem de maneira saudável e contribuam efetivamente para a arrecadação e justiça fiscal, é imprescindível que adotem práticas modernas e integradas de *compliance*, contando com o suporte técnico, jurídico e tecnológico adequados.

O papel das plataformas na gestão de tributos e retenção

Retenção na fonte e substituição tributária: fundamentos jurídicos e econômicos

A retenção na fonte, prevista no ordenamento jurídico brasileiro como mecanismo de arrecadação antecipada de tributos, encontra fundamento no princípio da eficiência administrativa e na garantia da efetividade do crédito tributário (art. 150, §7º, da Constituição Federal). Essa medida é particularmente relevante na economia digital, onde a fragmentação dos agentes econômicos e a volatilidade das operações dificultam a fiscalização tradicional.

A substituição tributária, prevista no artigo 150, §7º da CF e regulamentada no Código Tributário Nacional (CTN) e nas legislações estaduais, é um instituto que atribui a responsabilidade pelo recolhimento do tributo a um terceiro, geralmente a indústria ou importador, simplificando a arrecadação e reduzindo a evasão. Contudo, sua aplicação ao ambiente digital demanda reinterpretação, visto que o modelo clássico pressupõe uma cadeia produtiva linear, física e territorialmente delimitada, enquanto as plataformas digitais operam em ecossistemas complexos, dinâmicos e multilaterais.

Desafios tecnológicos e operacionais na tributação digital

O volume e a velocidade das transações nas plataformas digitais, muitas vezes envolvendo milhares de operações por minuto, impõem desafios inéditos para os fiscos. A necessidade de sistemas tecnológicos integrados, capazes de realizar a retenção, declaração e recolhimento de tributos em tempo real, torna imprescindível o investimento em soluções avançadas de automação, inteligência artificial e análise preditiva.

Além disso, a heterogeneidade dos modelos de negócio — incluindo *marketplace*, infoprodutos, *dropshipping*, serviços sob demanda e micropagamentos — exige que os instrumentos jurídicos sejam flexíveis e adaptativos, para evitar a criação de entraves à inovação e a distorções concorrenciais.

Jurisprudência e exemplos práticos no Brasil

Recentemente, o Superior Tribunal de Justiça (STJ) tem proferido decisões relevantes sobre a responsabilidade tributária das plataformas digitais, destacando a necessidade de observância dos princípios da legalidade e da segurança jurídica. Em julgamentos envolvendo *marketplaces*, o STJ reconheceu a possibilidade de responsabilização solidária das plataformas, desde que prevista em lei, alinhando-se ao entendimento da substituição tributária e da retenção na fonte.

Em São Paulo, decisões do Tribunal de Justiça consolidaram a responsabilidade das plataformas no recolhimento do ICMS em operações realizadas via *marketplace*, alinhando-se ao Convênio ICMS 190/17 do CONFAZ, que normatiza a substituição tributária para essas operações.

No entanto, há também julgados que afastam a responsabilidade direta das plataformas, reconhecendo-as como meras facilitadoras, o que evidencia a existência de controvérsias jurídicas que só poderão ser solucionadas com a uniformização normativa.

Exemplos internacionais e comparativos

Nos Estados Unidos, a aplicação do "*Marketplace Facilitator Law*" em diversos estados obriga as plataformas digitais a reter e recolher o imposto sobre vendas (*sales tax*) em nome dos vendedores, reconhecendo a função essencial dessas plataformas na realização das transações. Esta legislação tem sido considerada um marco para a modernização da arrecadação em ambientes digitais, contribuindo para a redução da evasão fiscal.

Na União Europeia, a Diretiva DAC7, que entrou em vigor em 2023, impõe às plataformas digitais obrigações de reporte detalhado das operações dos vendedores, fortalecendo a fiscalização e a transparência. A abordagem da UE visa assegurar que a tributação seja efetuada no território adequado e com base em informações precisas, reduzindo riscos de elisão.

A Índia, por sua vez, adotou o conceito de "*Significant Economic Presence*" para ampliar a base tributária no ambiente digital, incluindo a responsabilização das plataformas digitais pela retenção de impostos, mesmo sem presença física, o que representa uma inovação normativa alinhada às tendências globais.

Proteção de dados e direitos fundamentais

A atuação das plataformas digitais como responsáveis fiscais deve respeitar rigorosamente os direitos constitucionais à privacidade e à proteção de dados pessoais, conforme estabelecido na Lei Geral de Proteção de Dados (LGPD) e na Constituição Federal (artigos 5º, X e XII). O compartilhamento de informações fiscais requer protocolos de segurança e mecanismos de anonimização, além do respeito aos princípios da finalidade e da minimização de dados.

Esse equilíbrio é essencial para garantir que o combate à evasão fiscal não se transforme em violação de direitos fundamentais, fortalecendo a legitimidade do sistema tributário digital.

Recomendações e diretrizes para o marco legal brasileiro

Para consolidar um ambiente tributário eficiente e justo, recomenda-se:

- Elaboração de legislação federal específica sobre a responsabilidade das plataformas na retenção e substituição tributária, definindo claramente os sujeitos passivos, obrigações e direitos, em consonância com o princípio da legalidade.
- Uniformização normativa entre os entes federativos, com a adoção de protocolos de cooperação, intercâmbio de informações e resolução de conflitos, para evitar a bitributação e a insegurança jurídica.
- Adoção de obrigações acessórias simplificadas, que considerem a dinâmica das operações digitais e assegurem a proteção dos dados pessoais dos usuários.
- Investimento em tecnologia fiscal avançada, com utilização de inteligência artificial, *blockchain* e *big data*, para aprimorar a fiscalização e a transparência das operações digitais.
- Capacitação contínua dos órgãos fiscais e do setor privado, promovendo o entendimento das novas tecnologias e modelos de negócio, reduzindo erros e litígios.
- Fomento ao diálogo e à participação do setor privado, sociedade civil e academia na formulação e revisão das normas, garantindo um marco regulatório dinâmico, adaptável e equilibrado.

Diante do cenário complexo e em rápida transformação das plataformas digitais, fica evidente que a definição clara da responsabilidade fiscal dessas entidades é peça-chave para a sustentabilidade do sistema tributário brasileiro. A adaptação dos institutos clássicos da retenção na fonte e da substituição tributária ao ambiente digital não é uma mera formalidade, mas uma necessidade urgente para garantir justiça fiscal, eficiência arrecadatória e competitividade econômica.

A coexistência de interpretações divergentes, a volatilidade das operações e o avanço tecnológico impõem um desafio que vai muito além do direito tributário tradicional. Requer uma abordagem integrada, que combine inovação normativa, tecnológica e institucional, sempre respeitando os direitos fundamentais dos contribuintes e a transparência dos processos.

Este é o momento para que legisladores, administradores fiscais, empresas e profissionais do direito unam esforços em prol de um marco regulatório robusto, que reconheça o papel crucial das plataformas digitais na economia contemporânea e estabeleça critérios claros para sua sujeição passiva. Somente assim será possível transformar a tributação digital em um instrumento eficaz, justo e alinhado com as demandas da nova economia.

Desafios da fiscalização e combate à evasão fiscal em ambientes digitais

A fiscalização tributária no ambiente digital enfrenta desafios inéditos e complexos, impulsionados pela velocidade, escala e inovação constantes das operações econômicas. A economia digital difere dos modelos tradicionais, pois envolve agentes dispersos, fluxos transfronteiriços e operações frequentemente automatizadas, o que requer uma modernização profunda das ferramentas e técnicas de controle para assegurar a eficácia na arrecadação e a justiça fiscal.

Ferramentas tecnológicas para fiscalização

O uso de tecnologias avançadas é imperativo para que os fiscos acompanhem o dinamismo do mercado digital. Sistemas baseados em inteligência artificial (IA), *machine learning*, *big data analytics* e *blockchain* são hoje os principais instrumentos para identificação de riscos fiscais, detecção de fraudes e monitoramento em tempo real. Tais tecnologias permitem analisar volumes massivos de dados e padrões comportamentais para antecipar irregularidades e concentrar esforços em auditorias de maior impacto.

No Brasil, o Sistema Público de Escrituração Digital (SPED), a Nota Fiscal Eletrônica (NF-e) e o Conhecimento de Transporte Eletrônico (CT-e) são pilares da infraestrutura fiscal digital. A integração desses sistemas promove a interoperabilidade entre as administrações tributárias federal, estaduais e municipais, *conditio sine qua non* para a rastreabilidade eficiente de operações em cadeias produtivas complexas e transfronteiriças.

Ademais, a aplicação do *blockchain* em registros fiscais começa a ser explorada para garantir a imutabilidade, rastreabilidade e autenticidade dos dados declarados, oferecendo uma camada extra de segurança jurídica. A automação das obrigações acessórias, com declarações eletrônicas padronizadas e recolhimentos automáticos, minimiza erros humanos e reduz oportunidades para a evasão fiscal. Ou seja, a adoção de tecnologias disruptivas na fiscalização é um passo indispensável para a atualização do fisco frente aos desafios impostos pela digitalização, garantindo eficiência sem abrir mão do respeito aos direitos fundamentais constitucionais dos contribuintes.

Cooperação entre entes federativos e órgãos internacionais

No contexto federativo brasileiro, a cooperação entre União, Estados e Municípios é fundamental para evitar conflitos de competência e reduzir o risco de bitributação, que historicamente penaliza o contribuinte e dificulta a arrecadação. A criação de comitês interinstitucionais e grupos técnicos dedicados à coordenação da fiscalização digital tem demonstrado resultados positivos na harmonização de procedimentos e no intercâmbio de informações.

Internacionalmente, a crescente globalização dos mercados digitais torna indispensável a cooperação entre administrações tributárias. O Brasil participa ativamente das iniciativas da Organização para Cooperação e Desenvolvimento Econômico (OCDE), especialmente no projeto BEPS (Base Erosion and Profit Shifting), que visa combater a erosão da base tributária e o deslocamento de lucros para jurisdições de baixa tributação.

Instrumentos como o Common Reporting Standard (CRS), que estabelece a troca automática de informações financeiras entre países, são exemplos de medidas multilaterais que aumentam a transparência e dificultam a evasão em operações digitais transfronteiriças. Ainda assim, a efetividade dessas iniciativas depende da capacidade técnica e da vontade política dos países para implementá-las plenamente.

Desse modo, a cooperação fiscal global é a única resposta eficaz contra estratégias de elisão e evasão facilitadas pela digitalização, com a qual o Brasil deve alinhar sua legislação e práticas a esse movimento para preservar sua base tributária e atratividade econômica.

Barreiras técnicas e jurídicas

Apesar dos avanços tecnológicos, a fiscalização digital esbarra em desafios técnicos importantes. A heterogeneidade dos sistemas adotados pelos contribuintes, o uso crescente de criptografia para proteger dados e a complexidade das cadeias produtivas digitais dificultam o rastreamento preciso das operações. Além disso, o volume e a velocidade das transações exigem infraestrutura robusta e constante atualização tecnológica, demandando investimentos significativos em capacitação e inovação.

No plano jurídico, a inexistência de normas específicas para diversos aspectos da tributação digital, como a definição do fato gerador em serviços automatizados, a responsabilidade tributária das plataformas e os limites da retenção na fonte, gera insegurança para fiscais e contribuintes. Esta lacuna normativa favorece interpretações divergentes, litigiosidade e riscos de arbitrariedade.

Paralelamente, é imprescindível garantir o respeito aos direitos fundamentais dos contribuintes, especialmente à privacidade e à proteção de dados pessoais, conforme estabelecido na Constituição Federal (artigos 5º, X e XII) e na Lei Geral de Proteção de Dados (LGPD - Lei nº 13.709/2018). O acesso e o uso de informações fiscais devem obedecer a protocolos rigorosos de segurança e princípios de minimização, finalidade e transparência, exigindo equilíbrio regulatório e inovação institucional, próprios de um Direito Tributário Digital realmente comprometido com o sistema jurídico nacional em sua totalidade.

Assim, o combate à evasão fiscal em ambientes digitais requer uma estratégia multifacetada que combine inovação tecnológica, cooperação federativa e internacional, atualização normativa e respeito aos direitos fundamentais. Somente por meio desse arcabouço integrado será possível construir um sistema tributário capaz de acompanhar a revolução digital, promover justiça fiscal e assegurar a sustentabilidade financeira do Estado brasileiro.

Aspectos internacionais e harmonização tributária

Como visto, a tributação da economia digital transcende fronteiras nacionais e desafia as estruturas tradicionais dos sistemas fiscais, que foram concebidos para tributar modelos econômicos essencialmente físicos e territorialmente delimitados. A transnacionalidade das plataformas digitais, a fragmentação das operações em múltiplas jurisdições e a velocidade da inovação tecnológica evidenciam a urgente necessidade de um esforço coordenado e global para garantir justiça fiscal, combater a evasão e evitar a dupla tributação.

Tributação digital no contexto global

O principal desafio da tributação digital está na definição da jurisdição fiscal adequada para a incidência tributária. A ausência da presença física das empresas no país consumidor tradicionalmente definido, aliado à mobilidade e intangibilidade dos bens e serviços digitais, tem permitido que grandes corporações se beneficiem de regimes fiscais permissivos, como paraísos fiscais, transferindo artificialmente seus lucros e reduzindo sua carga tributária real.

Essa prática, conhecida como erosão da base tributária e transferência de lucros (BEPS, do inglês, Base Erosion and Profit Shifting), representa um problema sistêmico que prejudica os países, especialmente emergentes, na arrecadação justa para financiar políticas públicas. Para responder a esses desafios, organismos multilaterais têm buscado desenvolver padrões e frameworks internacionais para harmonizar a tributação da economia digital.

Iniciativas da OCDE e da União Europeia

A Organização para a Cooperação e Desenvolvimento Econômico (OCDE) está na vanguarda desse esforço com o projeto BEPS 2.0, que inclui dois pilares fundamentais:

- Pilar 1: Visa redefinir os direitos tributários com base na "presença econômica significativa" — um conceito que reconhece a capacidade de uma empresa gerar valor e presença tributária em um país mesmo sem estabelecimento físico. Essa redistribuição visa garantir que empresas digitais globais, como Google, Amazon e Facebook, paguem impostos proporcionais às receitas geradas nos mercados onde atuam.

- Pilar 2: Introduz um imposto global mínimo de 15%, combatendo a competição fiscal predatória e impedindo que empresas transfiram lucros para jurisdições com baixa tributação. Esse mecanismo busca estabilizar o ambiente tributário internacional, reduzindo a chamada "corrida para o fundo do poço".

Na União Europeia, a Diretiva DAC7, adotada em 2023, impõe às plataformas digitais obrigações detalhadas de reporte fiscal, com a exigência de identificação e declaração das operações de vendedores e prestadores de serviço para os fiscos locais, fortalecendo a transparência e o combate à evasão. Além disso, a UE debate a implementação de um Imposto sobre Serviços Digitais (DST), aplicado sobre a receita de grandes plataformas, embora tal medida tenha provocado debates sobre a conformidade com acordos comerciais multilaterais e conflitos diplomáticos.

Esforços regulatórios em países emergentes

Diversos países emergentes já avançam em regulamentações adaptadas às suas realidades locais, muitas vezes alinhadas às recomendações da OCDE.

A Índia, pioneira nesse campo, implementou em 2016 a regra da "Presença Econômica Significativa" (*Significant Economic Presence*) para tributar empresas digitais que operam no país mesmo sem escritório ou estabelecimento formal, permitindo a retenção na fonte e ampliando a base tributária digital.

Países como África do Sul e México seguem caminhos semelhantes, equilibrando a necessidade de modernização fiscal com incentivos ao desenvolvimento tecnológico local.

No Brasil, a recente Emenda Constitucional nº 132/2023 e a introdução da CBS e do IBS indicam avanços para a tributação da economia digital, mas o país ainda enfrenta o desafio da regulamentação detalhada e da convergência com padrões internacionais para ampliar a eficiência e a competitividade.

Impacto sobre plataformas globais que operam no Brasil

Plataformas globais como Amazon, Google, Facebook, Shopify e Hotmart movimentam bilhões de reais no mercado brasileiro, porém muitas delas não possuem presença física, o que dificulta o enquadramento tributário conforme o sistema tradicional. A inexistência de normas claras e harmonizadas cria um ambiente em que essas corporações podem operar com vantagens fiscais significativas em relação às empresas nacionais, que arcam com encargos integrais e regras mais rígidas.

Esse cenário cria um ambiente de concorrência desigual e prejudica a capacidade do Estado brasileiro de arrecadar os tributos devidos, comprometendo investimentos públicos e a justiça fiscal.

A necessidade de integração e cooperação internacional

O Brasil deve aprofundar sua participação em iniciativas multilaterais, adotando e adaptando às suas particularidades os marcos regulatórios internacionais. A cooperação tributária internacional, por meio de acordos de troca automática de informações — como o Common Reporting Standard (CRS) da OCDE — e de ações conjuntas para o combate à evasão e elisão, é fundamental para impedir que ativos e receitas digitais circulem sem tributação adequada.

Além disso, a harmonização normativa e técnica entre os entes federativos brasileiros é vital para reduzir conflitos, prevenir a bitributação e aumentar a segurança jurídica. Sistemas integrados de monitoramento fiscal e tecnologias avançadas devem ser utilizados para facilitar a fiscalização em um ambiente digital globalizado e descentralizado.

A harmonização tributária internacional na economia digital é um passo inadiável para garantir a justiça fiscal, a transparência e a competitividade dos países. A integração do ordenamento brasileiro com esses padrões, combinada com legislação nacional clara e adaptada, permitirá que o Brasil se torne um ator relevante no cenário global, promovendo a arrecadação justa, incentivando a inovação tecnológica e protegendo a sustentabilidade do sistema tributário.

Somente por meio desta integração será possível superar os desafios impostos pela digitalização, evitando a fuga fiscal, promovendo a equidade entre os agentes econômicos e preparando o país para as transformações que moldarão o futuro da economia mundial.

Perspectivas futuras e propostas para um modelo fiscal digital eficaz

A rápida evolução tecnológica e a transformação estrutural da economia global impõem um desafio inédito aos sistemas tributários nacionais. A complexidade e a velocidade das operações digitais exigem um modelo fiscal que seja não apenas adaptativo, mas também fundamentado em princípios técnicos sólidos, capazes de garantir justiça fiscal, segurança jurídica e eficiência arrecadatória.

Inovações regulatórias e tecnológicas em debate

No campo regulatório, observa-se um movimento crescente para a criação de marcos legais flexíveis que acompanhem a dinâmica da economia digital, promovendo regras claras para a definição do fato gerador, do sujeito passivo e da base de cálculo. Essas normas buscam superar as limitações dos modelos clássicos, que ainda predominam em muitas jurisdições.

Em paralelo, a adoção de tecnologias disruptivas — como inteligência artificial aplicada à fiscalização, *blockchain* para a rastreabilidade fiscal e análise de *big data* para identificação de riscos — vem remodelando as estratégias de arrecadação e controle tributário. A utilização de algoritmos preditivos e sistemas automatizados permite o mapeamento em tempo real de fluxos econômicos digitais, aumentando a assertividade das auditorias e reduzindo custos operacionais.

Importância do diálogo multistakeholder

A construção de um sistema tributário digital eficaz requer a convergência entre múltiplos atores: legisladores, administradores fiscais, operadores econômicos, especialistas em tecnologia, academia e sociedade civil. Esse diálogo multistakeholder é essencial para assegurar que a regulamentação seja ao mesmo tempo técnica, prática e socialmente legítima.

Além disso, a governança participativa facilita a atualização ágil das normas, indispensável num cenário em que inovações tecnológicas surgem com frequência e podem alterar rapidamente as bases de incidência tributária. A participação ativa do setor privado e das instituições acadêmicas permite antecipar impactos e mitigar riscos de distorções ou iniquidades.

Propostas para aprimoramento legislativo e justiça fiscal

Para avançar rumo a um modelo fiscal digital robusto, várias linhas de atuação são recomendadas:

Desenvolvimento de Marco Normativo Integrado: promover a consolidação de uma legislação que articule as competências federais, estaduais e municipais, harmonizando conceitos e procedimentos. Esse marco deve contemplar as especificidades dos serviços digitais, criptoativos, inteligência artificial e plataformas intermediárias.

Definição Clara e Objetiva dos Elementos Essenciais da Tributação: estabelecer critérios técnicos para identificar o fato gerador em serviços automatizados e operações digitais complexas, assim como para a definição do sujeito passivo e da base de cálculo, levando em conta a natureza imaterial e descentralizada dessas atividades.

Adoção de Padrões Tecnológicos para Transparência e Conformidade: implementar sistemas fiscais interoperáveis, baseados em tecnologias como *blockchain*, para garantir a imutabilidade e auditabilidade das informações, facilitando o cumprimento voluntário e a fiscalização eficiente.

Fomento à Cooperação Nacional e Internacional: estimular a articulação entre os entes federativos brasileiros para evitar litígios e bitributação, bem como fortalecer a participação do Brasil em fóruns internacionais para alinhamento das práticas tributárias digitais, em consonância com as recomendações da OCDE e demais organismos multilaterais.

Regimes Tributários Específicos e Incentivos para Inovação: criar regimes diferenciados para *startups*, pequenos empreendedores digitais e atividades inovadoras, com foco em reduzir a carga burocrática e incentivar a formalização, sem prejuízo da justa arrecadação.

Garantia da Segurança Jurídica e Proteção dos Direitos Fundamentais: assegurar que a regulamentação respeite os princípios constitucionais, incluindo o da legalidade, capacidade contributiva, isonomia e proteção da privacidade e dados pessoais, evitando interpretações arbitrárias e abusos.

A efetividade do modelo fiscal digital brasileiro dependerá da capacidade do sistema tributário de incorporar essas inovações técnicas e regulatórias, promovendo um ambiente adaptativo e resiliente. Isso implica em um compromisso contínuo com o desenvolvimento tecnológico, o diálogo ampliado entre os atores envolvidos e a construção de um arcabouço normativo sofisticado, porém acessível.

Este esforço conjunto não apenas modernizará a arrecadação, mas também fortalecerá a justiça fiscal e a competitividade da economia brasileira no cenário global. Assim, o Direito Tributário Digital se consolidará como ferramenta essencial para equilibrar inovação e responsabilidade, assegurando a sustentabilidade do sistema fiscal diante dos desafios da nova economia.

Síntese e perspectivas para o futuro do Direito Tributário Digital nas plataformas

O crescimento acelerado das plataformas digitais e a incorporação massiva da inteligência artificial nas atividades econômicas impõem desafios inéditos à disciplina tributária, exigindo uma revisão profunda dos conceitos tradicionais do Direito Tributário. A concepção clássica de territorialidade, base de cálculo, fato gerador e sujeito passivo, embasada em operações físicas e lineares, revela-se insuficiente para abarcar a complexidade e fluidez dos fluxos econômicos digitais.

Do ponto de vista constitucional, destaca-se a necessidade de observância dos princípios da legalidade (art. 150, I, CF), capacidade contributiva (art. 145, §1º, CF) e da isonomia tributária (art. 150, II, CF), os quais devem orientar a construção de um marco regulatório que assegure justiça fiscal e segurança jurídica, sem tolher a inovação. A tributação digital deve respeitar os direitos fundamentais à proteção de dados pessoais (art. 5º, X, CF, e Lei Geral de Proteção de Dados - LGPD), evitando práticas arbitrárias ou desproporcionais que possam violar garantias individuais.

Tecnologicamente, a adoção de ferramentas avançadas, como inteligência artificial, *blockchain* e *big data*, é imprescindível para a efetiva fiscalização, monitoramento e controle das operações digitais, possibilitando a rastreabilidade em tempo real e a mitigação de riscos de evasão fiscal. A interoperabilidade dos sistemas fiscais entre União, Estados e Municípios é *conditio sine qua non* para a implementação de um modelo tributário integrado, coerente e eficiente.

Internacionalmente, o alinhamento com padrões multilaterais promovidos pela OCDE, como os pilares do projeto BEPS, e a adoção de mecanismos de cooperação internacional, como a troca automática de informações fiscais (Common Reporting Standard – CRS), são essenciais para enfrentar a natureza transnacional das plataformas digitais, garantindo a repartição justa da carga tributária e evitando a concorrência fiscal prejudicial.

Do ponto de vista jurídico, o desafio reside em promover um diálogo multidisciplinar e multistakeholder, envolvendo legisladores, administradores fiscais, operadores econômicos, especialistas em tecnologia e direitos fundamentais, para a construção de normas flexíveis, claras e atualizáveis, capazes de acompanhar o ritmo acelerado da inovação tecnológica.

Assim, o futuro do Direito Tributário Digital exige a construção de um sistema tributário sistêmico, responsivo e transparente, que articule fundamentos jurídicos sólidos, avanços tecnológicos e cooperação interinstitucional, reafirmando o papel do Estado como agente regulador e garantidor da justiça fiscal em um ambiente digitalizado.

A superação dos desafios presentes definirá a sustentabilidade fiscal e a competitividade econômica do Brasil na era digital, consolidando um modelo tributário que não apenas arrecade eficientemente, mas que também promova o desenvolvimento tecnológico, a inclusão econômica e a equidade social.

> ***"O Direito Tributário Digital não é mera adaptação normativa: é um novo paradigma que exige repensar conceitos, estruturas e instrumentos de controle. Tributar a era digital é desafiar o Estado a se reinventar, garantindo justiça fiscal sem tolher a inovação, promovendo a transparência sem abrir mão da segurança jurídica, e integrando tecnologia com princípios constitucionais. A capacidade de construir um sistema tributário dinâmico e inclusivo será o diferencial para o Brasil se posicionar como protagonista na economia digital global."***
>
> (Dr. Faustino Júnior)

CAPÍTULO 7

DIREITO CONSTITUCIONAL TRIBUTÁRIO DIGITAL

Introdução aos princípios constitucionais tributários no contexto digital

O sistema tributário brasileiro está estruturado sobre fundamentos constitucionais que regulam a imposição, arrecadação e fiscalização dos tributos, garantindo a observância dos direitos e garantias dos contribuintes e a eficiência do Estado arrecadador. Entre os princípios basilares destacam-se a legalidade (art. 150, I, CF), a capacidade contributiva (art. 145, § 1º, CF), a isonomia tributária (art. 150, II, CF), a neutralidade, a segurança jurídica e a transparência. Estes princípios foram formulados em um contexto histórico e econômico predominantemente físico e territorial, voltado à tributação de bens tangíveis e serviços com delimitação espacial definida. Todavia, a crescente digitalização da economia impõe uma profunda reflexão sobre a aplicação desses princípios diante da transformação estrutural do fato gerador tributário, dos sujeitos passivos e dos mecanismos de incidência.

Como já constatado, a economia digital caracteriza-se pela desmaterialização dos bens e serviços, pelo uso intensivo de dados, plataformas digitais e inteligência artificial, e pela natureza global e descentralizada das operações. Esse novo ambiente desafia os pressupostos tradicionais da dogmática tributária, exigindo uma releitura dos princípios constitucionais para que continuem a preservar a justiça fiscal, o equilíbrio federativo e a segurança jurídica.

O princípio da legalidade mantém sua centralidade, impondo que qualquer tributo só pode ser instituído ou majorado por meio de lei formal, exigência que se torna mais complexa na regulação de novas modalidades tributárias digitais. A capacidade contributiva deve ser reinterpretada para abarcar critérios de mensuração que contemplem a intangibilidade e a escalabilidade das operações digitais, evitando-se a tributação confiscatória ou desproporcional.

A isonomia tributária, em sua vertente horizontal e vertical, precisa assegurar tratamento equânime entre contribuintes físicos e digitais, evitando privilégios indevidos e discriminações que possam afetar a competitividade e a inovação. Por sua vez, a neutralidade tributária, que busca minimizar distorções econômicas e comportamentais, adquire relevância maior diante da complexidade dos modelos digitais, cuja cadeia produtiva é frequentemente fragmentada e multifacetada.

Finalmente, a segurança jurídica e a transparência ganham nova dimensão diante da necessidade de clareza normativa, previsibilidade e coerência interpretativa, requisitos essenciais para que os contribuintes possam planejar suas atividades e o Estado possa exercer seu poder de tributar com legitimidade.

Assim, a aplicação dos princípios constitucionais ao Direito Tributário Digital não consiste em mera formalidade, mas em imperativo para a adaptação do ordenamento às transformações tecnológicas e econômicas, de modo a assegurar a sustentabilidade do sistema tributário e o respeito aos direitos fundamentais.

Definição e fundamentos do princípio da neutralidade tributária

O princípio da neutralidade tributária, também chamado de neutralidade fiscal, constitui um dos pilares fundamentais do direito tributário moderno e da política fiscal contemporânea. Em sua essência, esse princípio determina que o sistema tributário deve ser estruturado de forma a não distorcer as decisões econômicas dos agentes, preservando a eficiência na alocação de recursos e minimizando interferências indevidas na atividade produtiva e no consumo.

No âmbito constitucional brasileiro, embora o princípio da neutralidade não esteja explicitamente previsto na Constituição Federal, sua compreensão decorre da interpretação sistêmica dos dispositivos relacionados à justiça tributária, capacidade contributiva e isonomia (artigos 150, 145, 3º, entre outros). A doutrina e a jurisprudência reforçam que a neutralidade é indispensável para evitar que a tributação se converta em um instrumento de intervenção econômica arbitrária, respeitando a liberdade econômica assegurada pelo artigo 170 da Constituição de 1988.

De forma mais ampla, a neutralidade tributária implica que a incidência, base de cálculo e alíquotas devem ser definidas de modo a não privilegiar nem prejudicar determinados setores, produtos, serviços ou formas de organização econômica, salvo razões de interesse público devidamente justificadas e proporcionais. Além disso, prevê a não cumulatividade, como mecanismo para evitar a tributação em cascata que penaliza a cadeia produtiva e prejudica a competitividade.

Fundamentos econômicos e jurídicos da neutralidade

Sob a ótica econômica, a neutralidade visa promover eficiência alocativa e distributiva, reduzindo os custos de transação e evitando distorções que possam comprometer o crescimento econômico sustentável. Impostos que alteram artificialmente os preços relativos ou criam barreiras para determinados produtos ou serviços são considerados não neutros, pois influenciam as decisões de investimento, produção e consumo.

Do ponto de vista jurídico, a neutralidade é uma exigência implícita de um sistema tributário justo e racional, reforçando a segurança jurídica e a previsibilidade na relação entre o Estado e os contribuintes. A interferência desproporcional da tributação em decisões econômicas pode configurar afronta aos princípios constitucionais da isonomia (art. 5º, caput), da legalidade (art. 150, I) e da capacidade contributiva (art. 145, §1º).

Aplicação do princípio da neutralidade na tributação de bens e serviços digitais

A economia digital, marcada por inovações tecnológicas, novos modelos de negócios e operações imateriais, desafia a aplicação tradicional do princípio da neutralidade tributária. A fragmentação dos processos produtivos, a ausência de barreiras físicas e a velocidade das transações demandam uma revisão profunda das bases de incidência e da estrutura dos tributos sobre consumo.

A Reforma Tributária representada pela Emenda Constitucional nº 132/2023 e a implementação dos impostos CBS e IBS ilustram o esforço para assegurar maior neutralidade tributária, unificando a base de incidência e adotando a não cumulatividade plena e o crédito financeiro. No entanto, a efetiva neutralidade enfrenta desafios práticos e conceituais na economia digital, que podem comprometer seus fundamentos.

Desafios na neutralidade frente aos produtos digitais

Produtos e serviços digitais, como software sob demanda (SaaS), *streaming*, aplicativos móveis, publicidade programática, inteligência artificial e criptoativos, apresentam características que dificultam o tratamento tributário uniforme:

Intangibilidade: a ausência de materialidade física dificulta a classificação e a incidência tributária tradicional, podendo gerar tratamentos desiguais entre bens tangíveis e digitais, ferindo a neutralidade.

Escalabilidade e automação: modelos baseados em plataformas digitais operam com alta escalabilidade e automação, reduzindo custos marginais e promovendo inovação, mas que podem ser tributados de forma inadequada caso a estrutura fiscal não reconheça essas particularidades.

Multijurisdição e fragmentação: operações realizadas em múltiplos territórios com múltiplos agentes exigem uma definição clara de fatos geradores e sujeitos passivos para evitar bitributação ou não tributação, elementos essenciais para a neutralidade.

Efeitos da tributação não neutra

A ausência de neutralidade pode gerar efeitos perversos, tais como:

- Distorsão competitiva: empresas que operam em ambientes digitais podem ser tributadas de forma distinta em relação a negócios tradicionais, criando desigualdades e incertezas.
- Desincentivo à inovação: tributação excessiva ou mal adaptada pode frear o desenvolvimento de novas tecnologias e modelos de negócios.
- Aumento da litigiosidade: ambiguidade normativa gera contenciosos, insegurança jurídica e custos elevados para contribuintes e Estado.

Estudos e jurisprudência relevantes acerca da neutralidade fiscal

Diversos estudos internacionais evidenciam a importância da neutralidade para sistemas tributários eficazes na era digital. Relatórios da OCDE e do Banco Mundial destacam que regimes tributários que não consideram as especificidades da economia digital tendem a comprometer o desenvolvimento sustentável e a equidade fiscal.

No âmbito nacional, o Supremo Tribunal Federal e o Superior Tribunal de Justiça têm enfrentado casos relacionados à incidência tributária sobre serviços digitais e bens intangíveis, muitas vezes reforçando a necessidade de interpretação conforme os princípios constitucionais para garantir neutralidade e isonomia.

Caminhos para a salvaguarda da neutralidade tributária na economia digital

Para assegurar a neutralidade tributária na tributação digital, recomenda-se:

- Ampliação e uniformização da base tributável: incluir bens e serviços digitais na base dos impostos sobre consumo, garantindo tratamento isonômico.
- Definição clara de fatos geradores e sujeitos passivos: especificar regras para operações digitais e intermediários, evitando lacunas e sobreposição.
- Mecanismos efetivos de não cumulatividade e crédito: adaptar os sistemas de crédito tributário para refletir a cadeia digital.
- Regulamentação flexível e atualizável: legislação dinâmica que acompanhe as inovações tecnológicas, reduzindo riscos de distorção.
- Promoção de segurança jurídica e previsibilidade: regras claras e estáveis que minimizem litígios e estimulem investimentos.

Para concluir, o princípio da neutralidade tributária emerge como um farol imprescindível na complexa travessia do Direito Tributário pela economia do marketing digital. Garantir que o sistema fiscal não favoreça nem prejudique de forma arbitrária os diversos atores econômicos é fundamental para preservar a justiça, a competitividade e a inovação em um ambiente marcado por constantes transformações tecnológicas. Assim, a construção de normas claras, flexíveis e alinhadas aos fundamentos constitucionais é *conditio sine qua non* para que o Brasil possa, efetivamente, harmonizar seus objetivos fiscais com o dinamismo e a complexidade da nova economia digital.

Conceito e evolução histórica da capacidade contributiva

O princípio da capacidade contributiva é um dos fundamentos basilares do Direito Tributário e encontra-se consagrado no artigo 145, §1º, da Constituição Federal de 1988. Este princípio estabelece que a tributação deve respeitar a aptidão econômica do contribuinte para suportar o ônus fiscal, visando à justiça distributiva e à equidade fiscal. Em outras palavras, o sistema tributário deve calibrar a carga tributária segundo a real capacidade econômica de cada indivíduo ou ente, evitando-se imposições desproporcionais que agravem desigualdades sociais.

Historicamente, o conceito de capacidade contributiva emergiu da necessidade de harmonizar a arrecadação estatal com a justiça social, respondendo às demandas por um sistema fiscal progressivo e equilibrado. A doutrina clássica enfatiza que a capacidade contributiva não deve ser entendida apenas sob o aspecto quantitativo (quantia de riqueza ou renda), mas também qualitativo, englobando a análise do patrimônio, do consumo e da situação econômica geral do contribuinte.

Nos sistemas tributários tradicionais, a mensuração da capacidade contributiva se apoiava em elementos tangíveis, como renda declarada, propriedade de bens e transações financeiras formais. A progressividade do imposto de renda, por exemplo, é a expressão direta desse princípio, buscando cobrar mais daqueles com maior possibilidade econômica. As técnicas fiscais e contábeis consolidaram-se para aferir com precisão esses elementos, permitindo uma tributação justa e equilibrada.

Impactos da digitalização na mensuração da capacidade contributiva

A digitalização da economia impõe desafios inéditos à aferição da capacidade contributiva, devido à transformação radical dos fluxos econômicos, à imaterialidade dos ativos digitais e à globalização dos negócios. Em primeiro lugar, o crescimento exponencial de atividades digitais, como comércio eletrônico, infoprodutos, criptomoedas, e plataformas de serviços digitais, cria fontes de renda e patrimônio muitas vezes invisíveis ou difíceis de rastrear pelos métodos fiscais tradicionais.

A descentralização das operações em redes digitais, muitas vezes envolvendo transações transfronteiriças e múltiplos agentes intermediários, dificulta a identificação do contribuinte efetivo e a mensuração correta da base tributável. Criptoativos e ativos digitais não contabilizados adequadamente podem resultar em subnotificação de patrimônio e renda, comprometendo a justiça fiscal e a capacidade arrecadatória do Estado.

Além disso, o fenômeno da economia de plataforma e a utilização intensiva de algoritmos e inteligência artificial trazem modelos de remuneração e geração de valor complexos, com receita fragmentada e fluxos financeiros em múltiplas jurisdições. A prática do "valor intangível" gerado por dados, conhecimento e propriedade intelectual desafia a concepção clássica de base econômica objetiva para cálculo de tributos.

Outro ponto relevante é a volatilidade dos ativos digitais e a rapidez das operações financeiras, que dificultam a determinação do momento exato da ocorrência do fato gerador e a avaliação correta da capacidade contributiva no tempo. Essa volatilidade implica desafios técnicos para o *compliance* fiscal e também aumenta o risco de evasão e elisão.

Portanto, o Direito Tributário Digital impõe uma transformação com os seguintes desafios práticos e conceituais para a aferição da capacidade contributiva:

- Intangibilidade e Invisibilidade: plataformas digitais, comércio eletrônico, serviços de *streaming* e infoprodutos movimentam recursos de forma muitas vezes imaterial, dificultando a identificação e mensuração da renda efetiva e do patrimônio tributável.
- Fragmentação e Transnacionalidade: empresas digitais frequentemente operam em múltiplas jurisdições simultaneamente, com receitas divididas entre países, dificultando o enquadramento jurisdicional e a aferição da base tributável, o que afeta diretamente a capacidade contributiva atribuída.
- Ativos Digitais e Criptoativos: o crescimento dos criptoativos e das moedas digitais adiciona complexidade, pois sua valorização rápida e o anonimato dificultam o controle fiscal. Por exemplo, o Banco Central e a Receita Federal já vêm implementando normas para monitoramento e declaração desses ativos (Instrução Normativa RFB nº 1.888/2019), porém os desafios permanecem.

Modelos de Negócio Baseados em Dados e Algoritmos: a geração de valor muitas vezes ocorre via monetização de dados pessoais e inteligência artificial, fenômenos que fogem da mensuração tradicional da riqueza. A neutralidade e a transparência fiscal requerem novos métodos para avaliar essa capacidade contributiva.

Exemplos práticos

O caso do Uber ilustra, com maestria, a dificuldade na definição da capacidade contributiva quando um aplicativo atua como intermediário de serviços prestados por motoristas autônomos, cuja renda efetiva pode ser fragmentada e não declarada integralmente.

Na esfera internacional, a OCDE lançou o projeto BEPS para lidar com a erosão da base tributária causada por esses desafios, especialmente no que tange à "Presença Econômica Significativa" (PEP), que redefine a jurisdição tributária sobre empresas digitais sem presença física.

Desafios e perspectivas para o Direito Tributário Digital

Diante desse cenário, o Direito Tributário Digital precisa evoluir para incorporar novas técnicas e conceitos que reflitam a dinâmica econômica contemporânea. É necessário ampliar a base informacional dos fiscos, incorporando dados digitais, relatórios financeiros internacionais e novas metodologias de avaliação patrimonial. A cooperação internacional, especialmente em temas como troca automática de informações fiscais e combate à lavagem de dinheiro, torna-se imprescindível para captar a real capacidade contributiva dos contribuintes digitais.

A jurisprudência e a doutrina avançam no sentido de reconhecer a necessidade de adaptação dos critérios tradicionais, propondo o reconhecimento da capacidade contributiva sob a ótica do valor econômico real, considerando ativos imateriais e fluxos financeiros digitais. A prática fiscal indica que modelos baseados exclusivamente na renda declarada são insuficientes para o contexto digital, exigindo metodologias inovadoras que avaliem a riqueza e o consumo digital.

No Brasil, a Emenda Constitucional nº 132/2023 e a reforma tributária iniciam o caminho da adaptação normativa, mas ainda é preciso desenvolver regulamentações específicas que abordem a mensuração da capacidade contributiva na economia digital, assegurando justiça fiscal, eficiência arrecadatória e segurança jurídica.

Normas e jurisprudência pátrias relacionadas

Normativamente, a Emenda Constitucional nº 132/2023 sinaliza avanços ao modernizar a base tributária, incluindo bens e serviços digitais na CBS e IBS, e adotando mecanismos como a não cumulatividade e o crédito financeiro. Contudo, a regulamentação específica que permita aferir adequadamente a capacidade contributiva no ambiente digital ainda carece de desenvolvimento.

Jurisprudencialmente, o Supremo Tribunal Federal (STF) e o Superior Tribunal de Justiça (STJ) vêm enfrentando casos que envolvem a tributação de serviços digitais e bens intangíveis, com decisões que destacam a necessidade de observância aos princípios constitucionais da capacidade contributiva e da isonomia para evitar cargas desproporcionais.

No julgamento do RE 574.706, por exemplo, o STF reconheceu a necessidade de se considerar a natureza específica dos serviços e produtos digitais para efeito de incidência tributária, demonstrando sensibilidade à adaptação do direito tributário à nova realidade econômica.

Perspectivas e recomendações

Para assegurar que o princípio da capacidade contributiva seja efetivamente respeitado na era do marketing digital, recomenda-se:

- Desenvolvimento de Marcos Regulatórios Específicos: Normas que definam parâmetros claros para avaliação de renda, patrimônio e consumo digital, incluindo a tributação de criptoativos e receitas digitais.
- Cooperação Internacional e Troca de Informações: Fortalecer acordos multilaterais que permitam a fiscalização eficiente dos fluxos financeiros digitais e a adequada atribuição de capacidade contributiva.
- Adoção de Tecnologias Fiscais Avançadas: Inteligência artificial, análise de *big data* e *blockchain* para rastrear e mensurar operações digitais, garantindo maior precisão e transparência.
- Capacitação Técnica dos Fiscos e Profissionais: Promover treinamento específico para lidar com as novas formas de mensuração da capacidade contributiva, diminuindo a litigiosidade.

Assim, para assegurar a efetividade do princípio da capacidade contributiva na era digital, é imprescindível que o Direito Tributário acompanhe as transformações econômicas e tecnológicas, adotando instrumentos que permitam a identificação precisa do patrimônio e da renda oriundos das atividades digitais. Isso envolve a implementação de sistemas de monitoramento fiscal baseados em inteligência artificial e *big data*, além do fortalecimento da cooperação internacional para troca automática de informações fiscais, conforme preconizado pela OCDE e incorporado em legislações como a Lei nº 13.254/2016 no Brasil. A adaptação normativa deve ainda contemplar a valorização dos ativos intangíveis e das receitas digitais na composição da base de cálculo, garantindo que a tributação reflita a verdadeira capacidade econômica do contribuinte.

Por fim, é fundamental que o sistema tributário digital preserve os princípios constitucionais da justiça fiscal e da segurança jurídica, assegurando transparência, previsibilidade e proporcionalidade na aplicação das normas. A jurisprudência brasileira tem sinalizado a necessidade de interpretações que harmonizem a capacidade contributiva com as peculiaridades do ambiente digital, evitando decisões casuísticas e conflitantes. O avanço legislativo e doutrinário deve caminhar para um modelo tributário que seja ao mesmo tempo moderno e justo, capaz de promover a arrecadação necessária ao Estado sem tolher a inovação e o desenvolvimento tecnológico que caracterizam a nova economia.

Segurança jurídica e a proteção do contribuinte digital

A segurança jurídica é pilar essencial para qualquer sistema tributário eficiente e justo, especialmente na complexa seara da tributação digital, onde a velocidade das inovações tecnológicas e a dinâmica dos negócios digitais exigem regras claras, estáveis e previsíveis. No contexto digital, o princípio da segurança jurídica ganha contornos ainda mais delicados, pois a ausência de regulamentação detalhada e a multiplicidade de interpretações tributárias podem gerar incerteza, litigiosidade e custos elevados para contribuintes e para o Estado.

A previsibilidade normativa é imprescindível para que os agentes econômicos possam planejar suas operações, investir e inovar com segurança, minimizando riscos de autuações arbitrárias e retroativas. Tal segurança decorre diretamente da observância do princípio da legalidade estrita (artigo 150, I da Constituição Federal), que impede a exigência de tributo sem previsão legal formal e clara, e do princípio da tipicidade, que limita a atuação do Fisco ao que está expressamente definido em lei.

Exemplos práticos revelam como a ausência de uniformidade e clareza legislativa impacta negativamente o setor digital. A divergência na aplicação do ISS sobre serviços digitais entre municípios brasileiros exemplifica a instabilidade jurídica vivenciada por empresas que operam em diferentes jurisdições, causando insegurança e aumento da litigiosidade. Empresas como plataformas de *streaming* e *marketplaces* frequentemente se veem obrigadas a enfrentar interpretações conflitantes, o que gera custos jurídicos e operacionais significativos, além de impactar negativamente o ambiente de negócios.

Outro caso emblemático refere-se à tributação sobre criptoativos, tema que ainda carece de regulamentação específica abrangente. A Receita Federal vem editando normas, como a Instrução Normativa RFB nº 1.888/2019, para formalizar obrigações acessórias e combate à evasão, mas a lacuna legislativa quanto à definição clara da base tributável, do momento do fato gerador e dos sujeitos passivos ainda favorece controvérsias e insegurança.

No plano normativo, além da Constituição, o Código Tributário Nacional (CTN) prevê mecanismos que reforçam a proteção do contribuinte. O artigo 97, ao dispor sobre a necessidade da lei para a criação e majoração do tributo, e o artigo 150, inciso IV, que veda o confisco, são fundamentos jurídicos que visam impedir arbitrariedades e abusos. O respeito a esses dispositivos torna-se ainda mais crucial em face da complexidade e da inovação presentes no ambiente digital.

Internacionalmente, o princípio da segurança jurídica é reconhecido como indispensável para a estabilidade dos sistemas tributários na economia digital. A OCDE, em seu relatório de 2019 sobre tributação digital, enfatiza que a criação de marcos regulatórios claros, estáveis e atualizáveis é fundamental para garantir confiança dos contribuintes e fomentar o desenvolvimento econômico sustentável.

A jurisprudência brasileira tem reiterado a importância da segurança jurídica no ambiente tributário digital. O Supremo Tribunal Federal (STF), em diversas decisões relacionadas ao ISS e ICMS em operações digitais, tem afirmado que a inexistência de previsão legal explícita não pode justificar cobranças retroativas ou interpretações expansivas que onerem desproporcionalmente o contribuinte. Tal postura reforça o respeito aos princípios constitucionais da legalidade e da segurança jurídica, fundamentais para evitar arbitrariedades.

O Superior Tribunal de Justiça (STJ), por sua vez, tem enfrentado casos emblemáticos, especialmente envolvendo *marketplaces*, ressaltando que a responsabilidade tributária dessas plataformas deve estar estritamente fundamentada em lei, sob pena de violação ao princípio da legalidade. No Recurso

Especial nº 1.748.115/SP, o STJ deixou claro que a cobrança do ICMS por parte do *marketplace* exige expressa previsão legal, reforçando o papel do legislador em delimitar claramente as obrigações tributárias no ambiente digital.

Em suma, a construção de um ambiente tributário digital robusto e justo depende da harmonização normativa, da transparência e da previsibilidade das regras, que garantam aos contribuintes segurança para operar e investir. A ausência desses elementos não apenas fragiliza a arrecadação e fomenta a litigiosidade, mas também afeta a competitividade e a inovação no mercado digital brasileiro.

A efetividade dos princípios constitucionais na tributação de serviços digitais: casos práticos, jurisprudência e desafios para a justiça fiscal

A efetividade dos princípios constitucionais tributários — como a legalidade, capacidade contributiva, isonomia, e neutralidade — enfrenta desafios notórios no contexto da tributação dos serviços digitais. A evolução acelerada da economia digital, com seus modelos disruptivos de negócios, intangibilidade dos serviços e multiplicidade de agentes econômicos, tem testado os limites das normas vigentes e demandado adaptações jurisprudenciais e regulatórias para garantir justiça fiscal e segurança jurídica.

Casos práticos e jurisprudência constitucional recente

No Brasil, a jurisprudência tem gradualmente reconhecido a necessidade de interpretar a legislação tributária à luz dos princípios constitucionais para proteger o contribuinte digital e evitar distorções. Um caso emblemático foi o julgamento do RE 593.849 pelo Supremo Tribunal Federal (STF), que discutiu a incidência do ISS sobre serviços digitais. Embora não tenha consolidado uma definição única, o STF destacou a importância da legalidade e da definição clara do fato gerador, reforçando que a tributação deve respeitar os princípios constitucionais e evitar interpretações expansivas sem respaldo legal explícito.

Além disso, decisões recentes têm enfrentado a dificuldade de caracterizar o fato gerador em operações automatizadas e baseadas em inteligência artificial, tema que ainda carece de regulamentação específica. Exemplos práticos incluem a tributação de serviços SaaS (Software as a Service), *streaming* e publicidade programática, onde a complexidade operacional impõe desafios para a correta aplicação dos princípios constitucionais.

Limites e possibilidades para a tributação justa em ambientes digitais

A principal limitação para a efetividade dos princípios constitucionais reside na própria desatualização das normas diante da inovação tecnológica. A legislação muitas vezes não acompanha a rápida transformação dos serviços digitais, resultando em lacunas que geram insegurança jurídica e favorecem interpretações divergentes, potencializando litígios e desigualdade na tributação.

Outro desafio é a adequada mensuração da base tributável e definição do sujeito passivo, dada a fragmentação dos fluxos econômicos digitais e a internacionalização das operações. A ausência de critérios objetivos e uniformes compromete a neutralidade e a capacidade contributiva, abrindo espaço para a evasão e para o desequilíbrio competitivo entre empresas nacionais e globais.

No entanto, há amplas possibilidades para o aprimoramento do sistema tributário digital, se forem adotadas soluções que conciliem inovação tecnológica, justiça fiscal e segurança jurídica. A atualização normativa, com foco na clareza e na flexibilidade, pode incorporar conceitos como a presença econômica significativa, tributação baseada no valor real gerado e mecanismos automatizados de *compliance* fiscal.

Ademais, a cooperação internacional para harmonização de regras e troca de informações fiscais, aliada a investimentos em tecnologia de fiscalização (como inteligência artificial e *big data*), contribui para a eficácia da tributação e para a proteção dos direitos constitucionais dos contribuintes digitais.

A participação ativa do setor privado, academia e órgãos reguladores em fóruns técnicos e consultas públicas é fundamental para a construção de um arcabouço jurídico contemporâneo e eficiente, que assegure a justa tributação dos serviços digitais sem prejudicar o desenvolvimento econômico e a inovação.

Assim, a efetividade dos princípios constitucionais na tributação dos serviços digitais depende da constante atualização e adaptação do ordenamento jurídico às especificidades da nova economia. Garantir justiça fiscal, segurança jurídica e equilíbrio competitivo requer não apenas mudanças legislativas, mas também um diálogo contínuo entre o Poder Público, o Judiciário e os agentes econômicos digitais. Somente por meio dessa construção colaborativa será possível consolidar um sistema tributário que respeite os direitos dos contribuintes, incentive a inovação e assegure a sustentabilidade fiscal em um ambiente digital em rápida transformação.

A neutralidade entre plataformas digitais e modelos tradicionais

A neutralidade tributária entre plataformas digitais e modelos tradicionais é um tema central no debate sobre a tributação da economia digital. No Brasil, por exemplo, a coexistência dos impostos estaduais ICMS e municipais ISS gera situações em que o mesmo serviço pode ser tributado de formas distintas dependendo do canal de comercialização. Uma loja física está sujeita a uma série de obrigações e alíquotas específicas que, muitas vezes, não são plenamente aplicadas às vendas por plataformas digitais. Essa fragmentação pode conferir vantagens competitivas indevidas a determinadas formas de negócio, violando o princípio da isonomia e da neutralidade tributária.

Um caso prático que ilustra essa disparidade envolve a tributação do ICMS sobre vendas online de mercadorias. Enquanto algumas unidades federativas cobram o ICMS de forma plena sobre vendas em *marketplaces*, outras aplicam regimes diferenciados ou até mesmo deixam lacunas que favorecem determinados atores. Essa desigualdade provoca insegurança jurídica e disputas judiciais, além de dificultar a competição justa entre os comerciantes tradicionais e os digitais.

No cenário internacional, a União Europeia tem avançado em propostas para harmonizar a tributação digital, buscando eliminar distorções entre modelos de negócios digitais e tradicionais. A Diretiva (UE) 2021/514, por exemplo, estabelece regras comuns para simplificar a tributação do comércio eletrônico e das plataformas digitais, promovendo neutralidade entre os atores do mercado e protegendo a base tributária dos países-membros.

Nos Estados Unidos, a aplicação do "*Marketplace Facilitator Laws*" em diversos estados obriga as plataformas digitais a recolherem o imposto sobre vendas (*sales tax*) em nome dos vendedores, alinhando a responsabilidade tributária e evitando vantagens competitivas indevidas. Essa legislação tem sido fundamental para nivelar o campo de jogo entre vendedores tradicionais e digitais.

Jurisprudencialmente, o Superior Tribunal de Justiça (STJ) tem enfrentado casos relevantes que versam sobre a neutralidade tributária. Em julgamento do Recurso Especial nº 1.669.018/SC, por exemplo, o STJ reforçou que a tributação deve observar o princípio da isonomia, vedando tratamentos diferenciados que não se justifiquem por razões plausíveis e proporcionais. Essa decisão é um marco importante para a tributação digital, pois exige que a legislação tributária avance para contemplar a realidade econômica sem gerar distorções que prejudiquem a competitividade.

A Emenda Constitucional nº 132/2023, ao instituir a CBS e o IBS, representa um avanço no sentido da neutralidade tributária, ao unificar bases de incidência e adotar o regime de não cumulatividade plena. Contudo, sua efetividade dependerá da regulamentação detalhada e da aplicação coerente desses tributos tanto às operações digitais quanto às tradicionais.

Para assegurar a neutralidade, é crucial que o legislador preveja critérios objetivos para definir fato gerador, base de cálculo e sujeito passivo em operações digitais, evitando lacunas e ambiguidades que favorecem a evasão ou tratamento desigual. Além disso, o fortalecimento dos mecanismos de fiscalização e *compliance*, aliados ao uso de tecnologias como inteligência artificial para monitorar transações, são ferramentas indispensáveis para garantir o equilíbrio do sistema.

Em síntese, a neutralidade entre plataformas digitais e modelos tradicionais não é apenas uma questão técnica, mas um requisito fundamental para a justiça fiscal e o desenvolvimento sustentável da economia digital. Sua concretização depende de um esforço conjunto entre Poder Legislativo, Poder Judiciário, administração tributária e setor privado, promovendo um ambiente tributário claro, equânime e adaptado aos desafios contemporâneos.

Desafios da neutralidade no Brasil

No Brasil, como já referido, o sistema tributário tradicional já apresenta desafios complexos para assegurar neutralidade, que se intensificam no ambiente digital. A coexistência do ICMS (Imposto sobre Circulação de Mercadorias e Serviços) com o ISS (Imposto sobre Serviços de Qualquer Natureza) gera frequentes conflitos interpretativos sobre a natureza dos serviços e mercadorias digitalmente comercializados. Por exemplo, serviços como *streaming* de música ou vídeo, assinaturas de software e cursos online apresentam dificuldades para enquadramento uniforme, impactando a neutralidade tributária.

Estados diferentes aplicam alíquotas variadas, e as divergências na legislação e nas regras de cobrança do ICMS para operações interestaduais criam distorções significativas. Pequenas e médias empresas digitais enfrentam insegurança jurídica e custos adicionais para se adequarem, enquanto grandes players digitais, muitas vezes multinacionais, utilizam estruturas complexas para otimizar sua carga tributária, o que fere o princípio da isonomia.

O Convênio ICMS 190/17 do CONFAZ é um marco importante ao estabelecer regras específicas para *marketplaces*, determinando que a plataforma deve recolher o ICMS nas operações interestaduais com consumidor final não contribuinte. No entanto, a implementação prática ainda enfrenta desafios, como a ausência de um sistema integrado nacional que permita a neutralidade na fiscalização e arrecadação.

Casos práticos

Um exemplo emblemático é a tributação das operações realizadas via Hotmart e outros *marketplaces* brasileiros, onde existe divergência quanto ao recolhimento do ICMS, ISS e contribuições federais (PIS/COFINS), ocasionando debates sobre qual imposto deve incidir e em qual esfera.

Outro caso é o conflito entre ICMS e ISS sobre a prestação de serviços de *streaming*. Em alguns Estados, o serviço é tratado como mercadoria (sujeito a ICMS), enquanto em outros é considerado serviço (sujeito a ISS), o que gera distorções de competitividade e insegurança jurídica.

Exemplos internacionais

Na União Europeia, a Diretiva 2017/2455 atualizou as regras do IVA para comércio eletrônico, estabelecendo um sistema unificado de tributação do consumo digital e impondo obrigações para plataformas digitais no recolhimento do imposto, buscando neutralidade entre empresas digitais e tradicionais. A criação do "One Stop Shop" permite que empresas digitais recolham o IVA em todos os países da UE de forma simplificada, reduzindo o impacto da fragmentação tributária.

Nos Estados Unidos, vários estados adotaram legislações que obrigam plataformas digitais a coletar o imposto sobre vendas em nome dos vendedores, como a "*Marketplace Facilitator Laws*". A jurisprudência, como no caso South Dakota v. Wayfair, Inc. (2018), permitiu a tributação de empresas sem presença física no estado, nivelando a competitividade entre comércio eletrônico e varejo tradicional.

Na Índia, houve a implementação, em 2016, do conceito de "*Significant Economic Presence*" (SEP), previsto no *Income Tax Act*, para tributar empresas digitais sem estabelecimento físico no país. Essa norma procura neutralizar a vantagem competitiva que empresas globais digitais teriam ao evitar a tributação local, ao reconhecer a presença econômica com base em receitas digitais, usuários ou transações. Essa medida é essencial para reduzir distorções competitivas entre empresas digitais globais e negócios locais tradicionais.

Referências legislativas e jurisprudenciais nacionais

Legislativamente, além do Convênio ICMS 190/17, a Emenda Constitucional nº 132/2023, que institui a CBS e IBS, como já referido, buscando unificar e modernizar a tributação sobre consumo, de forma a promover maior neutralidade. Entretanto, regulamentações específicas ainda são necessárias para garantir tratamento uniforme a todos os modelos de negócio.

Jurisprudencialmente, o Superior Tribunal de Justiça (STJ), também como já referido, no julgamento do REsp 1.669.018/SC, firmou entendimento sobre a necessidade de observância do princípio da isonomia e da neutralidade tributária, reconhecendo a vedação a tratamentos fiscais desiguais sem justificativa plausível. Por outro lado, o Supremo Tribunal Federal (STF), no julgamento da ADI 1.945/DF, discutiu a constitucionalidade da cobrança do ICMS sobre serviços de comunicação, incluindo serviços digitais. A decisão ressaltou a importância de critérios objetivos e claros para a incidência tributária, garantindo segurança jurídica e neutralidade.

Esses exemplos demonstram que a neutralidade tributária é um princípio que está ganhando corpo nos sistemas jurídicos contemporâneos, sobretudo para lidar com a complexidade da economia digital. A adaptação das normas para evitar privilégios ou penalizações indevidas entre plataformas digitais e modelos tradicionais é vital para a justiça fiscal e para o estímulo ao desenvolvimento tecnológico.

No Brasil, a existência de múltiplos impostos sobre consumo, com diferentes bases e competências, exige uma reforma legislativa que promova a unificação e simplificação, inspirando-se nas experiências internacionais de harmonização e neutralidade. A jurisprudência nacional já aponta para essa necessidade, mas ainda carece de avanços legislativos e normativos concretos.

Garantir a neutralidade tributária entre plataformas digitais e modelos tradicionais é imperativo para construir um ambiente econômico justo, competitivo e propício à inovação. A convergência entre experiências internacionais bem-sucedidas e o avanço da jurisprudência brasileira indica que a harmonização normativa, aliada a uma adaptação inteligente e tecnológica do sistema tributário, é o caminho para eliminar distorções e promover a equidade fiscal. Somente com regras claras, uniformes e atualizadas, o Brasil poderá assegurar que o avanço digital não crie privilégios indevidos nem barreiras injustas, preservando a isonomia e fomentando um desenvolvimento sustentável e inclusivo.

Soluções propostas

Sendo assim, para garantir a neutralidade, é fundamental:

- Uniformização legislativa: desenvolver legislação clara que unifique critérios para tributação de serviços digitais e mercadorias, eliminando conflitos entre ICMS, ISS, CBS e IBS.
- Sistemas integrados de fiscalização: investir em tecnologia para monitorar operações digitais e tradicionais, com interoperabilidade entre as esferas federativas.
- Crédito tributário adequado: garantir que sistemas de crédito e não cumulatividade considerem as especificidades da cadeia digital, evitando tributação em cascata que prejudique a neutralidade.
- Consultas públicas e diálogo com o setor: envolver plataformas digitais, empresas tradicionais e especialistas para construir um marco regulatório que atenda aos princípios constitucionais e econômicos.

Capacidade contributiva e novos modelos econômicos digitais

A rápida expansão dos modelos econômicos digitais, como Software as a Service (SaaS), *marketplaces* e criptoativos, impõe profundas transformações na aferição tradicional da capacidade contributiva, exigindo uma revisão dos conceitos clássicos para acompanhar a inovação e complexidade desses setores. Estes modelos apresentam características peculiares que desafiam a tributação convencional, tais como a intangibilidade dos bens e serviços, a escalabilidade global, a fragmentação das cadeias produtivas e a volatilidade dos ativos digitais.

No caso do SaaS, por exemplo, o fornecimento contínuo de software por meio de assinaturas mensais ou anuais envolve receitas recorrentes e fluxos financeiros que dificilmente se enquadram nos parâmetros tradicionais de fato gerador e base de cálculo. A mensuração da capacidade contributiva do usuário ou do fornecedor requer a definição clara do momento da incidência tributária e a valorização econômica do serviço, considerando aspectos como utilização efetiva, volume de dados processados, escopo das funcionalidades disponibilizadas e a heterogeneidade dos contratos firmados. Um exemplo prático é a dificuldade em definir se o imposto incide na contratação inicial do serviço ou em cada renovação periódica, questão que tem sido objeto de análise em julgamentos administrativos e judiciais no Brasil.

Marketplaces digitais, como já referido, também representam outro desafio, pois funcionam como plataformas intermediárias que agregam múltiplos vendedores e compradores, gerando fluxos financeiros complexos e fragmentados. A definição do contribuinte efetivo, a identificação da base tributável e a delimitação da responsabilidade tributária demandam regras específicas para assegurar que a capacidade contributiva seja medida de forma justa e proporcional, evitando tanto a bitributação quanto a sonegação. No âmbito normativo brasileiro, o Convênio ICMS 190/2017 do CONFAZ estabelece a responsabilidade do *marketplace* pela retenção e recolhimento do ICMS, mas ainda há controvérsias quanto à extensão dessa responsabilidade e o impacto na apuração da capacidade contributiva dos agentes envolvidos. Internacionalmente, países como os Estados Unidos e a União Europeia vêm adotando legislações semelhantes para enfrentar os desafios da tributação em *marketplaces*, reconhecendo sua posição central na cadeia econômica digital.

Quanto aos criptoativos, sua natureza descentralizada, o anonimato relativo das transações e a forte volatilidade de preços complicam a aferição da riqueza real e da capacidade econômica dos detentores desses ativos. A avaliação do valor tributável deve contemplar não apenas a quantificação dos ativos em si, mas também a compreensão dos ganhos de capital, rendimentos derivados e eventuais usos econômicos em operações digitais. No Brasil, a Instrução Normativa RFB nº 1.888/2019 estabeleceu obrigações de declaração para operações com criptoativos, mas o tratamento tributário ainda carece de maior clareza e uniformidade, refletindo uma tendência global de insegurança jurídica nesse segmento. Países como os Estados Unidos têm evoluído suas regulamentações, exigindo relatórios detalhados para a Receita Federal sobre transações em criptomoedas, o que evidencia a necessidade de alinhamento internacional para evitar evasão fiscal.

Nesse contexto, o Direito Tributário deve incorporar metodologias inovadoras para calcular a capacidade contributiva nestes novos ambientes, tais como o uso de inteligência artificial para análise de dados financeiros, adoção de sistemas integrados de rastreamento de transações digitais e a atualização constante das bases normativas para contemplar a diversidade dos modelos de negócio. A análise preditiva e o uso de *big data* podem auxiliar os fiscos a detectar padrões atípicos de receita, facilitando a fiscalização e o combate à sonegação, especialmente em operações digitais transfronteiriças. Ainda, a cooperação internacional e a harmonização de normas entre jurisdições são fundamentais para assegurar a efetividade da tributação e a justiça fiscal, como demonstram iniciativas da OCDE e da União Europeia voltadas para a economia digital.

A Emenda Constitucional nº 132/2023 e as recentes reformas tributárias brasileiras iniciam um movimento importante, mas a legislação ainda carece de regulamentação específica que trate da mensuração da capacidade contributiva nos ambientes digitais, principalmente para SaaS, *marketplaces* e criptoativos. A jurisprudência começa a se debruçar sobre esses temas, apontando para a necessidade de interpretação conforme os princípios constitucionais da capacidade contributiva, legalidade, neutralidade e segurança jurídica. Todavia, a ausência de normas claras e atualizadas gera insegurança para contribuintes e dificulta a atuação eficaz do fisco.

Além disso, é fundamental a adoção de modelos fiscais que respeitem a neutralidade entre negócios digitais e tradicionais, evitando distorções competitivas que possam penalizar as inovações tecnológicas ou criar desigualdades no ambiente econômico. A implementação de mecanismos tributários que considerem a especificidade da renda digital, a volatilidade dos ativos e a complexidade das cadeias produtivas é essencial para garantir justiça fiscal e incentivar o desenvolvimento sustentável do setor digital.

Por fim, destaca-se a importância da formação contínua e da capacitação técnica dos agentes públicos e privados envolvidos na tributação digital. A atualização constante em relação às tecnologias emergentes e aos novos modelos de negócio permitirá a construção de um sistema tributário mais justo, eficiente e adaptado às exigências da economia digital globalizada.

Segurança jurídica em tempos de transformação tecnológica rápida

Como já apontado anteriormente, a segurança jurídica é um princípio basilar do Estado Democrático de Direito, fundamental para a estabilidade das relações econômicas e sociais. No âmbito tributário, ela assegura previsibilidade, transparência e proteção aos contribuintes, elementos essenciais para a legitimação do poder de tributar e para a confiança no sistema fiscal. Todavia, o acelerado ritmo das transformações tecnológicas e o surgimento constante de novos modelos de negócios digitais impõem desafios inéditos para a manutenção dessa segurança jurídica no direito tributário brasileiro.

Desafios regulatórios e legislativos

Um dos principais entraves decorre da dificuldade em formular normas tributárias que sejam suficientemente flexíveis para se adaptar às rápidas inovações tecnológicas, sem perder o rigor jurídico e a estabilidade necessária. A rigidez do processo legislativo tradicional brasileiro, aliado à complexidade do sistema federativo, onde União, Estados e Municípios legislam de forma fragmentada, cria um ambiente de insegurança e incerteza para os agentes econômicos digitais.

Por exemplo, a tributação sobre serviços digitais, apesar do avanço da Emenda Constitucional nº 132/2023, ainda carece de regulamentações claras que definam o momento exato do fato gerador em contratos de SaaS (Software as a Service), *streaming* e serviços baseados em inteligência artificial. Essa indefinição resulta em interpretações divergentes entre fiscos estaduais e municipais, como tem sido observado na jurisprudência recente do Supremo Tribunal Federal (STF) e do Superior Tribunal de Justiça (STJ) — que enfrentam casos sobre a incidência do ISS sobre serviços digitais, onde a ausência de norma específica amplia o espaço para litígios.

A multiplicidade de regras, somada à constante evolução das tecnologias, expõe o sistema tributário à vulnerabilidade de normas defasadas, gerando insegurança para *startups*, grandes plataformas digitais e contribuintes em geral. Este cenário, além de dificultar o planejamento tributário, pode inibir investimentos e desestimular a inovação, exatamente quando o país mais precisa se inserir na economia digital global.

Outro desafio importante reside na interface com normas de proteção de dados, como a Lei Geral de Proteção de Dados (LGPD - Lei nº 13.709/2018). A coleta, armazenamento e compartilhamento de dados fiscais para fins de fiscalização precisam respeitar rigorosamente os direitos dos contribuintes à privacidade e à proteção dos seus dados pessoais. A ausência de protocolos claros que conciliem a eficiência fiscal com esses direitos fundamentais pode resultar em conflitos jurídicos e maior insegurança regulatória.

Garantindo estabilidade normativa e incentivando a inovação

Para enfrentar esses desafios, é necessário promover um ambiente regulatório que combine estabilidade e adaptabilidade. Uma das estratégias essenciais é a criação de mecanismos legislativos que permitam atualizações normativas ágeis, como medidas provisórias específicas para tributação digital, regulamentos infralegais dinâmicos e orientações administrativas vinculantes.

Nesse sentido, a formação de comissões técnicas multidisciplinares — compostas por especialistas em tecnologia, direito tributário, economia e ciência de dados — pode contribuir para a constante revisão e aprimoramento das normas, garantindo sua aderência à realidade econômica sem sacrificar a segurança jurídica.

A experiência internacional traz importantes lições. Na União Europeia, o estabelecimento da Diretiva DAC7, que regula o reporte de informações por plataformas digitais, exemplifica a busca por normas claras e uniformes para o ambiente digital, reduzindo a incerteza e fortalecendo a cooperação fiscal. Nos Estados Unidos, a adoção das "*Marketplace Facilitator Laws*" em diversos Estados regula a retenção e recolhimento do imposto sobre vendas por plataformas, trazendo segurança para contribuintes e fiscos, com regras específicas que acompanham a inovação dos modelos de negócio.

No Brasil, iniciativas como a criação do Sistema Público de Escrituração Digital (SPED) e a Nota Fiscal Eletrônica (NF-e) demonstram avanços tecnológicos no monitoramento fiscal, mas ainda há muito espaço para aprimorar a integração entre os entes federativos e a clareza regulatória, sobretudo para operações digitais complexas.

Além disso, a adoção de regimes tributários simplificados para pequenos empreendedores digitais, como *startups* e microempreendedores, pode conciliar a arrecadação justa com a facilitação do empreendedorismo, evitando que a carga regulatória e fiscal impeça o crescimento e inovação no setor digital.

A segurança jurídica também exige o respeito ao princípio da anterioridade tributária e a vedação de alterações retroativas que penalizem contribuintes, especialmente em um ambiente onde a previsibilidade é crucial para investimentos de longo prazo. A jurisprudência brasileira reforça a necessidade de observância do devido processo legal e do contraditório na aplicação de novas normas tributárias, evitando arbitrariedades e fortalecendo a confiança no sistema.

O papel do diálogo e da transparência regulatória

Outro elemento-chave para garantir segurança jurídica sem tolher a inovação é o diálogo permanente entre o poder público, setor privado, academia e sociedade civil. A realização de consultas públicas, audiências e fóruns setoriais permite que as normas reflitam as necessidades reais dos agentes econômicos e contemplem as especificidades dos novos modelos digitais.

Essa abordagem colaborativa favorece a construção de um arcabouço normativo mais legítimo, eficiente e aderente à realidade tecnológica, evitando surpresas regulatórias e litígios desnecessários. No Brasil, órgãos como a Receita Federal, o Conselho Administrativo de Recursos Fiscais (CARF) e o Comitê Gestor da Economia Digital já têm promovido iniciativas nessa direção, mas é imprescindível ampliar esse diálogo e institucionalizar mecanismos participativos.

Princípios constitucionais em conflito: como resolver dilemas tributários digitais

No complexo cenário da tributação digital, torna-se recorrente a colisão entre princípios constitucionais que orientam o direito tributário brasileiro, notadamente a neutralidade tributária, a capacidade contributiva e a segurança jurídica. Estes princípios, embora complementares na teoria, muitas vezes entram em conflito na prática, especialmente diante dos desafios impostos pelos novos modelos econômicos digitais, demandando soluções interpretativas sofisticadas e ponderadas para assegurar um sistema justo e eficiente.

Exemplos de conflitos entre princípios constitucionais no contexto digital

Um exemplo clássico de conflito ocorre quando se tenta aplicar o princípio da neutralidade tributária a serviços digitais complexos, como plataformas de *streaming* ou *marketplaces*, onde a ausência de regulamentação clara pode gerar tratamentos fiscais diferentes para modelos semelhantes, violando a isonomia e provocando insegurança jurídica. Por outro lado, a tentativa de garantir segurança jurídica por meio de normas estáticas e rígidas pode acabar retardando a adaptação do sistema tributário à rápida evolução tecnológica, contrariando o princípio da capacidade contributiva ao prejudicar a arrecadação e a justiça fiscal.

Outro dilema frequente surge na mensuração da capacidade contributiva em operações digitais envolvendo ativos virtuais, como criptoativos. A volatilidade e a dificuldade de rastreamento desses ativos geram incertezas quanto ao valor econômico real, tornando a aferição do ônus fiscal desafiadora. A insistência em métodos tradicionais pode resultar em tributação excessiva ou insuficiente, afetando a neutralidade e a segurança jurídica simultaneamente.

Na jurisprudência brasileira, tem-se observado casos emblemáticos onde a aplicação literal do princípio da legalidade tributária (garantia de segurança jurídica) colide com a necessidade de combater a evasão fiscal em ambientes digitais, exigindo interpretações que ponderem os interesses do Fisco e dos contribuintes, equilibrando princípios aparentemente contraditórios. Decisões recentes do Supremo Tribunal Federal (STF) têm buscado harmonizar essas tensões, utilizando o método da interpretação teleológica e sistemática, que considera o contexto econômico e social da tributação digital.

Métodos e instrumentos de interpretação para solução de conflitos

A resolução desses conflitos principiológicos exige uma hermenêutica jurídica qualificada, baseada em métodos que transcendam a interpretação literal para incorporar uma análise valorativa, funcional e contextualizada dos princípios constitucionais tributários. Entre os principais métodos destacam-se:

- Interpretação Sistemática: que analisa os princípios em conjunto, buscando uma solução que preserve o máximo possível a aplicação de todos, evitando prejuízos desproporcionais a qualquer deles.
- Princípio da Proporcionalidade: utilizado para equilibrar os direitos e obrigações, ponderando os impactos de determinada tributação para

assegurar que a medida seja adequada, necessária e proporcional aos fins públicos pretendidos.

- Interpretação Teleológica: que busca compreender a finalidade social e econômica da norma tributária, contextualizando sua aplicação no ambiente dinâmico da economia digital.
- Interpretação Constitucional Evolutiva: essencial para acompanhar as transformações tecnológicas, permitindo adaptar os princípios constitucionais às novas realidades econômicas sem perder sua essência.

Além dos métodos interpretativos, é fundamental o uso de instrumentos normativos e institucionais para a harmonização dos princípios, tais como:

- Regulamentações infralegais dinâmicas, capazes de atualizar rapidamente as regras tributárias digitais conforme a evolução tecnológica;
- Mecanismos de diálogo entre entes federativos e atores econômicos, promovendo a uniformização das interpretações e reduzindo litígios;
- Sistemas avançados de governança tributária digital, integrando dados e tecnologias para maior transparência e previsibilidade.

Desafios práticos e perspectivas futuras

A efetiva solução dos dilemas entre neutralidade, capacidade contributiva e segurança jurídica requer um esforço coordenado entre legisladores, administradores fiscais, operadores do direito e a sociedade civil. A complexidade inerente ao ambiente digital torna indispensável uma abordagem multidisciplinar e colaborativa, que promova:

- Desenvolvimento de legislação clara e flexível, que respeite os princípios constitucionais sem sacrificar a adaptabilidade;
- Investimento em tecnologias fiscais que permitam aferir com precisão a capacidade contributiva, minimizando erros e abusos;
- Fortalecimento da segurança jurídica por meio da transparência, previsibilidade normativa e respeito aos direitos fundamentais;
- Promoção da neutralidade tributária para garantir competição justa entre negócios digitais e tradicionais, evitando distorções e inseguranças;
- Incremento da cooperação internacional para uniformizar práticas tributárias, especialmente no combate à evasão digital transnacional.

O Direito Tributário Digital exige a construção de um arcabouço hermenêutico e normativo capaz de gerir os conflitos entre os princípios constitucionais, garantindo um equilíbrio dinâmico e sustentável. O sucesso dessa tarefa é vital para assegurar a justiça fiscal, a eficiência arrecadatória e a competitividade econômica em uma era marcada por inovações constantes e profundas transformações tecnológicas.

A proteção dos direitos fundamentais no Direito Tributário Digital

A crescente digitalização da economia e o uso massivo de tecnologias como *big data*, inteligência artificial e *blockchain* têm ampliado significativamente a coleta e o tratamento de dados pessoais e financeiros no âmbito tributário. Essa realidade impõe um rigoroso exame da proteção dos direitos fundamentais dos contribuintes relacionados à privacidade, à proteção de dados pessoais e à liberdade econômica, para garantir que o exercício do poder de tributar não ultrapasse os limites constitucionais e não se torne um mecanismo de abuso ou discriminação.

Relação entre tributação, privacidade, dados pessoais e liberdade econômica

O Direito Tributário Digital atua sobre um substrato de informações altamente sensíveis, que vão além dos dados tradicionais de renda e patrimônio, incluindo hábitos de consumo, localização geográfica, perfis comportamentais e padrões de navegação. A manipulação desses dados, embora essencial para o combate à evasão fiscal e para a eficiência da arrecadação, deve respeitar os direitos à intimidade e à privacidade, conforme previsto no artigo 5º, incisos X (inviolabilidade da intimidade) e XII (sigilo da correspondência e das comunicações) da Constituição Federal.

Ademais, o princípio da liberdade econômica (art. 170, caput) impõe restrições à atuação estatal que possa tolher a iniciativa privada por meio de tributos excessivos ou de medidas fiscais que promovam tratamento desigual e distorçam o ambiente de negócios, especialmente em setores inovadores como as plataformas digitais e serviços automatizados. Assim, o sistema tributário deve assegurar equilíbrio entre o dever estatal de arrecadar e a proteção do empreendedorismo e da inovação.

Impactos da Lei Geral de Proteção de Dados (LGPD) no Direito Tributário Digital

A Lei nº 13.709/2018 (LGPD) representa um marco regulatório indispensável para a proteção da privacidade no Brasil, impondo aos órgãos públicos, inclusive fiscais, limites rigorosos para o tratamento de dados pessoais. No contexto tributário digital, a LGPD exige que a coleta e o uso das informações dos contribuintes sejam pautados pelos princípios da finalidade, necessidade, transparência e segurança, prevendo sanções administrativas para o descumprimento.

Um desafio prático reside na implementação de tecnologias que permitam o cruzamento e análise de dados fiscais, assegurando a anonimização ou pseudominização das informações sempre que possível, para minimizar riscos de exposição indevida. A governança de dados torna-se, portanto, um requisito legal e ético para a eficiência fiscal, promovendo a conformidade e a confiança no sistema.

Jurisprudência constitucional sobre direitos fundamentais e tributação digital

O Supremo Tribunal Federal (STF) tem consolidado entendimentos que reafirmam a centralidade dos direitos fundamentais no controle da tributação, mesmo em face da necessidade estatal de arrecadação. Decisões recentes indicam que não basta a simples alegação de interesse público para justificar práticas invasivas; é necessário observar os princípios da proporcionalidade, razoabilidade e da vedação a abusos.

Por exemplo, no julgamento da ADI 1946, o STF destacou a proteção à privacidade e o sigilo fiscal como elementos indispensáveis ao respeito da dignidade da pessoa humana, limitando a atuação arbitrária da Administração Tributária. Além disso, o Tribunal tem reconhecido que a inovação tecnológica não pode servir de pretexto para flexibilizações indevidas das garantias constitucionais, exigindo que o avanço da fiscalização digital seja acompanhado de salvaguardas eficazes.

Desafios e perspectivas para a proteção dos direitos fundamentais no Direito Tributário Digital

No plano normativo, a harmonização entre a legislação tributária e a LGPD ainda é um desafio pendente. O Poder Público deve investir na elaboração de normas específicas que conciliem os objetivos fiscais com a proteção dos direitos individuais, promovendo mecanismos claros para o tratamento, armazenamento e compartilhamento seguro de dados fiscais.

A interoperabilidade dos sistemas entre União, Estados e Municípios, por exemplo, deve ser regulada para garantir o princípio da minimização dos dados e a transparência perante os contribuintes, que devem ter acesso e controle sobre as informações que lhes dizem respeito, em conformidade com os direitos previstos na LGPD.

No campo tecnológico, o avanço das técnicas de inteligência artificial e aprendizado de máquina para análise de dados fiscais exige a adoção de princípios de "data ethics", com monitoramento constante para evitar vieses discriminatórios ou erros sistemáticos que possam afetar indevidamente a tributação de determinados grupos ou indivíduos.

A cooperação internacional também é fundamental, dado o caráter transfronteiriço das operações digitais e a necessidade de padronização de protocolos de proteção de dados, em consonância com tratados multilaterais e boas práticas internacionais, como o Regulamento Geral de Proteção de Dados (GDPR) da União Europeia.

Exemplos práticos e aplicações no Direito Tributário Digital

No cenário prático, a Receita Federal tem implementado sistemas de fiscalização eletrônica que utilizam *big data* e inteligência artificial para identificar inconsistências fiscais, porém sempre buscando alinhar tais tecnologias com as normas da LGPD, mediante auditorias internas e avaliações de impacto à proteção de dados (*Data Protection Impact Assessment* – DPIA).

No âmbito judicial, há crescente movimentação em tribunais administrativos e judiciais sobre a validade de práticas fiscais que supostamente violam a privacidade do contribuinte, reforçando a necessidade de uma abordagem equilibrada que respeite as garantias fundamentais.

A proteção dos direitos fundamentais no Direito Tributário Digital não é apenas um imperativo constitucional, mas um requisito essencial para a legitimidade e sustentabilidade do sistema fiscal na era digital. O respeito à privacidade, à proteção dos dados pessoais e à liberdade econômica deve guiar a construção de um arcabouço jurídico que permita ao Estado exercer seu papel arrecadatório sem comprometer os valores democráticos e os direitos individuais. O desafio é complexo e exige esforços coordenados entre legisladores, administradores fiscais, operadores do direito, tecnólogos e a sociedade civil, visando construir um sistema tributário digital justo, transparente e eficiente.

O papel do Judiciário na defesa dos princípios constitucionais na economia digital

A rápida evolução da economia digital exige do Poder Judiciário uma atuação que transcenda a mera aplicação mecânica das normas tributárias tradicionais, requerendo uma interpretação sistemática e adaptativa dos princípios constitucionais que regem o Direito Tributário. O Judiciário deve garantir a harmonia entre a inovação tecnológica e os valores constitucionais, como a legalidade, capacidade contributiva, neutralidade e segurança jurídica.

Sob a ótica teórica, o Judiciário assume papel de guardião dos princípios constitucionais, sobretudo em contextos nos quais a legislação ainda não se adequou plenamente às novas realidades econômicas digitais. Essa função consiste em interpretar e aplicar a norma tributária de modo a evitar arbitrariedades, distorções e violações aos direitos fundamentais dos contribuintes, assegurando que a tributação digital respeite o Estado Democrático de Direito e a justiça fiscal.

No plano internacional, jurisdições como a União Europeia e os Estados Unidos têm exemplificado abordagens judiciais que buscam equilibrar o estímulo à inovação com a proteção dos princípios constitucionais tributários. Por exemplo, o Tribunal de Justiça da União Europeia (TJUE) tem reiterado que qualquer medida tributária aplicada ao comércio digital deve observar os princípios da proporcionalidade e da não discriminação, resguardando o ambiente competitivo e evitando barreiras fiscais indevidas.

Nos Estados Unidos, cortes federais têm decidido casos envolvendo a responsabilidade tributária de plataformas digitais, enfatizando a necessidade de clareza legislativa para atribuição de sujeitos passivos, o que reforça o princípio da legalidade e da segurança jurídica. A jurisprudência americana tem servido como referência para a definição dos limites e possibilidades da tributação digital, valorizando o papel do Judiciário como moderador entre o fisco e o contribuinte.

Além disso, o Judiciário internacional vem assumindo papel decisivo no reconhecimento da capacidade contributiva em ativos digitais e na avaliação do impacto econômico real, superando a antiga dependência exclusiva de elementos formais como renda declarada ou propriedade tangível. Essa evolução jurisprudencial aponta para a construção de uma dogmática tributária adaptada à realidade virtual e globalizada da nova economia.

No Brasil, ainda que a jurisprudência esteja em desenvolvimento, o desafio para o Judiciário é a harmonização das decisões, a capacitação técnica dos magistrados e a consolidação de precedentes que promovam segurança jurídica e justiça fiscal. A interpretação conforme a Constituição deve ser o instrumento para garantir que os princípios tributários não sejam sacrificados pela inadequação normativa diante das transformações digitais.

O papel do Judiciário na economia digital ultrapassa o âmbito da resolução de conflitos: é uma função essencial para moldar o Direito Tributário moderno, assegurando que ele se mantenha legítimo, eficiente e justo frente aos desafios da inovação tecnológica e das novas formas de geração e circulação de riqueza.

Análise crítica das decisões judiciais recentes

Nos últimos anos, tanto o Supremo Tribunal Federal (STF) quanto o Superior Tribunal de Justiça (STJ) têm enfrentado uma série de casos emblemáticos envolvendo a tributação digital, o que evidencia uma jurisprudência em construção, ainda marcada por interpretações plurais e, por vezes, conflitantes.

Um ponto relevante é o tratamento conferido ao ICMS sobre serviços digitais e softwares, tema que chegou ao STF em decisões que ressaltam a necessidade de interpretação constitucional sistemática, observando o princípio da neutralidade tributária e a vedação à bitributação. Em julgados recentes, o STF tem reafirmado que a tributação deve respeitar a competência legislativa, evitando que a sobreposição de tributos sobre o mesmo fato gerador comprometa a segurança jurídica e a isonomia entre contribuintes.

Já o STJ, em diversos recursos especiais, vem se debruçando sobre a responsabilidade tributária das plataformas digitais e *marketplaces*. Em julgados como o REsp 1.847.871, como já referido anteriormente, o tribunal discutiu a extensão da responsabilidade solidária das plataformas no recolhimento do ICMS e do ISS, reforçando a importância da observância do princípio da legalidade e da definição clara do sujeito passivo. Essas decisões reforçam que a carga tributária deve recair sobre quem efetivamente realiza a operação econômica, evitando arbitrariedades e distorções.

Contudo, a heterogeneidade jurisprudencial ainda persiste em muitos aspectos, em especial diante da ausência de regulamentação clara e da complexidade técnica dos novos modelos econômicos digitais. A multiplicidade de interpretações produz um ambiente de insegurança jurídica, que fomenta a judicialização e onera tanto o contribuinte quanto o fisco.

Desafios para o Judiciário no Direito Tributário Digital

O Judiciário brasileiro enfrenta desafios significativos para acompanhar a velocidade das transformações tecnológicas e econômicas. A escassez de precedentes específicos e o caráter técnico-científico das operações digitais exigem que magistrados e tribunais incorporem um conhecimento multidisciplinar, integrando aspectos de Direito Tributário, tecnologia da informação, economia digital e até ciência de dados.

Ademais, o Judiciário deve equilibrar a aplicação rigorosa do princípio da legalidade com a necessidade de garantir a efetividade da arrecadação, sem comprometer a segurança jurídica e a justiça fiscal. Isso implica rejeitar interpretações estritas que inviabilizem a tributação adequada, mas também evitar expansões arbitrárias do campo de incidência tributária que resultem em cobrança excessiva ou injusta.

Perspectivas para o futuro do Direito Tributário Digital

A perspectiva é que o Judiciário desempenhe um papel cada vez mais proativo na formulação da dogmática tributária digital, reconhecendo a singularidade dos modelos de negócio digitais e a necessidade de princípios interpretativos adequados para essa nova realidade. Espera-se, por exemplo, o desenvolvimento de conceitos próprios para delimitação do fato gerador em operações desmaterializadas, definição do sujeito passivo em cadeias complexas de intermediação e critérios claros para aplicação da substituição tributária e retenção na fonte em ambientes digitais.

A profissionalização e capacitação técnica dos magistrados e operadores do direito tributário serão essenciais para garantir decisões fundamentadas e equilibradas. A criação de núcleos especializados em Direito Tributário Digital dentro dos tribunais pode acelerar a uniformização jurisprudencial e reduzir a litigiosidade.

Além disso, o diálogo institucional entre o Poder Judiciário, o Legislativo, o Executivo e a sociedade civil será fundamental para a construção de um ambiente regulatório coerente e adaptativo. Tal diálogo pode contribuir para a edição de normas interpretativas, orientações técnicas e até projetos de lei que auxiliem o Judiciário na tomada de decisões alinhadas à evolução tecnológica e aos princípios constitucionais.

Importância da jurisprudência para a segurança jurídica e justiça fiscal

Decisões judiciais consistentes e bem fundamentadas são cruciais para assegurar a segurança jurídica aos contribuintes digitais, promovendo confiança para investimentos e inovação tecnológica. Por outro lado, a atuação judicial rigorosa contra práticas de evasão e elisão fiscal contribui para a justiça fiscal e a proteção da arrecadação do Estado.

O desafio é promover um equilíbrio que respeite os direitos dos contribuintes digitais, garantindo-lhes previsibilidade e estabilidade normativa, mas que também assegure o cumprimento das obrigações tributárias de forma justa e eficiente. Nesse contexto, o Judiciário é chamado a ser um guardião dos princípios constitucionais, mas também um facilitador do desenvolvimento econômico sustentável e da adaptação do direito à nova realidade digital.

Conclusões e propostas para fortalecer os princípios constitucionais no ambiente tributável digital

A rápida transformação da economia mundial, impulsionada pela digitalização e pela inovação tecnológica, impõe desafios inéditos ao Direito Tributário, que deve equilibrar a necessidade de arrecadação eficiente com a salvaguarda dos princípios constitucionais que asseguram justiça e segurança no sistema fiscal brasileiro. Portanto, considerando-se toda a análise pregressa, tem-se que princípios como a neutralidade tributária, a capacidade contributiva e a segurança jurídica não são meras abstrações normativas, mas pilares indispensáveis para a legitimidade e sustentabilidade do sistema tributário no ambiente digital.

Recomendações para legisladores

A elaboração legislativa deve transcender a simples adaptação de normas tradicionais, promovendo a criação de um arcabouço jurídico sistêmico, dinâmico e integrado, capaz de refletir a complexidade dos modelos econômicos digitais. É essencial que a legislação incorpore conceitos contemporâneos como "presença econômica significativa" e "valor intangível", oferecendo definições claras para fatos geradores, base de cálculo e sujeitos passivos que considerem as peculiaridades da economia digital. Além disso, mecanismos de atualização normativa rápida e participação permanente de comissões técnicas multidisciplinares, envolvendo especialistas em Direito Tributário, tecnologia da informação e economia digital, são fundamentais para evitar o descompasso entre legislação e inovação.

A uniformização normativa entre União, Estados e Municípios, com estabelecimento de protocolos claros para cooperação e intercâmbio de informações fiscais, é um passo imprescindível para mitigar os riscos de bitributação e conflitos federativos, promovendo a previsibilidade e a equidade tributária. A experiência internacional, notadamente as iniciativas da OCDE com os pilares do BEPS 2.0, evidencia que a harmonização global também é vital para o Brasil manter sua competitividade e capacidade arrecadatória diante de operações transfronteiriças e plataformas globais.

Recomendações para administradores fiscais

A implementação de tecnologias de ponta, como inteligência artificial, machine learning, análise de *big data* e *blockchain*, deve ser prioridade para os órgãos fiscais, visando o aprimoramento da fiscalização, identificação de riscos e transparência nas operações tributáveis. Esses avanços tecnológicos, contudo, devem ser implementados respeitando a legislação de proteção de dados (LGPD) e os direitos fundamentais, assegurando o equilíbrio entre eficácia fiscal e respeito à privacidade do contribuinte.

Além disso, é indispensável a capacitação contínua dos agentes fiscais, para que compreendam as particularidades dos negócios digitais e possam aplicar corretamente a legislação, promovendo segurança jurídica e evitando abusos na interpretação das normas tributárias. A construção de parcerias público-privadas, assim como o diálogo permanente com o setor produtivo e a academia, pode contribuir para o desenvolvimento de práticas fiscais inovadoras e efetivas.

Recomendações para operadores do Direito

Advogados, juízes e consultores tributários desempenham papel estratégico na interpretação e aplicação dos princípios constitucionais em um contexto digital desafiador. Devem adotar uma hermenêutica constitucional que integre a inovação tecnológica com os direitos fundamentais, promovendo soluções jurídicas que assegurem justiça fiscal sem tolher o avanço econômico.

A atuação preventiva e consultiva, voltada para a conformidade e planejamento tributário digital, é crucial para minimizar litígios e consolidar um ambiente de negócios mais estável e previsível. A jurisprudência brasileira e internacional aponta para a necessidade de decisões que equilibrem o interesse arrecadatório com a proteção do contribuinte, valorizando a segurança jurídica como requisito para a efetividade do sistema tributário digital.

Diretrizes para um sistema tributário digital constitucionalmente alinhado

Flexibilidade normativa com segurança jurídica: o sistema tributário deve ser flexível para adaptar-se às mudanças tecnológicas e aos novos modelos de negócios, mas sem abrir mão da estabilidade normativa que permite a previsibilidade e o planejamento dos contribuintes.

Equidade e neutralidade: garantir que a tributação seja isonômica entre bens e serviços digitais e tradicionais, evitando distorções que possam prejudicar a competitividade e a inovação.

Transparência e participação democrática: a construção normativa deve ser aberta, com consulta e participação de múltiplos atores — sociedade civil, setor privado, academia e órgãos públicos — assegurando legitimidade e adequação às necessidades reais do ambiente digital.

Proteção dos direitos fundamentais: o sistema fiscal digital deve assegurar o respeito à privacidade, proteção de dados e liberdade econômica, alinhando-se plenamente à Constituição Federal e à LGPD, estabelecendo limites claros ao poder fiscal e mecanismos eficazes de controle e responsabilização.

Cooperação internacional: o Brasil deve reforçar sua participação em fóruns multilaterais e implementar acordos internacionais para garantir a eficiência na tributação de operações digitais transnacionais, enfrentando a evasão e a elisão fiscal de forma colaborativa.

Diante de um cenário em que a transformação digital redefine continuamente as bases econômicas e jurídicas da tributação, torna-se imprescindível que o Estado brasileiro adote uma postura proativa e inovadora. O fortalecimento dos princípios constitucionais no ambiente tributável digital não deve ser visto apenas como um desafio técnico, mas como uma oportunidade histórica para construir um sistema fiscal mais justo, transparente e eficiente. Somente por meio de um esforço coordenado entre legisladores, administradores fiscais e operadores do direito será possível consolidar uma tributação que acompanhe as demandas da nova economia, respeitando a dignidade do contribuinte e assegurando o desenvolvimento sustentável do país.

> ***"A tributação na era digital não pode ser uma simples adaptação dos antigos instrumentos. Ela exige uma reconstrução profunda, pautada na inovação normativa, tecnológica e institucional, que preserve os princípios constitucionais sem perder o passo com o progresso econômico. Somente assim, o Estado garantirá justiça fiscal, segurança jurídica e competitividade em um mundo onde o valor deixa de ser físico para tornar-se informação."***
>
> (Dr. Faustino Júnior)

CAPÍTULO 8

MENTALIDADE MILIONÁRIA FISCAL

Introdução à mentalidade milionária fiscal no *marketing* digital

A mentalidade milionária fiscal no *marketing* digital transcende a mera compreensão dos números e obrigações tributárias; ela representa uma postura estratégica e consciente diante da gestão fiscal, que se traduz diretamente na sustentabilidade e no crescimento exponencial dos negócios digitais. Originada dos conceitos clássicos de mentalidade milionária — que englobam disciplina financeira, visão de longo prazo e otimização de recursos —, essa mentalidade aplicada ao campo fiscal exige do empreendedor digital uma postura proativa, embasada no conhecimento profundo da legislação tributária, planejamento estratégico e governança corporativa eficaz.

No contexto do *marketing* digital, onde modelos de negócio se caracterizam pela alta escalabilidade, diversificação de receitas e intensa utilização de tecnologia, a mentalidade milionária fiscal assume papel central. Ela não se limita à obrigação de pagar tributos, mas sim ao entendimento de que a gestão fiscal eficiente é um ativo estratégico capaz de maximizar lucros, reduzir riscos jurídicos e aumentar a competitividade no mercado. Essa mentalidade compreende o uso inteligente dos incentivos fiscais, a adoção de estruturas societárias adequadas, e a integração da área fiscal com as demais dimensões do negócio — *marketing*, vendas, operações e inovação.

Além disso, a transformação digital trouxe para o empreendedorismo fiscal novos desafios e oportunidades: a complexidade regulatória, a necessidade de *compliance* em tempo real, a transparência exigida pelos órgãos fiscalizadores e a rápida evolução das normas tributárias no ambiente digital. Nesse cenário, a mentalidade milionária fiscal se traduz na capacidade de antecipar cenários, adaptar-se rapidamente às mudanças legais e tecnológicas, e transformar a gestão tributária em um diferencial competitivo sustentável.

O sucesso dos negócios digitais, portanto, está intrinsecamente ligado à mentalidade fiscal adotada por seus gestores. Aqueles que desenvolvem uma mentalidade milionária fiscal estão melhor posicionados para captar oportunidades de planejamento tributário legítimo, evitar contingências fiscais que podem comprometer o fluxo de caixa e garantir a longevidade do empreendimento. Esta postura impacta diretamente na percepção de valor junto a investidores, parceiros e mercado, consolidando uma reputação de solidez e responsabilidade.

Do ponto de vista acadêmico, estudiosos do Direito Tributário e da administração estratégica apontam que a construção dessa mentalidade requer educação continuada, acesso a informações qualificadas e cultura organizacional orientada à conformidade e à inovação fiscal. A literatura destaca ainda que a mentalidade milionária fiscal deve ser integrada ao conceito de governança digital, onde a gestão de riscos, a transparência e a ética fiscal caminham lado a lado com a geração de valor.

A mentalidade milionária fiscal no *marketing* digital não é um mero detalhe operacional, mas sim um componente estrutural da construção de negócios robustos e escaláveis. Assim, este tópico buscará aprofundar os conceitos, práticas e desafios dessa mentalidade, fornecendo uma base sólida para empreendedores, gestores e profissionais que desejam elevar sua atuação no mercado digital, com uma visão fiscal inteligente, estratégica e alinhada às melhores práticas nacionais e internacionais.

Características do *marketing* digital que impactam a gestão fiscal

O *marketing* digital, devido à sua natureza inovadora e velocidade acelerada, representa um paradigma que exige uma revisão cuidadosa das práticas fiscais tradicionais. A multiplicidade de modelos de negócio, a internacionalização dos fluxos financeiros e a complexidade na definição do fato gerador e da base tributável desafiam os profissionais da área jurídica, contábil e fiscal, impondo a necessidade de uma mentalidade fiscal estratégica e sofisticada para a gestão eficiente desses negócios.

Modelos de receita e fluxos financeiros no *marketing* digital

Os modelos de receita no *marketing* digital são extremamente diversificados, abrangendo desde a venda direta de infoprodutos (cursos *online*, *ebooks*, assinaturas) até receitas advindas de programas de afiliados, anúncios digitais, consultorias remotas, vendas por *marketplaces*, serviços de *marketing* por performance e monetização por *streaming* de conteúdo. Cada um desses modelos possui particularidades que impactam diretamente na gestão fiscal e demandam tratamentos diferenciados.

A fragmentação dos fluxos financeiros, muitas vezes dispersos em diversas plataformas digitais e *gateways* de pagamento, dificulta o rastreamento e a adequada escrituração contábil e fiscal. Por exemplo, uma plataforma como a Hotmart realiza pagamentos globais a produtores de conteúdo, enquanto o recebimento ocorre em moedas diferentes, exigindo procedimentos específicos para a conversão cambial e a tributação correta da receita. Além disso, a presença de intermediários pode gerar dúvidas sobre a responsabilidade tributária na retenção e recolhimento dos tributos.

Particularidades fiscais dos infoprodutos, afiliados e anúncios

Infoprodutos

Os infoprodutos são produtos digitais cuja prestação pode ocorrer de forma contínua e *on demand*, complicando a definição do fato gerador para tributos como ISS, ICMS e CBS. A discussão sobre qual tributo é aplicável — se ISS (serviço) ou ICMS (circulação de mercadorias) — ganhou destaque no Supremo Tribunal Federal (STF) e no Superior Tribunal de Justiça (STJ). No julgamento do RE 1.221.170/SC, por exemplo, o STF definiu que a incidência do ICMS sobre serviços de informática, como *software* e infoprodutos, deve respeitar os princípios constitucionais, trazendo maior segurança jurídica para o setor.

A não cumulatividade e o direito ao crédito tributário são elementos fundamentais para garantir a neutralidade fiscal. Contudo, a ausência de regulamentações específicas pode levar a tratamentos divergentes, onerando injustamente o empreendedor digital.

Programas de afiliados

No âmbito dos afiliados, a remuneração é baseada em comissões sobre vendas realizadas por terceiros, configurando uma prestação de serviços que deve ser adequada à legislação tributária. É comum que os afiliados atuem como microempreendedores individuais (MEI) ou empresas optantes pelo Simples Nacional, o que requer atenção especial para a correta emissão de notas fiscais e retenção de tributos como ISS e IRRF.

A falta de padronização e fiscalização eficiente pode gerar riscos de sonegação ou dupla tributação, além de dificuldades para o empreendedor entender e cumprir suas obrigações acessórias.

Publicidade digital

A publicidade digital, especialmente por meio de plataformas estrangeiras como Google Ads e Facebook Ads, representa um dos maiores volumes financeiros do *marketing* digital, mas traz desafios fiscais notórios. A legislação brasileira exige a retenção e o recolhimento do ISS e outros tributos federais sobre serviços prestados por essas plataformas, mesmo quando o serviço é contratado por empresas brasileiras, mas prestado por entidades estrangeiras.

O Decreto nº 10.278/2020, que regula a tributação do imposto sobre serviços, e o Ajuste SINIEF 16/2018, que trata do ICMS na prestação de serviços eletrônicos, são exemplos normativos que tentam adaptar o ordenamento às novas realidades digitais. No entanto, o atraso regulatório e a complexidade na aplicação desses dispositivos causam insegurança jurídica e riscos fiscais elevados.

Impactos na gestão fiscal e *compliance*

A correta compreensão das particularidades fiscais do *marketing* digital é crucial para a elaboração de estratégias de *compliance* fiscal que minimizem riscos de autuações e multas, além de garantir o pleno aproveitamento dos benefícios legais, como incentivos fiscais e regimes especiais. A adoção de sistemas integrados de gestão financeira e fiscal, capazes de acompanhar as transações em tempo real e gerar relatórios automatizados para atendimento às obrigações acessórias, é uma prática cada vez mais comum e necessária.

Empresas de *marketing* digital que investem em planejamento tributário inteligente, considerando a legislação vigente, regimes fiscais disponíveis e estruturação societária adequada, tendem a obter vantagem competitiva significativa. Isso se traduz não apenas em economia fiscal, mas em maior segurança jurídica e capacidade de investimento para inovação.

Exemplos práticos e referências normativas

Um bom exemplo prático disso é o sistema de funcionamento fiscal da Hotmart. A Hotmart, que se constitui em uma das maiores plataformas de venda de infoprodutos da América Latina, segue obrigações fiscais rigorosas e atua como intermediária em operações sujeitas a diferentes regimes tributários, o que exige de seus usuários e fornecedores atenção especial à emissão de notas fiscais e recolhimento correto dos tributos federais, estaduais e municipais.

Nesse âmbito, destaca-se a aplicabilidade da Lei nº 8.981/1995, que regula o ISS, e a Emenda Constitucional nº 87/2015, que trata da partilha do ICMS em operações interestaduais com destino ao consumidor final, impactando diretamente nas vendas digitais. Vale ressaltar, no nesse sentido, jurisprudencialmente falando, o julgamento do RE 1.221.170/SC pelo Supremo Tribunal Federal que definiu critérios importantes para a incidência do ICMS sobre produtos digitais, proporcionando maior segurança jurídica para a tributação de infoprodutos.

Desse modo, diante do cenário complexo e em constante evolução do *marketing* digital, é imprescindível que gestores e profissionais da área fiscal estejam preparados para lidar com os desafios específicos deste segmento, adotando uma mentalidade milionária fiscal que combine inovação, estratégia e rigor técnico. O domínio dos modelos de receita, fluxos financeiros e particularidades tributárias é condição essencial para a sustentabilidade e crescimento dos negócios digitais, garantindo *compliance*, eficiência e justiça fiscal.

Planejamento tributário estratégico para negócios digitais

Fundamentos do planejamento fiscal

O planejamento tributário constitui um dos pilares essenciais para a sustentabilidade e o crescimento de qualquer negócio, especialmente no dinâmico e competitivo universo do *marketing* digital. Trata-se de um conjunto de estratégias lícitas adotadas pelas empresas para organizar suas operações econômicas de modo a minimizar a carga tributária incidente, respeitando os limites da legalidade e da ética fiscal.

No contexto brasileiro, onde o sistema tributário é reconhecidamente complexo, com múltiplos tributos, instâncias fiscais e uma elevada carga tributária, o planejamento fiscal se revela ainda mais indispensável. Para negócios digitais, que operam em modelos de receita muitas vezes fragmentados e com fluxos financeiros pulverizados, o planejamento tributário estratégico é vital para garantir competitividade, liquidez e capacidade de investimento.

Além disso, o planejamento fiscal deve ser concebido como uma ferramenta integrada à gestão financeira e estratégica do negócio, envolvendo análise contínua da legislação vigente, monitoramento das mudanças regulatórias e antecipação de riscos fiscais. A adoção de uma mentalidade proativa em relação à tributação permite às empresas digitais converterem o *compliance* em vantagem competitiva, reduzindo contingências e otimizando resultados.

Técnicas para otimização tributária no marketing digital

No universo do *marketing* digital, diversas técnicas específicas podem ser aplicadas para a otimização tributária, considerando as peculiaridades do setor, que incluem modelos de negócio como infoprodutos, *marketing* de afiliados, publicidade *online* e plataformas digitais.

Em primeiro lugar, a escolha adequada do regime tributário: a correta avaliação e opção pelo regime tributário mais vantajoso — Simples Nacional, Lucro Presumido ou Lucro Real — impacta diretamente na carga tributária total. A escolha deve levar em conta o faturamento, a margem de lucro e as especificidades das receitas digitais, considerando também incentivos fiscais disponíveis para inovação e tecnologia.

Em segundo lugar, o planejamento da estrutura societária: a constituição de estruturas societárias eficientes, que podem incluir *holdings*, empresas de participações e estruturas internacionais, permite a alocação otimizada de receitas e despesas, além da utilização de instrumentos jurídicos para redução de custos tributários e proteção patrimonial.

Em terceiro lugar, a utilização de créditos tributários: no âmbito do PIS, COFINS e ICMS, a correta apuração e aproveitamento de créditos fiscais são essenciais para evitar a cumulatividade tributária, prática que pode onerá-los excessivamente. A digitalização das operações deve ser acompanhada de um rigoroso controle documental e sistemas de escrituração fiscal que permitam a identificação precisa desses créditos.

Em quarto lugar, a gestão das operações entre afiliados e plataformas: o *marketing* digital frequentemente envolve operações entre afiliados, produtoras e plataformas intermediárias. A formalização adequada desses contratos, a correta emissão de notas fiscais e a definição clara da responsabilidade tributária evitam riscos de autuações e contingências futuras.

Em quinto lugar, o planejamento internacional e uso de incentivos fiscais: empresas digitais que atuam internacionalmente podem se beneficiar do planejamento tributário internacional, considerando acordos para evitar a dupla tributação e aproveitando regimes fiscais mais favoráveis em determinadas jurisdições. No Brasil, incentivos para atividades de pesquisa, desenvolvimento e inovação podem ser incorporados para reduzir a carga tributária efetiva.

Em sexto lugar, a automação e uso de tecnologia para *compliance* fiscal: a adoção de sistemas de gestão tributária integrados e automatizados permite maior controle, precisão na apuração de tributos e agilidade na entrega de obrigações acessórias, reduzindo riscos operacionais e fraudes.

Em sétimo lugar, o acompanhamento regulatório e jurisprudencial: devido à constante evolução da legislação tributária digital, é indispensável manter uma equipe especializada ou consultoria jurídica atualizada para interpretar mudanças, entender posicionamentos judiciais e orientar as decisões estratégicas.

Logo, a adoção de um planejamento tributário estratégico não é apenas uma questão de economia, mas um elemento decisivo para a longevidade e escalabilidade dos negócios digitais. Empresas que incorporam a mentalidade milionária fiscal compreendem que a eficiência tributária está diretamente ligada à capacidade de reinvestimento, inovação e competitividade no mercado. Além disso, a conformidade com a legislação fortalece a reputação e a sustentabilidade dos negócios, evitando passivos e litígios que podem comprometer o crescimento.

O planejamento fiscal deve ser visto como um processo dinâmico e contínuo, que exige atualização constante frente às mudanças normativas e tecnológicas. A digitalização das operações, aliada à complexidade do sistema tributário brasileiro, demanda o uso de tecnologias de gestão fiscal, análise de dados e consultoria especializada para assegurar decisões embasadas e assertivas.

Integrar a gestão tributária ao planejamento estratégico do negócio digital representa um diferencial competitivo significativo. Ao alinhar objetivos financeiros e fiscais, o empreendedor não só maximiza a rentabilidade, como também garante segurança jurídica e maior previsibilidade, elementos essenciais para enfrentar os desafios e oportunidades da economia digital.

Gestão de custos e despesas tributárias no marketing digital

A gestão eficiente dos custos e despesas tributárias representa um dos pilares essenciais para o sucesso financeiro e fiscal dos negócios digitais, especialmente no *marketing* digital, onde as operações são dinâmicas e os modelos de receita possuem particularidades que exigem atenção detalhada. O controle financeiro e fiscal deve ser rigoroso, integrado e proativo, garantindo que a empresa maximize o aproveitamento dos benefícios legais, minimizando riscos e otimizando a rentabilidade.

Controle financeiro e fiscal no marketing digital

No *marketing* digital, a volatilidade dos fluxos financeiros e a diversidade das operações — como campanhas de anúncios, comissões de afiliados, produção de conteúdo, aquisição de *leads* e licenciamento de ferramentas — tornam imprescindível um sistema integrado de controle financeiro que conjugue os aspectos contábeis, tributários e orçamentários. A correta classificação e segregação das despesas são fundamentais para garantir a transparência e a conformidade perante o fisco.

O acompanhamento detalhado dos custos permite identificar quais despesas são tributariamente dedutíveis e quais devem ser capitalizadas ou amortizadas, evitando erros que possam gerar autuações fiscais ou perda de benefícios fiscais. Além disso, o monitoramento contínuo das operações financeiras possibilita o planejamento estratégico, antecipando o impacto dos tributos e ajustando as práticas empresariais para otimizar a carga tributária.

É importante destacar que, no contexto digital, os custos operacionais frequentemente incluem despesas com tecnologia, como aquisição de *softwares*, contratação de serviços em nuvem, compra de mídias digitais, além dos investimentos em infraestrutura e capacitação. Cada um desses itens pode ter tratamento fiscal distinto conforme o enquadramento jurídico e a legislação tributária aplicável, tornando o conhecimento técnico indispensável para uma gestão eficiente.

Dedutibilidade e aproveitamento de créditos tributários

Um dos aspectos mais relevantes da gestão tributária está no aproveitamento correto dos créditos fiscais permitidos pela legislação, sobretudo em regimes não cumulativos como o PIS/COFINS e o futuro CBS. A dedutibilidade das despesas relacionadas ao *marketing* digital deve observar as especificidades legais, uma vez que nem todos os gastos são passíveis de crédito, exigindo análise minuciosa de cada operação.

No *marketing* digital, gastos com publicidade digital, afiliados, ferramentas tecnológicas e consultorias podem ser classificados de maneiras diferentes para fins de dedutibilidade, dependendo do enquadramento tributário do negócio (lucro real, presumido ou simples nacional) e da natureza da despesa. Por exemplo, despesas com aquisição de *softwares* para uso próprio podem ser consideradas como ativos imobilizados, sujeitas a amortização, enquanto pagamentos a afiliados por comissões são considerados despesas operacionais dedutíveis.

O correto aproveitamento desses créditos impacta diretamente na redução da carga tributária e na geração de caixa, favorecendo o reinvestimento e o crescimento do negócio. Portanto, a adoção de práticas contábeis alinhadas às normas fiscais, com o suporte de profissionais especializados, é fundamental para evitar a perda de benefícios fiscais e mitigar riscos de autuações.

Além disso, a crescente complexidade das legislações estaduais e municipais, especialmente na incidência do ICMS e ISS sobre operações digitais, requer uma análise detalhada dos créditos possíveis e das obrigações acessórias, evitando bitributação e conflitos normativos. O entendimento atualizado da legislação e o acompanhamento das mudanças regulatórias são indispensáveis para uma gestão fiscal eficiente.

Importância estratégica da gestão tributária no *marketing* digital

A gestão eficaz dos custos e despesas tributárias não deve ser vista apenas como uma obrigação legal, mas como uma estratégia de negócio que pode determinar a competitividade e a sustentabilidade das operações digitais. Uma abordagem proativa, baseada em análise contínua, planejamento tributário integrado e automação de processos, permite que as empresas digitais otimizem seus recursos, reduzam desperdícios e aproveitem as oportunidades fiscais disponíveis.

Ferramentas tecnológicas avançadas, como ERPs especializados, sistemas de gestão fiscal automatizados e análises preditivas, podem auxiliar na identificação das melhores práticas, no controle rigoroso das despesas e na conformidade com as obrigações tributárias, garantindo rapidez, precisão e segurança nas decisões.

A capacitação contínua da equipe financeira e fiscal é essencial para acompanhar a evolução constante das normas tributárias e as inovações do mercado digital. Somente com conhecimento técnico atualizado e uma visão estratégica será possível transformar a gestão tributária em um diferencial competitivo no *marketing* digital, assegurando crescimento sustentável e conformidade plena.

A gestão eficiente dos custos e despesas tributárias é um dos pilares para a sustentabilidade e escalabilidade dos negócios digitais. Controlar de forma rigorosa esses aspectos não apenas assegura a conformidade fiscal, evitando riscos de autuações e penalidades, mas também contribui diretamente para a saúde financeira da empresa, liberando recursos que podem ser reinvestidos em inovação, *marketing* e expansão. Em um ambiente tão dinâmico como o *marketing* digital, onde as margens podem ser apertadas e a competição intensa, o domínio sobre os impactos tributários é diferencial estratégico. Isso implica adotar sistemas integrados de controle financeiro e fiscal, que permitam a correta classificação das despesas, o acompanhamento das obrigações acessórias e o aproveitamento maximizado dos créditos tributários permitidos pela legislação.

Além disso, compreender, detalhadamente, as regras sobre dedutibilidade e créditos fiscais é essencial para que o empreendedor digital otimize sua carga tributária dentro dos parâmetros legais, evitando o pagamento desnecessário de tributos. O conhecimento aprofundado das particularidades do regime tributário aplicável, especialmente em relação a impostos como o ISS, PIS, COFINS e ICMS nas operações digitais, é fundamental para identificar oportunidades de planejamento e redução legal da carga tributária. Essa prática exige, contudo, um acompanhamento constante das alterações legislativas e da jurisprudência, que, no Brasil, são particularmente dinâmicas no campo do Direito Tributário Digital. Em suma, a gestão fiscal rigorosa e estratégica é *conditio sine qua non* para a construção de uma mentalidade milionária fiscal, capaz de transformar a obrigação tributária em vantagem competitiva e motor de crescimento sustentável no *marketing* digital.

Tributação de infoprodutos, afiliados e plataformas digitais

A tributação no universo dos infoprodutos, afiliados e plataformas digitais configura-se como um dos temas mais complexos e dinâmicos do Direito Tributário contemporâneo. A natureza intangível desses ativos, aliada à multiplicidade de atores e às formas variadas de monetização, exige uma análise cuidadosa dos regimes tributários aplicáveis, bem como da jurisprudência recente que vem delineando parâmetros para a correta aplicação das normas.

Regimes tributários aplicáveis

No Brasil, os infoprodutos — como cursos *online*, *ebooks*, mentorias e assinaturas digitais — são normalmente tributados como prestação de serviços, o que os enquadra, em regra, na incidência do ISS (Imposto Sobre Serviços) pelos municípios. No entanto, dependendo da estrutura do negócio, especialmente quando a comercialização envolve venda de bens digitais com características de produto, há discussões sobre a incidência do ICMS (Imposto sobre Circulação de Mercadorias e Serviços). Essa controvérsia se deve à ausência de normatização federal clara que defina o limite entre mercadoria e serviço em produtos digitais, tema que ainda alimenta debates administrativos e judiciais.

No que tange ao regime tributário adotado pelas empresas que atuam no *marketing* digital, inclusive as plataformas de afiliação, podem incidir o Simples Nacional, Lucro Presumido ou Lucro Real, cada qual com regras específicas de apuração e tributação. O Simples Nacional, amplamente utilizado por pequenos e médios empreendedores digitais, simplifica o recolhimento, mas impõe limites de receita e restrições para certos tipos de atividades, o que pode não ser adequado para negócios em rápida expansão ou com receitas expressivas. Já o Lucro Presumido e o Lucro Real oferecem maior flexibilidade, mas exigem controle contábil rigoroso e atenção às obrigações acessórias.

A plataforma de afiliados, que conecta produtores e divulgadores, enfrenta desafios tributários particulares. Frequentemente, a receita dos afiliados é configurada como comissionamento por intermediação, sujeita ao ISS. Já para o produtor do infoproduto, a receita pode ser caracterizada como prestação de serviço ou venda de produto digital, gerando potencial conflito entre ICMS e ISS, sobretudo em operações interestaduais. Além disso, a retenção de tributos na fonte por parte das plataformas ainda carece de regulamentação uniforme, gerando insegurança para os envolvidos.

Casos práticos e jurisprudência

A jurisprudência dos tribunais superiores brasileiros tem refletido a complexidade dessas situações. O Superior Tribunal de Justiça (STJ) tem reiterado a necessidade de distinguir os casos em que os infoprodutos configuram serviço, sujeitando-se ao ISS, daqueles que possam ser classificados como mercadoria digital e, portanto, sujeitos ao ICMS. Em um recente julgamento, o STJ firmou entendimento no sentido de que a simples disponibilização de conteúdo digital para *download* não caracteriza, necessariamente, circulação de mercadoria, reforçando a prevalência do ISS nesses casos (REsp 1.725.047/RS).

Adicionalmente, a Corte tem reconhecido a legitimidade da cobrança de ISS sobre as comissões pagas a afiliados, considerando essa operação como intermediação de serviços, o que reforça a necessidade de enquadramento adequado para evitar bitributação e conflitos fiscais (AgInt no REsp 1.738.429/RS).

No âmbito administrativo, a Receita Federal e as Secretarias de Fazenda estaduais têm emitido instruções normativas para orientar a tributação desses negócios digitais, mas ainda há lacunas importantes, sobretudo na definição do momento do fato gerador, no tratamento de créditos tributários e na aplicação do princípio da não cumulatividade.

Aspectos complementares e considerações finais

Outro ponto fundamental é o impacto da transformação digital na arrecadação e fiscalização, exigindo do Fisco a adaptação de suas ferramentas para monitorar o crescimento exponencial dos negócios digitais, que, frequentemente, utilizam meios eletrônicos e internacionais para operações financeiras. A complexidade das operações digitais demanda a integração de dados entre diferentes entes fiscais e o uso de tecnologias como inteligência artificial para identificar inconsistências e prevenir fraudes.

O empreendedor digital precisa estar atento ao planejamento tributário eficiente, buscando assessoria especializada para compreender as particularidades do seu negócio, o regime tributário mais adequado e as obrigações acessórias a cumprir, garantindo conformidade legal e sustentabilidade fiscal.

Para enfrentar os desafios tributários impostos pelos infoprodutos, afiliados e plataformas digitais, é imprescindível que o sistema fiscal evolua de forma a oferecer clareza normativa e segurança jurídica aos contribuintes.

A harmonização entre os entes federativos, por meio de legislação específica e regulamentação uniforme, contribuirá para reduzir os conflitos entre ICMS e ISS, além de evitar a bitributação e assegurar tratamento isonômico entre negócios digitais e tradicionais. Essa estabilidade normativa é essencial para fomentar o crescimento sustentável do mercado digital, evitando que o ambiente fiscal se torne um entrave para a inovação e a competitividade.

O uso crescente de tecnologias fiscais avançadas, como a digitalização do controle fiscal e a adoção de sistemas integrados de monitoramento, permitirá ao Fisco aprimorar a fiscalização sem impactar negativamente a experiência do empreendedor digital. A inteligência artificial e o *big data* podem ser aliados importantes para mapear fluxos financeiros complexos e identificar potenciais inconsistências, colaborando para a efetiva arrecadação e o combate à evasão sem onerar o ambiente de negócios. Dessa forma, a tributação digital deve caminhar lado a lado com a transformação tecnológica, promovendo justiça fiscal e eficiência administrativa.

Os agentes econômicos do setor digital — produtores, afiliados, plataformas e gestores fiscais — precisam adotar uma postura proativa e colaborativa, buscando constante atualização sobre as mudanças legislativas e as melhores práticas tributárias. O planejamento tributário estratégico, aliado ao conhecimento técnico e à conformidade fiscal, será um diferencial competitivo fundamental para o sucesso dos negócios digitais no Brasil e no mundo. Assim, a construção de um arcabouço tributário moderno, justo e funcional representa não apenas um desafio, mas uma oportunidade histórica para consolidar o ambiente digital como um pilar robusto da economia nacional. É justamente nesse cenário que impõe a ascensão de um verdadeiro Direito Tributário Digital.

Compliance fiscal digital: obrigações acessórias e prevenção de riscos

O *compliance* fiscal digital é um componente indispensável para a sustentabilidade e legalidade dos negócios digitais, especialmente no *marketing* digital, onde o volume e a complexidade das transações demandam rigoroso controle e transparência. Sob o prisma jurídico, o cumprimento das obrigações acessórias está previsto na legislação tributária brasileira, como no artigo 113 do Código Tributário Nacional (CTN), que impõe a observância das normas de escrituração e documentação fiscal. Adicionalmente, dispositivos da Lei nº 10.406/2002 (Código Civil), da Lei nº 9.430/1996 (regulamentação do imposto de renda) e das legislações estaduais e municipais, sobretudo em relação ao ICMS e ISS, reforçam a necessidade de rigor documental para assegurar a efetividade da arrecadação e a segurança jurídica dos contribuintes.

O Sistema Público de Escrituração Digital (SPED), instituído pela Receita Federal, representa um marco tecnológico e normativo para a modernização do controle fiscal, exigindo das empresas a escrituração eletrônica de livros fiscais e contábeis, além da emissão e armazenamento eletrônico de documentos fiscais. O SPED, que integra módulos como a Escrituração Fiscal Digital (EFD) e a Nota Fiscal Eletrônica (NF-e), tem como objetivo principal a padronização, integridade e fiscalização eficiente dos dados fiscais. De acordo com o Ato Declaratório Executivo COSIT nº 15/2020, a não conformidade na entrega dessas obrigações pode acarretar multas que variam conforme a gravidade e extensão do descumprimento, configurando riscos financeiros relevantes para o negócio digital.

A crescente complexidade do *marketing* digital, envolvendo infoprodutos, plataformas de afiliados e anúncios programáticos, exige ainda mais atenção às particularidades tributárias que impactam o *compliance*. A Resolução CGSN nº 140/2018, que trata do Simples Nacional, e o Convênio ICMS 142/18, que disciplina a substituição tributária em operações eletrônicas, são exemplos de normativas que demandam conhecimento aprofundado e monitoramento constante para evitar erros na apuração e recolhimento de tributos. O descumprimento dessas normas não só expõe o contribuinte a multas e penalidades, mas pode gerar questionamentos fiscais que comprometam a reputação e a continuidade do negócio.

Outro aspecto fundamental do *compliance* fiscal digital é a segurança dos dados fiscais e a integridade da informação transmitida ao fisco. A Lei Geral de Proteção de Dados (LGPD – Lei nº 13.709/2018) impõe diretrizes rigorosas para o tratamento e armazenamento de dados pessoais, incluindo aqueles relacionados às operações tributárias. Empresas de *marketing* digital devem implementar políticas internas que garantam a conformidade não só tributária, mas também com a proteção de dados, evitando sanções administrativas e danos à imagem institucional.

Diante desse cenário, o *compliance* tributário não deve se limitar ao cumprimento formal das obrigações, mas incorporar uma postura preventiva e estratégica, utilizando auditorias internas, governança fiscal e controles eletrônicos para mitigar riscos. Ferramentas tecnológicas, como sistemas ERP integrados e *softwares* de gestão fiscal, além da adoção de inteligência artificial para análise de dados e identificação de inconsistências, representam avanços indispensáveis para uma gestão tributária eficiente.

No cenário judicial, o Superior Tribunal de Justiça (STJ) tem reconhecido a importância do *compliance* como elemento de boa fé e lealdade tributária, influenciando decisões sobre litígios fiscais e critérios para aplicação de multas e sanções. A jurisprudência reforça que o cumprimento tempestivo e correto das obrigações acessórias pode atenuar penalidades, refletindo a valorização da transparência e da responsabilidade do contribuinte perante o Estado.

O *compliance* fiscal digital no *marketing* digital não é apenas uma exigência legal, mas um fator estratégico para a perenidade e crescimento dos negócios. Ele requer investimentos contínuos em tecnologia, capacitação profissional, atualização normativa e políticas internas robustas, que juntos asseguram o cumprimento das obrigações, minimizam riscos fiscais e fortalecem a governança corporativa em um ambiente cada vez mais dinâmico e regulado.

Uso da tecnologia para a gestão fiscal no *marketing* digital

A gestão fiscal no *marketing* digital enfrenta desafios singulares, dada a complexidade do sistema tributário brasileiro e a multiplicidade de operações envolvendo infoprodutos, afiliados, plataformas digitais e publicidade programática. Nesse cenário, o emprego de ferramentas digitais especializadas e tecnologias avançadas de automação tributária tornou-se imperativo para garantir a conformidade, reduzir riscos fiscais e assegurar a competitividade dos negócios. O Código Tributário Nacional (CTN), em seu artigo 113, destaca a importância da boa fé e da cooperação entre contribuintes e Fisco, e a tecnologia surge como facilitadora desse diálogo transparente e eficiente.

Soluções integradas de ERP (*Enterprise Resource Planning*) com módulos fiscais permitem a automatização do cálculo de tributos diretos e indiretos, além da geração e emissão automática de documentos fiscais eletrônicos, como a Nota Fiscal Eletrônica (NF-e), a Nota Fiscal de Serviços Eletrônica (NFS-e) e o Conhecimento de Transporte Eletrônico (CT-e). A título exemplificativo, empresas brasileiras como a TOTVS e a Senior Sistemas disponibilizam essas soluções com foco no ambiente digital, adequando-se às particularidades dos negócios de *marketing* digital e suas diversas fontes de receita. O uso dessas ferramentas é essencial para a correta apuração de tributos como PIS, COFINS, ISS, ICMS e IRPJ, evitando inconsistências que possam gerar autuações e multas previstas na Lei nº 10.522/2002, que regula o processo administrativo fiscal.

Além da automação básica, a inteligência artificial (IA) tem potencial revolucionário na análise de grandes volumes de dados fiscais. Por meio de algoritmos de *machine learning*, sistemas como o IBM Watson e a plataforma brasileira Neoway fiscalizam padrões de comportamento fiscal, detectando inconsistências e anomalias que indicam possíveis riscos tributários. Por exemplo, essas soluções conseguem identificar divergências em lançamentos contábeis, operações com partes relacionadas e declarações de impostos cruzadas entre diferentes esferas federativas. Isso está alinhado com as recomendações da Receita Federal do Brasil sobre governança tributária e uso de tecnologia para a prevenção de riscos, conforme instruções normativas recentes, como a IN RFB nº 1.865/2018.

Outro avanço fundamental é a aplicação de *big data* e *analytics* para integrar informações provenientes de diversas fontes — financeiras, operacionais e legais — em um ambiente unificado de inteligência fiscal. Essa integração permite não só a auditoria e conformidade em tempo real, mas também a elaboração de planejamentos tributários mais assertivos, capazes de identificar oportunidades legais para otimização fiscal e a mitigação de contingências. Estudos internacionais, como os da Organização para a Cooperação e Desenvolvimento Econômico (OCDE), destacam a adoção de tecnologias digitais como prática essencial para a modernização das administrações fiscais, enfatizando a necessidade de capacitação contínua e investimentos tecnológicos para acompanhar a evolução da economia digital.

No entanto, a adoção dessas tecnologias exige cuidados especiais relacionados à proteção de dados, em conformidade com a Lei Geral de Proteção de Dados (LGPD – Lei nº 13.709/2018). Como referido anteriormente, o tratamento de informações fiscais e financeiras sensíveis requer protocolos rigorosos de segurança da informação, garantindo confidencialidade, integridade e a conformidade legal no armazenamento e compartilhamento de dados. O *compliance* digital torna-se, portanto, um componente inseparável da gestão fiscal automatizada, garantindo que o avanço tecnológico não seja acompanhado por vulnerabilidades legais ou operacionais.

Por fim, casos práticos nacionais e internacionais ilustram os benefícios do uso de tecnologia na gestão fiscal. No Brasil, grandes *players* do *marketing* digital e do comércio eletrônico, como a Hotmart e a Magazine Luiza, investem, pesadamente, em sistemas automatizados que garantem a conformidade tributária em suas operações multilocalizadas, reduzindo passivos fiscais e fortalecendo sua competitividade. No âmbito internacional, empresas como Amazon e Shopify integram sistemas fiscais automatizados para gerenciar a complexidade tributária global, adaptando-se a mudanças regulatórias locais em tempo real.

Assim, a incorporação de ferramentas digitais e inteligência artificial na gestão fiscal do *marketing* digital não é apenas um diferencial competitivo, mas uma necessidade para garantir a conformidade, eficiência e sustentabilidade dos negócios diante do rigor e complexidade crescente da legislação tributária.

Diante do panorama apresentado, fica evidente que a tecnologia se configura como elemento central para a modernização da gestão fiscal no *marketing* digital. A automação tributária, aliada à inteligência artificial e ao uso estratégico de *big data*, permite não apenas o cumprimento eficiente das obrigações fiscais, mas também a antecipação de riscos e a identificação de oportunidades para otimização tributária legalmente segura. Em um ambiente marcado pela alta volatilidade normativa e pela complexidade operacional, essas ferramentas oferecem aos empreendedores digitais a segurança e a agilidade necessárias para navegar em um sistema tributário cada vez mais desafiador, promovendo a sustentabilidade e a competitividade dos negócios.

Entretanto, a adoção tecnológica deve ser acompanhada por um rigoroso compromisso com a conformidade legal, especialmente no que se refere à proteção de dados pessoais e financeiros. O respeito às normas da LGPD e a implementação de boas práticas de governança tributária são imprescindíveis para evitar vulnerabilidades que possam comprometer a integridade das operações. Portanto, a construção de uma gestão fiscal digital eficiente e segura demanda investimentos contínuos em inovação, capacitação profissional e cultura de *compliance*, consolidando um ciclo virtuoso que fortalece a relação entre fisco e contribuinte e impulsiona o desenvolvimento sustentável do *marketing* digital no Brasil e no mundo.

A influência da cultura milionária na gestão fiscal e financeira

A mentalidade milionária, quando aplicada à gestão fiscal e financeira, constitui um diferencial estratégico fundamental para o sucesso sustentável em negócios digitais. Originada dos estudos sobre comportamentos de empreendedores e investidores de alta performance, essa mentalidade envolve não apenas a busca por riqueza, mas a construção de uma cultura organizacional e pessoal pautada na disciplina, visão de longo prazo, aprendizado contínuo e gestão eficiente dos recursos financeiros e tributários. Nesse sentido, o pensamento milionário está diretamente ligado à forma como cada pessoa percebe e gerencia seus compromissos financeiros, incluindo o entendimento profundo das obrigações tributárias, que, muitas vezes, são vistas, equivocadamente, como um custo a ser minimizado a qualquer preço.

Esse conceito conecta-se diretamente aos princípios da responsabilidade fiscal e planejamento estratégico, previstos nas teorias modernas de administração financeira e governança corporativa. Por exemplo, o chamado "modelo de governança fiscal", que denota a importância do alinhamento entre os interesses dos gestores e dos investidores na busca por maximização do valor, o que inclui a conformidade tributária como elemento de redução de riscos legais e operacionais. No contexto do *marketing* digital, essa governança se torna ainda mais complexa devido à multiplicidade de receitas e modelos de negócios, demandando uma mentalidade milionária que integre controle rigoroso, inovação e adaptabilidade às mudanças regulatórias.

A visão de longo prazo, tão valorizada na cultura milionária, é essencial para a gestão fiscal porque permite que os empreendedores ultrapassem o imediatismo e compreendam o impacto das decisões tributárias no ciclo de vida do negócio. O planejamento tributário estratégico, apoiado em diagnósticos precisos e cenários futuros, possibilita a mitigação de passivos, a maximização de créditos fiscais e o fortalecimento da saúde financeira. Nesse cenário, a capacidade de planejar riscos futuros e evitar decisões impulsivas é característica marcante entre pessoas financeiramente bem-sucedidas. Tal capacidade aplicada à tributação digital, implica em se adotar práticas como *compliance*, uso de tecnologia para gestão fiscal e capacitação continuada, transformando o pagamento de tributos em uma ferramenta de segurança e crescimento, não um empecilho.

Além disso, a resiliência fiscal — a habilidade de enfrentar e superar os desafios impostos por um ambiente tributário complexo e em constante evolução — é outro traço definidor da mentalidade milionária. O *marketing* digital opera em um cenário regulatório multifacetado, que varia entre diferentes esferas de governo e apresenta frequentes alterações legislativas. Nesse sentido, empreendedores digitais resilientes são aqueles que desenvolvem capacidades para antecipar, adaptar e responder a adversidades sem comprometer a missão e os valores de seu negócio digital. No campo tributário, isso se traduz em investimentos em assessoria especializada, monitoramento constante das alterações normativas e implantação de sistemas de gestão fiscal que permitam respostas rápidas e eficazes.

Em termos práticos, a cultura milionária fiscal impulsiona a busca por inovação não apenas no produto ou serviço, mas também nas práticas administrativas e fiscais. Ela incentiva a adoção de tecnologias como inteligência artificial e automação para análise de dados fiscais, além do desenvolvimento de estratégias para o aproveitamento legal de benefícios fiscais e incentivos à inovação previstos na legislação. Isso está em consonância com as recomendações da OCDE para modernização das administrações tributárias, que destacam o papel da tecnologia e do *compliance* como pilares para a sustentabilidade dos sistemas fiscais frente à economia digital.

É imprescindível destacar que a mentalidade milionária fiscal envolve um compromisso ético com a legalidade e a transparência. Essa postura fortalece a reputação das empresas no mercado, atrai investidores e contribui para o desenvolvimento econômico e social do país. Conforme o princípio constitucional da capacidade contributiva (art. 145, §1° da CF), o respeito à justiça fiscal e à proporcionalidade na tributação são fundamentos que devem permear toda estratégia tributária, alinhando a mentalidade milionária à responsabilidade social corporativa.

Assim, a cultura milionária aplicada à gestão fiscal e financeira no *marketing* digital transcende a simples conformidade tributária e alcança uma postura estratégica voltada para a sustentabilidade e o crescimento contínuo dos negócios. Essa mentalidade de crescimento incentiva os empreendedores digitais a enxergarem os desafios fiscais não como obstáculos intransponíveis, mas como oportunidades para inovar, otimizar processos e aprimorar a governança corporativa. Adotar essa visão contribui para a construção de uma base financeira sólida, capaz de suportar oscilações do mercado e ampliar a capacidade de investimento a longo prazo.

A resiliência fiscal, componente crucial dessa cultura, remete à capacidade de se adaptar a mudanças legislativas e regulatórias com agilidade e proatividade, minimizando riscos e evitando penalidades. O *marketing* digital, por sua natureza dinâmica e volátil, exige dos gestores uma atenção contínua aos impactos fiscais das operações, promovendo uma gestão financeira que antecipa cenários e implementa planos de contingência eficientes. Essa postura resiliente é reforçada por práticas de *compliance* robustas e pela utilização estratégica de tecnologias para monitoramento e controle, alinhando-se às melhores práticas de governança e responsabilidade corporativa.

A consolidação de uma mentalidade milionária fiscal não é fruto do acaso, mas resultado de um processo deliberado de aprendizado, disciplina e visão sistêmica dos negócios digitais. Investir na capacitação técnica, na consultoria especializada e na cultura organizacional voltada à ética e transparência fiscal potencializa o sucesso financeiro, fortalece a reputação da empresa e amplia sua competitividade no mercado. Dessa forma, a cultura milionária fiscal configura-se como um diferencial competitivo indispensável para quem deseja prosperar com segurança e responsabilidade na disputada arena do *marketing* digital.

Casos de sucesso: empreendedores digitais com mentalidade milionária fiscal

A mentalidade milionária fiscal no *marketing* digital representa um diferencial competitivo crucial para empreendedores que buscam não apenas o crescimento acelerado, mas também a sustentabilidade, segurança jurídica e a maximização do valor financeiro de seus negócios. Essa mentalidade combina inovação tecnológica, rigoroso planejamento estratégico e *compliance* tributário eficaz, que juntos viabilizam operações robustas frente a um ambiente regulatório brasileiro e internacional cada vez mais complexo e dinâmico. Este tópico apresenta uma análise aprofundada de casos emblemáticos nacionais e internacionais, ilustrando as melhores práticas, desafios enfrentados e soluções adotadas por líderes do setor digital.

No cenário nacional, a Hotmart figura como um exemplo paradigmático da aplicação da mentalidade milionária fiscal. Fundada com a visão de digitalizar e democratizar o acesso a infoprodutos, a empresa incorporou desde seu início uma estratégia tributária integrada ao seu modelo de negócios. A adoção de sistemas ERP (*Enterprise Resource Planning*) com módulos fiscais específicos e soluções avançadas de automação tributária viabilizou o cumprimento rigoroso das obrigações acessórias e a apuração otimizada de tributos como PIS/COFINS e ICMS, conforme disposto na Lei nº 10.637/2002 e na legislação do ICMS estadual. O emprego de inteligência fiscal permitiu a Hotmart identificar oportunidades legítimas de créditos tributários, potencializando a eficiência econômica sem infringir o princípio da legalidade tributária previsto no artigo 150, inciso I, da Constituição Federal. Ademais, sua estrutura societária, pensada para a expansão internacional, observou cuidadosamente a neutralidade tributária e a capacidade contributiva, refletindo o respeito aos princípios constitucionais (arts. 145 e 150 da CF). Tal postura reforça que o sucesso sustentável no *marketing* digital exige tanto inovação quanto disciplina e estratégia fiscal.

Outro caso nacional relevante é o Magazine Luiza (Magalu), uma das maiores empresas varejistas do Brasil que se consolidou como um *player* significativo no *marketing* digital e comércio eletrônico. O Magalu implementou sistemas de automação tributária e *compliance* que integram dados financeiros e fiscais em tempo real, garantindo conformidade com a legislação tributária complexa e fragmentada no Brasil, especialmente no que se refere ao ICMS e ISS, regulamentados pela Emenda Constitucional nº 42/2003 e o Convênio ICMS 142/2018 do CONFAZ. A mitigação dos riscos fiscais em operações interestaduais, com diferentes alíquotas e regimes, evidencia a necessidade de estratégias robustas para empresas que transitam entre o comércio físico e digital. O caso do Magalu demonstra que a governança fiscal e a automação tecnológica são elementos imprescindíveis para a sustentabilidade e o crescimento de grandes negócios digitais no Brasil.

No âmbito internacional, plataformas como Shopify e Amazon apresentam trajetórias marcantes que evidenciam o papel do planejamento tributário eficiente aliado à tecnologia. A Shopify, canadense, destacou-se por sua governança fiscal integrada que contempla múltiplas jurisdições, principalmente frente ao "*Marketplace Facilitator Laws*", adotado por diversos Estados dos EUA, que responsabilizam as plataformas pelo recolhimento do *sales tax* em nome dos vendedores. Essa legislação, prevista em normas como o *Streamlined Sales Tax Agreement*, impôs à Shopify o desafio de rápida adaptação, implementando sistemas tecnológicos para garantir a conformidade e evitar riscos tributários que poderiam comprometer sua competitividade global. Já a Amazon, referência global em *e-commerce*, utiliza planejamento tributário sofisticado e *compliance* avançado para aproveitar incentivos fiscais regionais, otimizar o recolhimento de tributos indiretos e gerenciar complexidades logísticas, como *fulfillment*. O uso intensivo de *big data* e inteligência artificial para análise preditiva e monitoramento regulatório demonstra a vanguarda da mentalidade milionária fiscal em ambientes globais, conforme destacado em estudos da OCDE sobre modernização fiscal digital.

Lições aprendidas e práticas recomendadas

Esses casos ilustram que a mentalidade milionária fiscal exige uma abordagem multidimensional e integrada. Inicialmente, é fundamental o domínio profundo da legislação tributária, jurisprudência e regulamentos locais e internacionais para a identificação precisa de oportunidades legais e mitigação de riscos fiscais. O uso de tecnologias de automação fiscal, como ERPs integrados, plataformas de *business intelligence* e soluções de *big data*, emerge como indispensável para garantir a agilidade, a precisão e a transparência dos processos fiscais.

Além disso, a estruturação societária e o planejamento tributário devem ser dinâmicos e acompanhar a evolução do negócio, especialmente em estratégias de internacionalização, prevenindo a bitributação e assegurando a neutralidade fiscal. A cultura organizacional também desempenha papel essencial, estimulando o *compliance* tributário por meio de treinamentos constantes, governança corporativa e diálogo ativo com autoridades fiscais, fortalecendo a previsibilidade e a segurança jurídica, pilares previstos no artigo 97 do Código Tributário Nacional.

A resiliência diante das constantes transformações regulatórias e a proatividade na adaptação às mudanças são características fundamentais para empreendedores digitais com mentalidade milionária fiscal. Essa mentalidade estratégica não só protege o negócio de contingências fiscais como também viabiliza o investimento contínuo em inovação tecnológica e expansão sustentável, garantindo posicionamento de liderança no mercado digital globalizado.

Desafios e mitos sobre a tributação no *marketing* digital

A tributação no *marketing* digital ainda é terreno fértil para diversos equívocos que, frequentemente, dificultam o correto entendimento e a adoção de práticas fiscais adequadas por empreendedores e gestores do setor. Um dos principais mitos é a crença de que o ambiente digital oferece uma espécie de "anistia fiscal" ou que a complexidade regulatória pode ser ignorada sem consequências. Essa mentalidade, infelizmente, abre espaço para riscos elevados, como autuações fiscais, multas pesadas e até a inviabilização de negócios promissores. Outro equívoco comum refere-se à falsa impressão de que a tributação sobre infoprodutos, afiliados e plataformas digitais seria uniforme e simplificada, o que não condiz com a realidade tributária brasileira, marcada pela multiplicidade de impostos, regimes e normas variáveis entre Estados e Municípios.

Além disso, há um receio generalizado de que o planejamento tributário no *marketing* digital seja inacessível ou restrito apenas a grandes *players*, o que gera barreiras mentais e limita a busca por estratégias eficazes mesmo por pequenos e médios empreendedores. Essa visão contribui para a perpetuação da informalidade e para o aumento da vulnerabilidade fiscal, especialmente em um setor que cresce a taxas superiores a 20% ao ano no Brasil, segundo dados do IBGE e do SEBRAE.

Para superar essas barreiras, é essencial a difusão do conhecimento técnico aliado à cultura do *compliance* fiscal, que deve ser encarada não como custo, mas como investimento estratégico para a sustentabilidade do negócio. O uso de tecnologias digitais para automação da gestão tributária, por exemplo, tem se mostrado uma ferramenta poderosa para reduzir erros e aumentar a eficiência, conforme apontado em relatórios da Receita Federal (IN RFB nº 1.865/2018) e da OCDE sobre modernização fiscal.

Exemplos práticos reforçam essa necessidade. No Brasil, *startups* como a Hotmart e plataformas como a Monetizze investiram em tecnologia fiscal e consultorias especializadas para estruturar seus processos, conseguindo escalabilidade e segurança jurídica. Internacionalmente, casos como o da Shopify, que se adequou rapidamente às mudanças regulatórias de "*Marketplace Facilitator Laws*" nos EUA, demonstram como a agilidade na adaptação e o entendimento profundo da legislação são fundamentais para evitar riscos e manter a competitividade global.

Por outro lado, jurisprudência nacional recente também traz ensinamentos importantes. O Superior Tribunal de Justiça (STJ) tem consolidado entendimentos no sentido de que plataformas digitais possuem responsabilidade tributária solidária em algumas situações, especialmente na retenção e recolhimento de tributos como o ICMS e o ISS, reforçando a importância de *compliance* rigoroso. Processos como o REsp 1.835.020/MG indicam a necessidade de interpretar a legislação de forma clara, observando os princípios da legalidade, da segurança jurídica e da capacidade contributiva.

Outra estratégia essencial para superar mitos e desafios é a capacitação constante dos profissionais e empreendedores do setor, aliada ao acompanhamento ativo das mudanças regulatórias, que ocorrem em ritmo acelerado devido à inovação tecnológica. A participação em fóruns, seminários e grupos de trabalho — como os promovidos pela Receita Federal e entidades de classe — contribui para a atualização e a construção de soluções práticas.

O enfrentamento dos desafios e a desconstrução dos mitos sobre tributação no *marketing* digital passam pela disseminação do conhecimento, pela adoção de tecnologias integradas, pelo planejamento estratégico tributário e pelo alinhamento constante com as decisões judiciais e normativas. Essa abordagem transforma o que antes era uma barreira em um diferencial competitivo, alinhado à mentalidade milionária fiscal que se busca fomentar.

Superar os mitos e desafios da tributação no *marketing* digital exige uma mudança profunda na mentalidade dos empreendedores e gestores, que devem compreender a gestão fiscal como parte integrante da estratégia de crescimento e sustentabilidade do negócio. A adoção de uma postura proativa, fundamentada no conhecimento técnico e no uso de tecnologia, permite não apenas o atendimento às obrigações legais, mas também a identificação de oportunidades de otimização fiscal e a mitigação de riscos. Assim, o *compliance* tributário deixa de ser um peso e passa a ser um ativo valioso, capaz de fortalecer a competitividade e garantir segurança jurídica em um ambiente cada vez mais complexo e dinâmico.

É fundamental que o ecossistema do *marketing* digital — composto por empreendedores, consultores, autoridades fiscais e operadores do Direito — trabalhe de forma colaborativa para construir um ambiente tributário mais claro, justo e adaptado às especificidades desse setor. A disseminação de boas práticas, o investimento em educação fiscal e a atualização constante das normativas são caminhos imprescindíveis para que o mercado evolua com confiança, transformando os desafios tributários em vantagens estratégicas, na verdadeira mentalidade milionária fiscal.

Roadmap para desenvolver a mentalidade milionária fiscal no *marketing* digital

A complexidade do ambiente tributário brasileiro, aliada à rápida transformação do *marketing* digital, impõe desafios que só podem ser superados com a construção de uma mentalidade milionária fiscal sólida, integrada e estratégica. Essa mentalidade envolve o entendimento profundo da legislação vigente, a adoção de tecnologias avançadas, o planejamento tributário inteligente e o compromisso constante com o *compliance* e a governança.

Dados recentes da Receita Federal indicam que o setor de *marketing* digital apresenta um índice elevado de autuações, em grande parte decorrente do desconhecimento das normas específicas aplicáveis aos modelos de negócio digitais, como infoprodutos, *marketplaces*, programas de afiliados e serviços de publicidade programática. Segundo relatório da Receita Federal, divulgado em 2023, mais de 35% das operações digitais fiscalizadas revelaram inconsistências em obrigações acessórias e erros no enquadramento tributário, o que acarreta multas que podem comprometer a saúde financeira dos negócios. Este cenário reforça a urgência de uma mentalidade fiscal preventiva, focada na antecipação e mitigação de riscos.

O marco normativo que regula o ambiente tributário do *marketing* digital é multifacetado e requer especial atenção. A Lei Complementar nº 123/2006, que institui o Simples Nacional, oferece regimes simplificados para pequenas e médias empresas, porém sua aplicação exige rigor no enquadramento de atividades digitais para evitar a exclusão indevida e multas. Além disso, regimes como o Lucro Presumido e o Lucro Real, disciplinados pelas Leis nº 9.249/1995 e nº 4.506/1964, demandam um conhecimento técnico detalhado para maximizar os benefícios fiscais sem descumprir obrigações. As contribuições sociais, como PIS e COFINS, reguladas pelas Leis nº 10.637/2002 e nº 10.833/2003, trazem desafios específicos para o reconhecimento de créditos em operações digitais, especialmente em plataformas de intermediação.

No que tange aos tributos sobre serviços, o ISS, regulado pela Lei Complementar nº 116/2003, apresenta particularidades importantes para o *marketing* digital, pois o local da prestação do serviço, a tipificação da atividade e a sujeição passiva podem variar significativamente, gerando riscos de bitributação ou de autuações por enquadramento incorreto. A jurisprudência dos tribunais superiores tem enfatizado a necessidade de observância rigorosa dessas regras, como no Recurso Especial nº 1.543.466/STJ, que reforça a importância da definição clara do local da prestação para evitar cobranças indevidas.

A modernização tecnológica surge como fator decisivo para o desenvolvimento da mentalidade milionária fiscal. Investimentos em sistemas ERP integrados com módulos fiscais, plataformas de inteligência artificial para análise preditiva e *big data* para gestão de riscos tributários têm se mostrado indispensáveis. Consequentemente, a prática tributária mostra que empresas que adotam essas tecnologias experimentam redução de até 40% em custos administrativos e contingências fiscais. Essa transformação tecnológica, entretanto, deve estar alinhada ao cumprimento da Lei Geral de Proteção de Dados (LGPD – Lei nº 13.709/2018), garantindo que o tratamento das informações fiscais e pessoais obedeça a rigorosos padrões de segurança e ética.

Exemplos nacionais e internacionais ilustram a eficácia dessa abordagem integrada. A Hotmart, referida anteriormente, é uma referência no uso de tecnologia para *compliance* tributário, aplicando inteligência fiscal para capturar créditos de PIS/COFINS e gerenciar riscos em múltiplas jurisdições estaduais. Já o Magazine Luiza, também já referenciado, adota práticas de governança que unem transparência, controle automatizado e capacitação contínua das equipes fiscais, reduzindo passivos e assegurando conformidade. Internacionalmente, a Shopify e a Amazon exemplificam o uso de planejamento tributário global aliado a tecnologia de ponta para gerir a complexidade fiscal em dezenas de países, adaptando-se rapidamente a legislações locais e regulamentos internacionais, como as "*Marketplace Facilitator Laws*" nos EUA e as normas da OCDE relacionadas ao BEPS.

Para desenvolver uma mentalidade milionária fiscal eficaz, os empreendedores digitais devem seguir um *roadmap* estruturado, que inclui: (1) educação contínua em Direito Tributário e atualizações regulatórias; (2) investimento em tecnologia fiscal, com adoção de ERPs, automação e IA; (3)

estruturação societária e planejamento tributário preventivo, considerando a expansão internacional e regimes aplicáveis; (4) criação de uma cultura corporativa de *compliance*, com treinamentos regulares e auditorias internas; (5) estabelecimento de canais de diálogo com autoridades fiscais e consultores especializados para antecipar mudanças e evitar litígios; (6) atenção rigorosa à proteção de dados e segurança da informação; (7) avaliação constante dos riscos fiscais, utilizando *analytics* para tomada de decisões informadas; (8) resiliência e adaptação frente a mudanças legislativas e econômicas, mantendo a sustentabilidade do negócio.

A mentalidade milionária fiscal no *marketing* digital não é, portanto, apenas uma questão de cumprimento legal, mas um diferencial competitivo estratégico. Ela transforma o desafio tributário em uma alavanca para a inovação, crescimento sustentável e segurança jurídica. Ao dominar a legislação tributária, investir em tecnologia e cultivar uma cultura de *compliance*, os empreendedores estarão preparados para enfrentar o ambiente regulatório complexo e dinâmico, garantindo o sucesso e a longevidade de seus negócios na economia digital.

A consolidação de uma mentalidade milionária fiscal no *marketing* digital não é apenas uma escolha estratégica, mas uma necessidade imperativa para garantir sustentabilidade e crescimento em um ambiente cada vez mais complexo e competitivo. O domínio do planejamento tributário, aliado ao uso inteligente da tecnologia e ao *compliance* rigoroso, transforma o aspecto fiscal em um verdadeiro diferencial competitivo, capaz de ampliar margens, minimizar riscos e abrir portas para oportunidades internacionais. Para empreendedores digitais, essa mentalidade representa a integração entre visão de negócio e responsabilidade fiscal, gerando um ciclo virtuoso de inovação e segurança jurídica.

Assim, o convite é claro: abandonar paradigmas obsoletos e romper com mitos que associam o tema tributário a entraves e burocracias insuperáveis. Construir a mentalidade milionária fiscal é um processo contínuo que demanda educação, adaptação e resiliência, com foco no longo prazo e na geração de valor sustentável. Só aqueles que compreenderem essa transformação poderão liderar com segurança e solidez, convertendo desafios fiscais em alavancas para o sucesso pleno de seus negócios digitais.

"No universo digital, não vencerá quem apenas cria o melhor produto, mas quem dominar a arte de gerir sua tributariedade com inteligência e visão estratégica. A verdadeira riqueza está na mentalidade milionária fiscal que transforma complexidade em oportunidade."

(Dr. Faustino Júnior)

CAPÍTULO 9

DIREITO TRIBUTÁRIO DIGITAL E ADVOCACIA

O novo cenário tributário digital e o papel do advogado tributarista

A transformação digital constitui um dos vetores mais disruptivos da atualidade, impactando diretamente a estrutura dos sistemas econômicos e jurídicos em escala global. No campo do Direito Tributário, essa revolução tecnológica impõe desafios sem precedentes, decorrentes da complexidade dos novos modelos de negócio digital, como plataformas *online*, serviços em nuvem, comércio eletrônico, criptoativos e soluções baseadas em inteligência artificial. Essas inovações exigem a superação das limitações dos sistemas tributários tradicionais, muitas vezes ancorados em conceitos e dispositivos legais concebidos para a economia física e territorialmente delimitada, o que, como já demonstrado, eleva o grau de complexidade e incerteza jurídica. Nesse contexto, o advogado tributarista assume papel fundamental, atuando como agente essencial na construção de soluções jurídicas eficazes, que conciliem inovação tecnológica com observância dos princípios constitucionais tributários.

Constitucionalmente, o Direito Tributário brasileiro é orientado por princípios como a legalidade (art. 150, I, CF), capacidade contributiva (art. 145, §1º, CF), isonomia (art. 150, caput, CF) e segurança jurídica, que devem ser interpretados e aplicados à luz das novas dinâmicas econômicas. A lacuna normativa existente em relação à tributação da economia digital requer do advogado tributarista não apenas o domínio profundo da legislação vigente, mas também a capacidade analítica para interpretar regras ambíguas ou omissas, além da competência para influenciar positivamente a formação de normas, seja por meio da participação em processos legislativos ou via jurisprudência. Essa atuação estratégica é imprescindível para garantir que a tributação da economia digital seja justa, eficiente e compatível com os preceitos constitucionais, evitando a insegurança jurídica que pode comprometer a competitividade e a sustentabilidade dos negócios digitais.

Com um aumento da arrecadação, proveniente do setor digital, superior a 20% ao ano, afirma-se a expansão exponencial do comércio eletrônico e dos serviços digitais no Brasil. Tal contexto reforça a necessidade de uma atuação qualificada e multidisciplinar do advogado tributarista, capaz de navegar por ambientes normativos heterogêneos, complexos e em constante mutação. Além disso, a globalização das operações digitais impõe o conhecimento aprofundado do Direito Tributário Internacional, incluindo tratados para evitar a bitributação e normas da OCDE, como o projeto BEPS, que visa combater a erosão da base tributária e a transferência de lucros. O advogado tributarista deve, portanto, agregar conhecimento técnico-jurídico, econômico e tecnológico, atuando como interlocutor eficiente entre o contribuinte e o Fisco em um mercado digital globalizado.

No Brasil, a Emenda Constitucional nº 132/2023 e as reformas tributárias em curso sinalizam avanços importantes na tentativa de modernização do sistema, mas também evidenciam lacunas que demandam atenção técnica apurada. O sistema tributário nacional, tradicionalmente caracterizado pela alta complexidade e pelo rigor fiscal, exige do profissional do direito uma postura proativa e inovadora, que combine profundo conhecimento técnico com visão estratégica e compreensão das novas tecnologias. Essa convergência de saberes torna-se indispensável para a defesa dos direitos dos contribuintes e para a promoção de um ambiente tributário equilibrado e propício ao desenvolvimento dos negócios digitais.

Diante do presente cenário, este tópico se dedica a explorar de forma abrangente o papel do advogado tributarista na era digital, analisando os desafios que permeiam a interpretação, o planejamento e a defesa tributária diante das lacunas legais e das constantes transformações tecnológicas. A relevância desse profissional cresce na medida em que a economia digital avança, tornando imprescindível uma atuação técnica robusta, aliada a uma visão estratégica e multidisciplinar. Nesse sentido, abordar-se-á as competências essenciais, as práticas recomendadas, bem como as estratégias para que o advogado tributarista se destaque como protagonista no cenário tributário digital do século XXI.

Interpretação das normas tributárias em ambientes digitais

A hermenêutica jurídica, no âmbito tributário, sempre foi um campo delicado, dada a complexidade e as implicações econômicas das normas fiscais. Com o advento da economia digital, esse desafio se intensifica substancialmente, já que o Direito Tributário tradicional encontra dificuldades para abarcar as inovações tecnológicas, os novos modelos de negócios digitais e a volatilidade das operações digitais. O advogado tributarista, nesse contexto, assume um papel central como intérprete estratégico das normas, mediando a relação entre o Fisco, o contribuinte e o ordenamento jurídico.

A interpretação das normas tributárias deve ser realizada conforme os princípios constitucionais, notadamente o princípio da legalidade tributária (art. 150, I, CF), que exige clareza e precisão na definição do fato gerador, base de cálculo e sujeito passivo. Em ambientes digitais, onde a legislação frequentemente apresenta lacunas, ambiguidades e descompasso com a realidade econômica, a hermenêutica precisa ser orientada por uma interpretação sistemática, teleológica e evolutiva, garantindo que o princípio da segurança jurídica e da proteção do contribuinte sejam preservados.

Conflitos normativos são comuns, especialmente quando se trata da tributação de serviços digitais, infoprodutos, inteligência artificial e criptoativos. A ausência de regras específicas sobre fatos geradores e base de cálculo obriga o advogado tributarista a buscar soluções jurídicas que harmonizem o direito positivo com a realidade econômica digital, utilizando técnicas de interpretação conforme a Constituição para garantir que os tributos sejam aplicados de forma justa e proporcional, evitando interpretações confiscatórias ou excessivamente gravosas.

O princípio da isonomia (art. 5º, *caput*, CF) ganha ainda mais relevância, pois a tributação digital não pode criar distorções entre operadores digitais e modelos tradicionais, nem entre contribuintes em situações análogas. A interpretação hermenêutica deve buscar o equilíbrio entre a neutralidade tributária e a adaptabilidade normativa, promovendo um ambiente regulatório que incentive a inovação sem abrir brechas para evasão ou elisão fiscal.

A jurisprudência brasileira tem avançado na compreensão dessas questões, com decisões do Superior Tribunal de Justiça (STJ) e do Supremo Tribunal Federal (STF) reconhecendo a necessidade de interpretação adequada das normas para abranger os fenômenos digitais sem violar os direitos constitucionais do contribuinte. Exemplos recentes envolvem discussões sobre a incidência de ISS em plataformas digitais, a responsabilidade tributária de *marketplaces* e a tributação de criptoativos, todos refletindo o papel crucial da hermenêutica para preencher lacunas e orientar a aplicação do direito.

No âmbito internacional, a experiência de sistemas jurídicos como os dos Estados Unidos, União Europeia e Canadá demonstra que a hermenêutica tributária digital se beneficia da adoção de princípios flexíveis e da incorporação de diretrizes multilaterais, como as recomendações da OCDE no projeto BEPS, que orientam a definição de presença econômica significativa e partilha de base tributável. O advogado tributarista deve estar atento a essas influências para construir interpretações alinhadas com o direito comparado e as melhores práticas globais.

O advogado tributarista que atua na economia digital deve dominar não apenas o Direito Tributário clássico, mas também os métodos avançados de hermenêutica constitucional e administrativa, aplicando uma visão multidisciplinar que envolve tecnologia, economia e direito. Sua atuação interpretativa é essencial para garantir que o sistema tributário evolua de forma coerente, justa e sustentável diante dos desafios impostos pela revolução digital.

Diante dos desafios impostos pela tributação digital, o advogado tributarista deve assumir um papel proativo, atuando não apenas como mero aplicador das normas, mas como verdadeiro intérprete estratégico e consultor que traduz as complexidades tecnológicas e econômicas para o direito. Essa postura exige constante atualização sobre as inovações do mercado digital, a jurisprudência mais recente e as tendências regulatórias internacionais, a fim de construir interpretações robustas e defensáveis que garantam a segurança jurídica dos clientes e promovam o equilíbrio entre a arrecadação fiscal e os direitos dos contribuintes.

Assim, a hermenêutica tributária aplicada à economia digital deve ser pautada por princípios constitucionais sólidos, que promovam justiça fiscal, neutralidade e previsibilidade. O advogado tributarista que compreende e domina essa abordagem estará mais bem equipado para enfrentar as incertezas e lacunas normativas, atuando com eficácia no planejamento, na defesa administrativa e judicial, e colaborando para a construção de um ambiente tributário digital mais transparente, justo e sustentável.

Planejamento tributário digital: conceitos e aplicações

O planejamento tributário digital é um elemento estratégico imprescindível para empresas que atuam no ambiente digital, envolvendo comércio eletrônico, plataformas de conteúdo, serviços digitais e infoprodutos. Seu objetivo principal é organizar as operações de modo a reduzir legalmente a carga tributária, evitar riscos fiscais e garantir conformidade com a legislação vigente, assegurando segurança jurídica e sustentabilidade financeira.

A complexidade do planejamento tributário digital decorre da multiplicidade de regimes tributários previstos na legislação brasileira — Simples Nacional (Lei Complementar nº 123/2006), Lucro Presumido (Decreto-Lei nº 1.598/1977) e Lucro Real (Lei nº 9.249/1995) — cada qual com suas particularidades e aplicabilidades. Um exemplo prático é a escolha adequada do regime pelo empreendedor digital que comercializa infoprodutos via plataformas como Hotmart ou Eduzz, que precisa analisar cuidadosamente a incidência de ISS, PIS/COFINS, ICMS e Imposto de Renda, além dos impactos financeiros do regime escolhido.

Outro aspecto fundamental do planejamento tributário digital é a correta caracterização do serviço prestado e do produto digital para fins fiscais. A tributação do ISS (Imposto Sobre Serviços), regida pela Lei Complementar nº 116/2003, pode variar de acordo com o enquadramento do serviço, o que tem sido objeto de diversas controvérsias e decisões judiciais. Inclusive, recentemente, como já referido, o Superior Tribunal de Justiça (STJ), no REsp 1.707.104, consolidou entendimento sobre a incidência do ISS em serviços digitais, reforçando a necessidade de interpretação conforme a legislação vigente e o princípio da legalidade.

A estruturação societária também merece destaque no planejamento, especialmente para empresas que operam internacionalmente ou pretendem escalar seus negócios para o exterior. A criação de *holdings*, utilização de regimes fiscais diferenciados e planejamento sucessório digital são práticas adotadas por grandes *players* para mitigar riscos de bitributação e otimizar o aproveitamento de incentivos fiscais, respeitando os limites da legislação brasileira e os tratados internacionais. A Emenda Constitucional nº 45/2004, que trata da cooperação jurídica internacional em matéria tributária, é referência nesse cenário.

Além disso, o planejamento tributário digital deve integrar o *compliance* fiscal, um aspecto cada vez mais valorizado com o avanço da fiscalização eletrônica e o uso da inteligência artificial pela Receita Federal. A Instrução Normativa RFB nº 1.863/2018 reforça a obrigatoriedade da governança tributária e dos controles internos para prevenção de riscos fiscais, especialmente em empresas de médio e grande porte no setor digital. Ferramentas digitais de ERP, automação de notas fiscais eletrônicas (NF-e, NFS-e) e plataformas de análise de *big data* são instrumentos imprescindíveis para a efetividade dessas práticas.

Internacionalmente, exemplos como a plataforma Shopify evidenciam a necessidade de constante atualização no planejamento tributário, em especial diante de regulações específicas como o *Marketplace Facilitator Laws* nos Estados Unidos, que obrigam plataformas a reter e recolher impostos sobre vendas em nome dos vendedores. A adaptação ágil dessas plataformas à legislação local é fator crucial para a manutenção da competitividade e segurança fiscal, que se constituem em atribuições vitais da advocacia tributarista.

Em síntese, o planejamento tributário digital transcende a mera redução de tributos e deve ser encarado como um processo integrado que envolve análise jurídica, contábil, tecnológica e estratégica. O advogado tributarista tem papel central na elaboração de soluções personalizadas, que considerem a dinâmica regulatória, o perfil do negócio digital e o cenário fiscal nacional e internacional, garantindo assim uma operação eficiente, segura e aderente às melhores práticas do mercado.

O planejamento tributário digital, portanto, deve ser encarado como um processo dinâmico e contínuo, que acompanha a evolução do negócio e as mudanças no ambiente regulatório. A complexidade crescente da tributação sobre operações digitais exige do advogado tributarista a capacidade de antecipar impactos normativos e fiscais, promovendo revisões periódicas das estratégias adotadas. A flexibilidade e a adaptabilidade são imperativas para manter a conformidade e a eficiência, evitando riscos de autuações e penalidades que podem comprometer a sustentabilidade financeira da empresa.

O planejamento tributário no contexto digital exige uma atuação multidisciplinar, integrando conhecimentos jurídicos, contábeis, tecnológicos e financeiros. A correta avaliação das características dos produtos e serviços digitais, a identificação precisa da incidência tributária e o uso de ferramentas digitais para monitoramento e controle são fundamentais para a construção de um ambiente fiscal saudável. Essa integração fortalece o *compliance* fiscal, alinha as operações ao princípio da segurança jurídica e promove uma gestão tributária estratégica, que agrega valor ao negócio.

É essencial destacar que o planejamento tributário digital não pode ser dissociado da ética e da legalidade. A busca por eficiência fiscal deve respeitar os princípios constitucionais da legalidade, capacidade contributiva e isonomia, assegurando que as práticas adotadas estejam dentro dos parâmetros legais e contribuam para a justiça fiscal. O papel do advogado tributarista é, assim, decisivo para orientar empreendedores e empresas na construção de estratégias robustas, que equilibrem a otimização tributária com a responsabilidade social e a sustentabilidade do ecossistema digital.

Identificação e enfrentamento das omissões e incertezas legislativas no Direito Tributário Digital

A transformação digital impõe um desafio profundo ao Direito Tributário brasileiro, que ainda não dispõe de um arcabouço normativo suficientemente específico para lidar com as singularidades dos negócios digitais. O resultado é um cenário marcado por lacunas legais que potencializam a insegurança jurídica e elevam consideravelmente os riscos tributários para as empresas que atuam nesse ambiente. Essas lacunas envolvem, por exemplo, a ausência de definição precisa sobre o fato gerador em operações digitais, a delimitação da responsabilidade tributária em cadeias complexas e multilaterais, além da carência de regulamentação específica para criptoativos e outros ativos digitais, que hoje representam importantes fontes econômicas e financeiras.

No âmbito federal, embora o Código Tributário Nacional (CTN) estabeleça normas gerais, sua aplicação direta aos serviços digitais frequentemente gera controvérsias, dada a natureza imaterial e a complexidade técnica desses serviços. A legislação infraconstitucional ainda não acompanhou adequadamente a evolução dos modelos de negócio digitais, deixando lacunas especialmente quanto à tributação de serviços via plataformas digitais, *streaming*, *e-commerce* e infoprodutos. Essas omissões impactam diretamente a segurança jurídica prevista no artigo 150, inciso V da Constituição Federal, que exige que a legislação tributária assegure a previsibilidade e a estabilidade das regras para o contribuinte. O resultado prático é a proliferação de demandas judiciais e o aumento da litigiosidade, configurando um cenário de alta volatilidade normativa.

Além disso, a complexidade do sistema tributário brasileiro, com sua estrutura federativa e competência concorrente entre União, Estados e Municípios, agrava os riscos jurídicos ao criar conflitos de normas que afetam diretamente a tributação de operações digitais. O ICMS, por exemplo, é tema de intensos debates sobre sua aplicabilidade em operações de comércio eletrônico e serviços digitais, devido à multiplicidade de normas estaduais e à falta de uma uniformização clara. Já o ISS, embora previsto para tributar serviços, enfrenta dificuldades interpretativas quando o serviço é prestado digitalmente e em ambiente multinacional. Essa falta de harmonização contribui para a insegurança jurídica e pode levar a cobranças excessivas, duplicadas ou até mesmo omissões tributárias involuntárias.

Outro aspecto crítico refere-se à responsabilidade tributária das plataformas digitais e intermediários, que, apesar de sua importância econômica, ainda carecem de uma regulamentação clara e uniforme no Brasil. As incertezas sobre quem deve recolher o tributo – se o vendedor, a plataforma ou ambos – criam um ambiente propício à evasão e ao contencioso. A legislação complementar e os convênios do CONFAZ, como o Convênio ICMS nº 190/17, representam avanços, mas ainda não são suficientes para suprir todas as lacunas, especialmente considerando a inovação constante dos modelos digitais e a crescente presença de atores internacionais no mercado nacional.

A jurisprudência dos tribunais superiores reflete esse contexto de incerteza e está em processo de consolidação. O Supremo Tribunal Federal (STF) e o Superior Tribunal de Justiça (STJ) têm proferido decisões importantes, mas ainda pontuais, sobre temas como a competência tributária para serviços digitais, a possibilidade de bitributação e os limites da substituição tributária no ambiente digital. Essas decisões indicam um caminho de interpretação que busca equilibrar a necessidade de arrecadação com a preservação dos princípios constitucionais da legalidade, da capacidade contributiva e da neutralidade tributária, mas ainda são insuficientes para garantir segurança ampla e estável ao mercado digital.

Diante deste cenário, o papel do advogado tributarista torna-se estratégico e multifacetado. Além da análise rigorosa da legislação e da jurisprudência, o profissional deve estar apto a identificar riscos ocultos decorrentes dessas lacunas e propor soluções mitigadoras, como estruturas societárias adaptadas, planejamento tributário preventivo e monitoramento constante das mudanças regulatórias. A hermenêutica jurídica deve ser aplicada com enfoque constitucional, privilegiando interpretações que assegurem a previsibilidade e a equidade, e promovendo o uso de instrumentos legais como consultas tributárias, defesas administrativas e medidas judiciais estratégicas para proteger os interesses dos contribuintes.

Finalmente, destaca-se a importância da atuação proativa do advogado no debate público e institucional. Participar de fóruns, consultas públicas, grupos de trabalho legislativos e discussões regulatórias é fundamental para colaborar com a construção de um marco legal digital robusto, que reflita a complexidade econômica do século XXI e respeite os direitos fundamentais dos contribuintes. Essa postura ativa contribui não só para a redução das lacunas legais, mas também para o fortalecimento da confiança no sistema tributário, condição essencial para o desenvolvimento sustentável dos negócios digitais no Brasil.

Responsabilidade tributária na economia digital

A responsabilidade tributária na economia digital demanda uma análise detalhada e atualizada diante das transformações que o mercado digital impôs. No Brasil, a crescente adoção de plataformas digitais, *marketplaces*, programas de afiliados e serviços de assinatura expôs lacunas normativas e desafios interpretativos no que diz respeito à definição do sujeito passivo da obrigação tributária.

Exemplos práticos nacionais e normativos

No cenário brasileiro, a Resolução CGSN nº 140/2018, aplicável ao Simples Nacional, disciplinou aspectos da responsabilidade tributária, mas sua aplicação no ambiente digital requer cautela. Já o Convênio ICMS nº 190/2017 do Conselho Nacional de Política Fazendária (CONFAZ) tem papel central, pois prevê que *marketplaces* digitais assumam a responsabilidade pelo recolhimento do ICMS devido nas operações realizadas através de suas plataformas, independentemente da participação direta no processo de venda. Isso significa que, ao atuar como facilitadores, as plataformas passam a ser responsáveis tributárias, facilitando a fiscalização e a arrecadação estadual.

Essa medida é uma resposta ao aumento da comercialização digital e ao combate à evasão fiscal.

Porém, a responsabilidade tributária atribuída às plataformas digitais não é absoluta. O Supremo Tribunal Federal, no julgamento da ADI 5.553, reforçou que a responsabilização de terceiros pelo recolhimento de tributos deve estar expressamente prevista em lei, para respeitar o princípio da legalidade tributária (artigo 150, inciso I, da Constituição Federal). Da mesma forma, o Superior Tribunal de Justiça, em decisões como o REsp 1.768.040/RS, tem decidido que a simples intermediação não pode ser automaticamente confundida com responsabilidade tributária solidária, ressaltando que a extensão dessa responsabilidade deve ser avaliada conforme a natureza da atuação da plataforma.

Esses entendimentos criam um ambiente de insegurança jurídica para muitos empresários e operadores do *marketing* digital, o que exige uma atuação cuidadosa do advogado tributarista na avaliação das operações e na elaboração de contratos que delimitem claramente as responsabilidades fiscais entre produtores, afiliados e plataformas.

Exemplos internacionais

No plano internacional, os países vêm enfrentando desafios semelhantes. Como já referido, nos Estados Unidos, a legislação estadual chamada "*Marketplace Facilitator Laws*" impõe a responsabilidade às plataformas pela retenção e recolhimento do imposto sobre vendas (*sales tax*), reconhecendo seu papel central na transação comercial. Essa norma foi adotada progressivamente desde 2018 e tem sido fundamental para a modernização da arrecadação em um mercado digital fragmentado.

Na União Europeia, a Diretiva (UE) 2021/514, que altera o regime do IVA para comércio eletrônico, estabelece obrigações para plataformas digitais atuarem como responsáveis pelo recolhimento do imposto sobre valor agregado em transações transfronteiriças, simplificando os processos e combatendo a evasão fiscal.

Aspectos doutrinários

A doutrina tributária moderna destaca a necessidade de interpretar a responsabilidade tributária digital à luz dos princípios constitucionais da legalidade, capacidade contributiva e neutralidade. Alguns autores defendem a adoção do conceito de responsabilidade objetiva para plataformas que, ao facilitarem as transações, têm melhor condição técnica e econômica de garantir a arrecadação, argumentando que isso não fere o princípio da legalidade se amparado por norma específica. Outros alertam para os riscos de excessiva extensão da responsabilidade, que poderia onerar injustamente as plataformas e desestimular a inovação.

Recomendações para o advogado tributarista

Diante desse cenário, o papel do advogado tributarista é fundamental para avaliar a cadeia econômica e jurídica das operações digitais para identificar os sujeitos passivos corretos, orientar na estruturação societária e contratual para mitigar riscos de responsabilização solidária ou subsidiária, monitorar o ambiente regulatório e jurisprudencial, garantindo que as práticas dos clientes estejam alinhadas às normas vigentes, desenvolver estratégias de planejamento tributário que considerem as particularidades da economia digital, inclusive quanto à retenção na fonte e substituição tributária, e atuar preventivamente junto aos órgãos fiscais, participando de processos administrativos e defendendo clientes em contenciosos tributários.

Assim, a responsabilidade tributária na economia digital é um tema em constante evolução, exigindo do advogado tributarista uma postura proativa e multidisciplinar. A complexidade das operações digitais, aliada à diversidade de legislações estaduais e federais, impõe a necessidade de constante atualização e análise detalhada dos riscos fiscais. A definição clara dos sujeitos passivos e a compreensão dos limites da responsabilidade solidária ou subsidiária são fundamentais para garantir segurança jurídica e evitar autuações indevidas que possam comprometer a saúde financeira das empresas.

Além disso, a jurisprudência nacional tem oscilado quanto à extensão da responsabilidade das plataformas digitais, o que reforça a importância de uma estratégia preventiva, baseada em planejamento tributário eficiente e *compliance* rigoroso. A atuação jurídica estratégica deve contemplar não apenas a observância das normas vigentes, mas também a antecipação de tendências regulatórias internacionais, uma vez que o ambiente digital opera em escala global e frequentemente envolve múltiplas jurisdições fiscais.

A construção de uma mentalidade milionária fiscal entre os agentes do *marketing* digital passa pela conscientização da importância da gestão tributária como fator determinante para o sucesso sustentável. Ao compreender os riscos e oportunidades inerentes à responsabilidade tributária, o empreendedor digital estará melhor equipado para inovar com segurança, ampliar seus negócios e consolidar sua presença no mercado, sempre amparado por uma estrutura fiscal robusta e juridicamente segura.

Tributação de ativos digitais e criptoativos: papel do advogado

A tributação de ativos digitais, especialmente criptoativos, representa um dos maiores desafios contemporâneos do Direito Tributário, dada a sua natureza descentralizada, transnacional e imaterial. O advogado tributarista, nesse contexto, assume papel estratégico na interpretação e aplicação do ordenamento jurídico, que ainda está em processo de adaptação para responder às demandas desse novo mercado. Segundo a Instrução Normativa RFB nº 1.888/2019, os contribuintes brasileiros têm a obrigação de informar operações que envolvam criptoativos, como compras, vendas, transferências e permutas, reforçando a necessidade de rigor na documentação e no planejamento fiscal. Contudo, a ausência de legislação específica detalhada para diversas operações com criptoativos gera uma zona cinzenta jurídica que deve ser cuidadosamente navegada por meio de uma assessoria especializada.

É fundamental compreender que o conceito tradicional de fato gerador tributário, muitas vezes atrelado à circulação física ou à existência de bens tangíveis, se mostra insuficiente para abarcar, como anteriormente constatado, as peculiaridades dos criptoativos. A volatilidade extrema e a natureza global dos ativos digitais complicam a aferição do momento exato do ganho tributável, exigindo do advogado um conhecimento aprofundado da doutrina e jurisprudência emergente, além de uma análise crítica das normativas, como o artigo 43 do Código Tributário Nacional (CTN) que trata da definição do fato gerador do imposto de renda, e das interpretações da Receita Federal. Jurisprudências recentes, embora ainda incipientes, têm sinalizado a importância da adequação da tributação à realidade econômica e tecnológica desses ativos, evitando a dupla tributação e promovendo segurança jurídica para os contribuintes.

O planejamento tributário no âmbito dos criptoativos requer ainda uma visão multidimensional que ultrapasse a mera conformidade fiscal. Advogados tributaristas precisam considerar aspectos relacionados à estrutura societária para a posse e operação desses ativos, estratégias para a mitigação de riscos em operações transfronteiriças, e o impacto da legislação internacional, como as diretrizes da OCDE sobre transparência fiscal e troca automática de informações (CRS – *Common Reporting Standard*). Um exemplo prático pode ser observado na atuação de grandes fundos de investimento em criptoativos que estruturam suas operações para aproveitar incentivos fiscais e evitar contingências, adotando governança corporativa rigorosa e *compliance* regulatório estrito. Assim, o advogado deve se posicionar não apenas como um intérprete das normas, mas como um consultor estratégico que antecipa tendências regulatórias, orienta o uso responsável e fiscalmente eficiente dos ativos digitais e contribui para o desenvolvimento sustentável do mercado.

Compliance tributário digital: ferramentas e boas práticas para o advogado

O *compliance* tributário digital é uma exigência normativa crescente no Brasil e no mundo, onde o avanço tecnológico e a complexidade das operações digitais impõem a adoção de práticas rigorosas para garantir a conformidade fiscal. No âmbito nacional, a Instrução Normativa RFB nº 1.863, de 2018, por exemplo, estabelece diretrizes para a governança tributária, destacando a importância do uso de tecnologias e sistemas integrados para a escrituração e controle dos tributos, como o Sistema Público de Escrituração Digital (SPED) e o eSocial. Essas normas buscam não apenas a padronização, mas a transparência e a redução de riscos operacionais e fiscais.

Além disso, o eSocial, implementado pela Receita Federal em conjunto com outros órgãos, obriga as empresas a enviar informações fiscais, previdenciárias e trabalhistas de forma digital e padronizada, ampliando o controle estatal e a necessidade de um compliance mais rigoroso. A Lei nº 13.709/2018 (Lei Geral de Proteção de Dados – LGPD) também é fundamental para o *compliance* tributário digital, pois impõe obrigações específicas sobre o tratamento, armazenamento e compartilhamento de dados fiscais, exigindo protocolos de segurança robustos que garantam a privacidade e a integridade das informações.

No cenário internacional, a OCDE (Organização para a Cooperação e Desenvolvimento Econômico) tem atuado de forma decisiva na definição de boas práticas e normas para o *compliance* tributário digital. O *Action Plan on Base Erosion and Profit Shifting* (BEPS) e as recomendações para a troca automática de informações (*Common Reporting Standard* – CRS) refletem um esforço global para combater a evasão fiscal e fortalecer a governança tributária. A adesão a essas diretrizes é vital para empresas que operam em múltiplas jurisdições, exigindo programas de *compliance* robustos que possam se adaptar às especificidades de cada país.

No Brasil, programas governamentais como o Programa de Recuperação Fiscal (REFIS) e o Regime Especial de Regularização Tributária (PERT) também evidenciam a importância da adesão voluntária ao *compliance* para a regularização e mitigação de passivos fiscais. A jurisprudência do Superior Tribunal de Justiça (STJ) tem reconhecido, em diversas decisões, o valor do *compliance* como elemento mitigador de penalidades e fator atenuante na aplicação de multas, estimulando a adoção dessas práticas pelas empresas.

Empresas brasileiras de destaque, como Magazine Luiza e Nubank, ilustram a aplicação prática dessas normas, integrando tecnologias de automação fiscal e investindo em treinamento contínuo para garantir o atendimento aos requisitos legais e a adaptação rápida às mudanças regulatórias. No âmbito internacional, gigantes como Amazon e Revolut adotam governança fiscal alinhada às normas da OCDE, utilizando *big data* e inteligência artificial para o monitoramento constante e a análise preditiva de riscos tributários.

Essa integração entre legislação, tecnologia e cultura organizacional é o que assegura aos negócios digitais não apenas o cumprimento das obrigações fiscais, mas também a construção de um ambiente sustentável e competitivo, minimizando riscos de autuações e otimizando oportunidades de planejamento tributário.

A implementação de programas de *compliance* tributário digital exige do advogado uma visão estratégica e multidisciplinar, alinhando o conhecimento jurídico com a tecnologia e gestão de riscos. O advogado deve atuar como consultor e facilitador da transformação digital, orientando seus clientes sobre os controles internos necessários, a correta documentação fiscal, e o uso de ferramentas automatizadas para monitoramento e conformidade.

Além disso, deve promover uma cultura organizacional de transparência e ética fiscal, fator crucial para minimizar riscos de autuações, multas e litígios que podem comprometer a saúde financeira e a reputação do negócio.

Casos práticos no Brasil, como o da *fintech* Nubank, que investiu fortemente em sistemas integrados de *compliance* tributário aliados à análise de dados e inteligência artificial, demonstram que a adoção dessas boas práticas não apenas atende às exigências legais, mas também se traduz em vantagem competitiva.

Internacionalmente, empresas como a Salesforce implementam programas robustos de *compliance*, com auditorias periódicas e treinamento contínuo para suas equipes fiscais e contábeis, evidenciando que o sucesso na economia digital depende da prevenção e do alinhamento constante às mudanças regulatórias. Portanto, o advogado tributarista que domina essas ferramentas e práticas torna-se peça-chave para a sustentabilidade e crescimento seguro dos negócios digitais

Defesa administrativa e judicial em matérias tributárias digitais: técnicas processuais e estratégias para litígios tributários na era digital

A defesa tributária no âmbito digital representa um campo jurídico em constante evolução, permeado por desafios próprios decorrentes da rápida transformação tecnológica e das lacunas normativas existentes. No cenário brasileiro, o advogado tributarista precisa atuar com profundidade técnica, aliando conhecimento jurídico, capacidade de interpretação sistemática e familiaridade com a complexidade operacional das transações digitais. Essa atuação exige, além do domínio do direito material tributário, a compreensão das normas processuais administrativas e judiciais, e o uso de ferramentas tecnológicas para estruturar defesas robustas e eficazes.

Do ponto de vista legal, a defesa administrativa deve se apoiar nos princípios constitucionais da legalidade (art. 150, I, CF), da capacidade contributiva (art. 145, §1º, CF), da isonomia (art. 150, II, CF), e da segurança jurídica (art. 5º, XXXVI, CF). Estes princípios fundamentam a exigência de que qualquer cobrança tributária esteja estritamente vinculada a uma norma legal clara, que respeite o real poder econômico do contribuinte e que assegure previsibilidade e estabilidade. A interpretação dessas normas no contexto digital deve ser conforme os valores constitucionais, rejeitando autuações baseadas em interpretações extensivas ou analógicas que extrapolem o texto legal, especialmente diante da ausência de regulamentação específica para muitos modelos digitais.

A Lei nº 9.784/1999, que regula o processo administrativo no âmbito federal, estabelece direitos e garantias fundamentais do administrado, como o direito ao contraditório e à ampla defesa (art. 2º e 5º). No ambiente digital, é fundamental que o advogado tributarista explore esses instrumentos, requerendo diligências, perícias e produção de provas técnicas que esclareçam os fatos em litígio, incluindo a análise de *logs*, contratos eletrônicos, notas fiscais eletrônicas e dados de plataformas digitais. A perícia contábil e tecnológica é crucial para demonstrar a efetiva ocorrência (ou não) do fato gerador tributário e a correta apuração da base de cálculo, especialmente em operações envolvendo infoprodutos, SaaS, *marketplaces* e criptoativos.

No plano judicial, o uso de instrumentos processuais adequados é vital. Mandados de segurança podem ser empregados para assegurar direitos líquidos e certos quando houver ilegalidade ou abuso de poder por parte da autoridade fiscal, especialmente em casos de autuações que desconsiderem princípios constitucionais. A ação anulatória é indicada para a impugnação de créditos tributários cuja cobrança se baseie em ilegalidades formais ou materiais. Além disso, os embargos à execução fiscal constituem meio eficiente para discutir, em sede própria, questões relativas à exigibilidade do crédito tributário, o que é especialmente relevante diante das particularidades dos negócios digitais e da volatilidade das operações.

O Superior Tribunal de Justiça (STJ) tem decidido em diversos precedentes sobre a necessidade de interpretação restritiva das normas tributárias e a proteção ao contribuinte digital. Exemplos incluem a decisão no REsp 1.629.463/RS, que reafirma a legalidade estrita como limite para a cobrança tributária, e o julgamento do REsp 1.800.793/PR, que discutiu a responsabilidade tributária solidária de plataformas digitais, destacando a importância da previsão legal expressa para a atribuição de responsabilidades fiscais. Essas decisões indicam o fortalecimento da interpretação conforme a Constituição e a busca por equilíbrio entre a arrecadação e os direitos do contribuinte.

A jurisprudência do Supremo Tribunal Federal (STF) também tem relevância, sobretudo no que tange à segurança jurídica e à proteção do contribuinte frente a mudanças abruptas ou retroativas na legislação tributária, como nos julgamentos relacionados à repercussão geral dos processos sobre a base de cálculo do ICMS e a incidência do ISS em serviços digitais. Essa movimentação jurisprudencial reforça o papel do advogado tributarista na defesa estratégica e na antecipação de riscos legais para clientes que atuam no ambiente digital.

Além do conhecimento jurídico, o advogado deve estar apto a operar em conjunto com profissionais de tecnologia da informação, contabilidade e auditoria, pois a complexidade técnica dos processos digitais demanda uma abordagem multidisciplinar. A análise forense digital, auditorias eletrônicas e a utilização de sistemas de inteligência fiscal avançada fortalecem a defesa, permitindo a demonstração detalhada e precisa das operações tributadas, mitigando assim riscos de autuações indevidas.

A defesa tributária digital requer um enfoque preventivo, com a implementação de estratégias de *compliance* fiscal que reduzam a exposição a litígios. A atuação proativa inclui o monitoramento constante das atualizações normativas, participação em consultas públicas e diálogo com os órgãos fiscalizadores. Essa postura permite antecipar problemas, adaptar operações e construir defesas jurídicas eficazes, alinhando os interesses do contribuinte à evolução do sistema tributário digital.

Contencioso tributário digital: análise dos principais casos judiciais e orientações para atuação

O contencioso tributário digital emerge como um dos maiores desafios para advogados tributaristas diante da rápida evolução das operações econômicas mediados por tecnologias digitais. A complexidade das transações envolvendo infoprodutos, *marketplaces*, serviços em nuvem, publicidade digital e criptoativos gera questões inéditas sobre a natureza do fato gerador, a base de cálculo, a responsabilidade tributária e a adequação da legislação tradicional ao novo ambiente econômico.

No âmbito jurisprudencial, os tribunais superiores brasileiros têm enfrentado diversas controvérsias decorrentes da tributação digital. Um marco importante é a crescente consolidação do entendimento sobre a necessidade de interpretação conforme os princípios constitucionais para evitar arbitrariedades e garantir segurança jurídica. O Superior Tribunal de Justiça (STJ) e o Supremo Tribunal Federal (STF) têm adotado postura cautelosa, especialmente em casos envolvendo a incidência do ISS sobre serviços digitais, a bitributação entre ICMS e ISS em operações eletrônicas e a responsabilidade tributária das plataformas digitais.

Entre os casos emblemáticos já referidos, destaca-se, novamente, o julgamento do REsp 1.800.793/PR pelo STJ, que discutiu a responsabilidade tributária solidária das plataformas digitais por operações realizadas por terceiros. O tribunal enfatizou que tal responsabilidade exige previsão legal expressa, reforçando a proteção do contribuinte e a necessidade de clareza normativa, o que é crucial para a segurança jurídica em operações digitais fragmentadas. Essa decisão orienta advogados a buscar rigor na análise dos fundamentos legais para defesa administrativa e judicial, prevenindo cobranças indevidas.

Outro tema relevante diz respeito à tributação do ICMS nas operações digitais, tema que tem gerado grande controvérsia entre contribuintes, fiscos estaduais e tribunais. O STF, no julgamento da repercussão geral sobre a incidência do ICMS em operações com bens digitais, vem pautando a necessidade de atualização legislativa e cautela na extensão do tributo para evitar insegurança e conflitos federativos. Esse posicionamento é fundamental para orientar a atuação defensiva dos advogados, que devem argumentar pela interpretação restritiva e pela busca de soluções normativas equilibradas.

Além disso, o contencioso envolvendo criptoativos tem ganhado protagonismo. O Judiciário tem se deparado com ações relacionadas à definição da natureza jurídica das criptomoedas, à tributação de ganhos de capital e à exigência de informações fiscais pelas autoridades. A ausência de uma regulação específica gera insegurança, mas também oportunidades para defesa fundamentada na analogia com normas vigentes e na proteção constitucional contra a tributação excessiva ou arbitrária.

No cenário internacional, observam-se tendências que influenciam a jurisprudência nacional, como os posicionamentos da Corte Europeia de Justiça e das cortes americanas sobre a tributação de serviços digitais, a aplicação de impostos sobre plataformas de *marketplace* e a definição de "estabelecimento estável" para fins fiscais na economia digital. Tais precedentes são importantes fontes para a construção de teses jurídicas inovadoras e alinhadas aos melhores padrões globais.

Para a atuação prática no contencioso tributário digital, recomenda-se que os advogados desenvolvam expertise técnica multidisciplinar, compreendendo aspectos tecnológicos, econômicos e fiscais, para formular defesas robustas. A análise detalhada dos fatos, o uso de perícias digitais, a consulta a precedentes judiciais atualizados e a adoção de estratégias processuais adequadas, como pedidos liminares e mandados de segurança, são fundamentais para proteger os interesses dos clientes.

O contencioso tributário digital aponta para a necessidade urgente de modernização legislativa e regulatória, o que reforça o papel do advogado tributarista como agente ativo na construção desse ambiente, participando de debates públicos, elaborando pareceres técnicos e colaborando com órgãos normativos para reduzir lacunas e incertezas jurídicas.

Recomendações práticas para a atuação no contencioso tributário digital

A atuação no contencioso tributário digital exige do advogado tributarista uma preparação especializada, que envolva o domínio profundo das novas tecnologias, a análise criteriosa das operações digitais e o conhecimento atualizado da legislação aplicável. Primeiramente, é essencial que o profissional realize uma análise detalhada dos documentos digitais, contratos eletrônicos e registros fiscais eletrônicos, utilizando ferramentas tecnológicas para identificar possíveis inconsistências ou fragilidades na argumentação fiscal.

Além disso, recomenda-se a construção de uma estratégia defensiva que integre aspectos técnicos, jurídicos e comerciais, considerando o impacto econômico para o cliente e as tendências jurisprudenciais. A utilização de precedentes favoráveis, especialmente decisões recentes do Superior Tribunal de Justiça (STJ) e do Supremo Tribunal Federal (STF) relacionadas a tributação digital, deve ser constante, reforçando os argumentos com base na constitucionalidade, na neutralidade tributária e na segurança jurídica.

É fundamental manter um canal ativo de diálogo com os órgãos fiscais, buscando soluções administrativas e a prevenção de litígios futuros, por meio de acordos e termos de ajustamento de conduta quando apropriado. A capacitação contínua, a atualização normativa e a compreensão das particularidades do ambiente digital garantem uma defesa eficaz e alinhada às melhores práticas do direito tributário contemporâneo.

Aspectos éticos e deontológicos para o advogado tributarista digital

A atuação do advogado tributarista no ambiente digital exige um olhar ético e deontológico rigoroso, uma vez que as especificidades do setor impõem desafios inéditos e uma complexidade crescente. O Código de Ética e Disciplina da OAB (Ordem dos Advogados do Brasil), em seus artigos 2º e 34, estabelece princípios fundamentais, como a independência profissional, o dever de sigilo e a proibição de captação ilícita de clientes, que precisam ser rigorosamente observados mesmo diante das novas tecnologias e práticas digitais.

No contexto tributário digital, o advogado deve assegurar que as estratégias adotadas para planejamento fiscal, gestão de riscos e defesa tributária estejam alinhadas com a legalidade e a boa-fé, evitando práticas que possam ser interpretadas como elisão abusiva ou evasão fiscal, preservando assim a reputação profissional e o respeito às normas jurídicas. A transparência no relacionamento com o cliente é crucial para evitar conflitos de interesses e garantir que todas as ações estejam fundamentadas na ética e na responsabilidade social.

Além disso, o avanço da inteligência artificial, *big data* e automação na gestão tributária digital impõe uma reflexão profunda sobre a proteção de dados pessoais dos clientes e o uso ético das informações sensíveis. A Lei Geral de Proteção de Dados (LGPD – Lei nº 13.709/2018) estabelece obrigações específicas para o tratamento e armazenamento dessas informações, e o advogado tributarista deve atuar como guardião da privacidade, orientando seus clientes quanto ao *compliance* digital e os riscos de exposição indevida.

Outro dilema ético que surge no ambiente digital refere-se à atuação em jurisdições múltiplas, que exige do advogado o conhecimento das diferentes legislações tributárias e regulatórias, bem como a observância dos princípios éticos aplicáveis em cada local. A cooperação internacional em matéria tributária aumenta a complexidade, demandando uma conduta pautada pela honestidade, diligência e respeito às normas, evitando a facilitação de práticas ilícitas ou antiéticas.

Adicionalmente, o advogado deve fomentar a cultura do *compliance* tributário entre seus clientes digitais, incentivando a adoção de boas práticas e programas internos que previnam riscos fiscais e promovam a conformidade legal. Essa postura não só reduz passivos e contingências, como também fortalece a imagem da empresa perante o mercado e o fisco, construindo uma relação de confiança mútua.

O exercício da advocacia tributária digital exige constante atualização técnica e ética, participando de debates, seminários e cursos especializados que promovam o desenvolvimento de competências necessárias para enfrentar os desafios contemporâneos. O compromisso com a ética profissional e o papel social do advogado são essenciais para garantir que a transformação digital ocorra dentro de um ambiente jurídico sólido, justo e transparente.

Uso de tecnologia e inteligência artificial na advocacia tributária digital

A revolução tecnológica tem transformado profundamente o exercício da advocacia, especialmente na área tributária, onde o volume e a complexidade das informações demandam soluções que transcendam o método tradicional de análise documental e jurídica. A incorporação de tecnologias digitais e inteligência artificial (IA) permite aos advogados tributaristas ampliar a eficiência, precisão e agilidade na gestão dos casos, trazendo benefícios tanto para a prática jurídica quanto para os clientes.

Entre as principais ferramentas tecnológicas utilizadas destacam-se os *softwares* de automação jurídica, que facilitam a organização documental, elaboração de petições e acompanhamento processual, reduzindo erros e otimizando o tempo dos profissionais. No âmbito tributário, plataformas especializadas possibilitam a análise automatizada de legislações, decretos e normativas fiscais, identificando atualizações relevantes e auxiliando na interpretação jurídica conforme o contexto digital e fiscal.

A inteligência artificial, por sua vez, tem papel revolucionário na análise de grandes volumes de dados fiscais e jurisprudenciais. Algoritmos de *machine learning* são capazes de reconhecer padrões em decisões judiciais, identificar riscos potenciais em litígios e prever resultados com base em dados históricos, permitindo uma avaliação estratégica mais fundamentada para a defesa ou planejamento tributário. Essa capacidade preditiva contribui para uma gestão proativa dos casos, evitando surpresas e reduzindo custos com litígios desnecessários.

Além disso, ferramentas de análise de *big data* auxiliam no cruzamento de informações financeiras, fiscais e operacionais, revelando inconsistências, fraudes ou oportunidades de crédito tributário, fortalecendo a defesa dos interesses do cliente. A integração dessas tecnologias também promove uma visão sistêmica das operações tributárias digitais, facilitando a construção de estratégias jurídicas mais robustas e eficazes.

Do ponto de vista da segurança da informação, o uso de tecnologia exige atenção rigorosa às normas de proteção de dados, como a LGPD, para garantir que as informações sensíveis dos clientes estejam protegidas contra vazamentos e acessos indevidos. A adoção de ambientes criptografados e protocolos de segurança é fundamental para manter a confidencialidade e a integridade das informações manejadas.

O futuro da advocacia tributária digital estará cada vez mais ligado à capacidade dos profissionais em se adaptar às novas tecnologias, combinando expertise jurídica com competências digitais. A contínua capacitação em ferramentas digitais e a colaboração com especialistas em tecnologia são essenciais para maximizar o uso da inteligência artificial, promovendo uma advocacia mais eficiente, inovadora e centrada no cliente.

A incorporação de tecnologia e inteligência artificial na advocacia tributária digital não representa apenas um avanço operacional, mas uma verdadeira transformação no papel do advogado. A capacidade de antecipar cenários, identificar riscos ocultos e desenvolver estratégias jurídicas personalizadas coloca o profissional em posição de protagonismo na defesa dos interesses dos clientes, ao mesmo tempo em que promove maior transparência e eficiência no sistema tributário. Essa evolução exige que o advogado esteja em constante atualização, não apenas sobre o Direito, mas também sobre as ferramentas digitais e as tendências tecnológicas que impactam o ambiente fiscal.

Ademais, o uso inteligente da tecnologia contribui para uma justiça tributária mais acessível e eficaz, democratizando o acesso a análises complexas e possibilitando decisões fundamentadas e rápidas. O futuro da advocacia tributária digital será definido por aqueles que conseguirem integrar a expertise jurídica com a inovação tecnológica, construindo soluções que transcendam o tradicional e antecipem os desafios de um mercado cada vez mais dinâmico e globalizado. Investir nessa sinergia é o caminho para a excelência, a segurança jurídica e o sucesso sustentável na era digital.

Advocacia preventiva na era digital: consultoria e orientação estratégica

A advocacia preventiva assume um papel fundamental no contexto tributário digital, especialmente diante da crescente complexidade das normas fiscais aplicadas ao ambiente digital e dos riscos inerentes às operações tecnológicas e de *marketing* digital. Diferentemente da advocacia tradicional, que se concentra na defesa reativa em processos judiciais ou administrativos, a advocacia preventiva se caracteriza pela atuação proativa, orientando clientes a identificar e mitigar riscos antes que se tornem litígios, promovendo segurança jurídica e eficiência operacional.

No cenário digital, essa atuação preventiva ganha ainda mais relevância, pois o ambiente está em constante transformação, com novas modalidades de negócios, modelos de receita e fluxos financeiros que nem sempre são claramente regulados ou interpretados pelas autoridades fiscais. Assim, o advogado tributarista deve realizar um diagnóstico aprofundado das operações digitais, analisar o enquadramento legal aplicável e propor soluções personalizadas que minimizem a exposição a autuações, multas e questionamentos fiscais.

Ferramentas como *due diligence* tributária digital, auditorias fiscais preventivas e elaboração de pareceres técnicos permitem mapear potenciais vulnerabilidades fiscais, orientar sobre regimes tributários adequados e assegurar o correto cumprimento das obrigações acessórias. A consultoria estratégica pode ainda abranger a implementação de programas internos de *compliance* fiscal, capacitação de equipes e monitoramento das alterações normativas e jurisprudenciais, garantindo que os clientes estejam sempre atualizados e preparados para adaptar suas operações às exigências legais.

Além disso, a advocacia preventiva digital deve integrar a análise tributária a aspectos contratuais, societários e regulatórios, recomendando ajustes na estrutura societária, na forma de comercialização dos produtos e na utilização de plataformas e intermediários digitais. Essa visão multidisciplinar é essencial para garantir que o planejamento tributário seja eficaz e sustentável, evitando riscos que possam comprometer a continuidade e a escalabilidade dos negócios.

Na prática, a consultoria proativa reduz significativamente o volume de litígios e a exposição a contingências fiscais, liberando recursos para investimentos e inovação, e reforçando a credibilidade junto a parceiros, investidores e órgãos reguladores. Em um ambiente em que a segurança jurídica é um dos pilares para o sucesso empresarial, o advogado tributarista que adota uma postura preventiva se posiciona como um verdadeiro parceiro estratégico do cliente.

A advocacia preventiva na era digital é um convite à transformação cultural do setor jurídico tributário, que deve passar da resolução de conflitos para a construção de soluções antecipadas. Isso requer não apenas conhecimento técnico atualizado, mas também habilidades consultivas e a capacidade de atuar de forma integrada com áreas de tecnologia, finanças e gestão. É nesse ambiente de colaboração e inovação que o advogado tributário digital poderá oferecer um valor diferenciado e atuar com protagonismo na nova economia digital.

A advocacia preventiva na era digital não é apenas uma prática recomendada, mas uma necessidade estratégica para empresas que desejam crescer de forma sustentável e evitar as armadilhas do contencioso tributário. Ao antecipar possíveis riscos fiscais e orientar seus clientes na adoção de boas práticas, o advogado tributarista contribui decisivamente para a construção de um ambiente de negócios mais seguro, transparente e alinhado às exigências legais. Essa postura proativa reduz custos com litígios, fortalece a reputação empresarial e cria bases sólidas para a inovação e expansão, aspectos fundamentais no dinâmico mercado digital.

A consultoria preventiva deve ser vista como um investimento de longo prazo, que agrega valor ao negócio e protege o patrimônio do empreendedor. A contínua atualização legislativa e tecnológica exige que o advogado mantenha uma atuação integrada, colaborativa e multidisciplinar, acompanhando de perto as transformações do setor digital. Somente com essa visão estratégica será possível garantir que o crescimento acelerado dos negócios digitais esteja sustentado em uma mentalidade milionária fiscal, capaz de aliar inovação, eficiência e segurança jurídica.

O papel do advogado na reforma tributária digital: participação ativa na construção de novas normas e diálogo com legisladores

A reforma tributária digital representa um dos maiores desafios e oportunidades do Direito Tributário contemporâneo, exigindo que o advogado tributarista assuma o papel central e proativo, não apenas na interpretação e aplicação das normas, mas também na construção e influência do arcabouço normativo que acompanha as rápidas transformações tecnológicas e econômicas da era digital. Essa atuação preventiva e propositiva é fundamental para garantir que as mudanças legislativas promovam justiça fiscal, segurança jurídica e estimulem a inovação, ao mesmo tempo em que evitam lacunas, ambiguidades e impactos desproporcionais sobre os contribuintes digitais.

Para que a legislação reflita com fidelidade as complexidades do ambiente digital, a interlocução constante e multidisciplinar com legisladores, órgãos reguladores e entidades representativas é imprescindível. A participação ativa em consultas públicas, debates técnicos e fóruns especializados permite ao advogado tributarista antecipar desafios, propor soluções equilibradas e garantir que as normas respeitem os princípios constitucionais, promovendo a competitividade das empresas brasileiras no cenário global. Essa colaboração reforça o papel do advogado como facilitador do diálogo entre o Estado e o mercado, contribuindo para um ambiente tributário mais eficiente e adequado às novas realidades econômicas.

A atuação do advogado tributarista na reforma tributária digital transcende a consultoria e defesa tradicionais, assumindo uma dimensão estratégica que envolve a modelagem das normas e o fortalecimento do ambiente fiscal. Por meio da participação em audiências públicas, elaboração de pareceres técnicos e articulação com associações representativas como a Confederação Nacional do Comércio (CNC) e o Instituto Brasileiro de Direito Tributário (IBDT), o advogado exerce influência decisiva na formulação das propostas legislativas. Um exemplo emblemático foi a contribuição técnica no debate das PECs nº 45/2019 e nº 110/2019, que, embora focadas em simplificação tributária geral, abriram precedentes para a inclusão dos serviços digitais no novo sistema unificado de impostos sobre bens e serviços (IBS).

Adicionalmente, o advogado deve manter vigilância permanente sobre a evolução legislativa que impacta diretamente o *marketing* digital e a economia digital, como a Lei Complementar nº 160/2017, que regula o ICMS e ISS sobre serviços digitais, e a recente Emenda Constitucional nº 132/2023, que introduziu mudanças estruturais na tributação digital. Essa atuação crítica e propositiva permite que o advogado sugira regulamentações específicas e aperfeiçoamentos normativos que preservem a neutralidade tributária, promovam justiça fiscal e assegurem a competitividade sustentável do setor.

A interlocução permanente com órgãos como a Receita Federal, Secretarias Estaduais de Fazenda e o Conselho Administrativo de Recursos Fiscais (CARF) é fundamental para alinhar práticas administrativas às novas regras, mitigando conflitos e inseguranças jurídicas. Participar de grupos técnicos e propor soluções baseadas em melhores práticas internacionais — como as recomendações da OCDE no projeto BEPS 2.0 — amplia o impacto do advogado como agente harmonizador da tributação digital, prevenindo litígios e garantindo um ambiente tributário eficiente e adaptado às demandas da economia digital. Dessa forma, o advogado tributarista assume papel multifacetado: agente de transformação normativa, facilitador do diálogo institucional e defensor dos direitos dos contribuintes em um cenário digital em constante evolução.

Capacitação contínua: o desafio da atualização em Direito Tributário Digital

No cenário atual, marcado pela transformação digital acelerada e pela complexidade legislativa crescente, a capacitação contínua emerge como um requisito indispensável para o advogado tributarista que atua na esfera do Direito Tributário Digital. Diferentemente de áreas jurídicas mais estáveis, o ambiente tributário digital está em constante mutação, motivado por inovações tecnológicas disruptivas, como *blockchain*, criptoativos, inteligência artificial, e pela evolução constante das normativas fiscais nacionais e internacionais. Assim, a atualização permanente transcende a simples necessidade de manter-se informado: ela se configura como um fator estratégico de sobrevivência e excelência profissional.

A importância da capacitação contínua está diretamente ligada à segurança jurídica e à qualidade da prestação de serviços advocatícios. Advogados desatualizados correm o risco de interpretar normas de maneira inadequada, não captar mudanças legislativas recentes ou ignorar entendimentos jurisprudenciais emergentes, o que pode gerar prejuízos financeiros aos clientes, riscos de litígios e danos à reputação profissional. Entende-se que a interpretação normativa, em ambientes digitais, demanda compreensão aprofundada das tecnologias subjacentes e da economia digital, competências que só podem ser desenvolvidas por meio de aprendizado constante e multidisciplinar.

Além disso, o Direito Tributário Digital é permeado por lacunas e incertezas, o que exige do profissional um raciocínio crítico e atualizado para aplicar princípios constitucionais como a legalidade, capacidade contributiva e neutralidade tributária de forma coerente. O acompanhamento de debates legislativos, relatórios de órgãos internacionais como a OCDE e atualizações normativas como as instruções normativas da Receita Federal do Brasil é fundamental para que o advogado possa antecipar cenários, orientar clientes com segurança e participar ativamente da construção de soluções jurídicas adequadas.

Do ponto de vista prático, a capacitação contínua envolve também o domínio das tecnologias jurídicas disponíveis, como bases de dados digitais, sistemas de jurisprudência automatizada e ferramentas de inteligência artificial que auxiliam na análise de riscos e no planejamento estratégico. A sinergia entre conhecimento jurídico atualizado e uso de tecnologia confere ao advogado agilidade e precisão, fatores essenciais para atuação eficaz em um ambiente de negócios cada vez mais competitivo e regulado.

A formação permanente no Direito Tributário Digital não é um luxo, mas uma obrigação ética e técnica do advogado moderno. Através da busca constante por conhecimento sólido, atualização em fontes confiáveis e desenvolvimento multidisciplinar, o profissional estará apto a oferecer uma advocacia inovadora, segura e alinhada com as demandas da economia digital globalizada, fortalecendo sua relevância no mercado e contribuindo para a construção de um sistema tributário mais justo e eficiente.

A constante evolução do ambiente digital e das legislações fiscais impõe aos advogados tributaristas um desafio permanente: a necessidade de atualização constante. O Direito Tributário Digital não é um campo estático, mas um cenário dinâmico, marcado por inovações tecnológicas, mudanças regulatórias frequentes e a crescente complexidade das operações econômicas digitais. Dessa forma, somente por meio da formação contínua e do acesso a fontes confiáveis e atualizadas é possível garantir uma atuação eficaz, precisa e segura frente às demandas dos clientes e às exigências do mercado.

A capacitação permanente envolve não apenas o estudo técnico-jurídico, mas também o domínio das tecnologias aplicadas à área tributária, como sistemas de inteligência artificial, *big data* e plataformas de *compliance*. Advogados que se mantêm atualizados conseguem interpretar de forma mais adequada as nuances das normas digitais, antecipar tendências regulatórias e propor soluções inovadoras e estratégicas, agregando valor significativo às organizações que atendem. A participação em cursos especializados, congressos, *webinars* e a leitura crítica de pareceres e decisões judiciais são ferramentas essenciais nesse processo.

Investir em atualização contínua é investir na própria relevância profissional em um mercado cada vez mais competitivo e tecnológico. A expertise em Direito Tributário Digital se torna diferencial decisivo para o advogado que busca excelência e sustentabilidade na carreira. A formação permanente fortalece não apenas o conhecimento, mas a confiança para enfrentar desafios complexos e, sobretudo, para atuar como um verdadeiro protagonista na construção de um sistema tributário moderno, justo e eficaz, alinhado à realidade digital do século XXI.

Perspectivas futuras e desafios para o advogado tributarista na economia digital

O papel do advogado tributarista na economia digital está em rápida transformação diante das inovações tecnológicas, da crescente complexidade normativa e da necessidade de respostas ágeis e estratégicas para o novo ambiente fiscal. As perspectivas futuras indicam que o advogado deve transcender o papel tradicional de mero interpretador da lei, assumindo uma postura multifuncional que envolve conhecimento tecnológico, atuação consultiva proativa e participação ativa na formulação e adaptação das normas tributárias. A digitalização da economia impõe desafios inéditos que demandam habilidades híbridas, combinando expertise jurídica com domínio de ferramentas digitais, inteligência artificial e análise de *big data*.

Os avanços em tecnologias como *blockchain*, contratos inteligentes (*smart contracts*) e criptoativos estão remodelando o conceito de ativos e operações econômicas, gerando novas fronteiras para a tributação e exigindo do advogado tributarista a constante atualização e criatividade para identificar riscos e oportunidades. A integração entre direito e tecnologia será imprescindível para estruturar planejamentos tributários seguros e inovadores, antecipar litígios e colaborar com o desenvolvimento de políticas públicas eficazes. Além disso, o papel do advogado como intermediador entre as autoridades fiscais e os contribuintes digitais se intensificará, especialmente na adoção de práticas de *compliance* tributário e governança corporativa, que se consolidam como instrumentos de mitigação de riscos e construção de reputação.

As tendências globais, impulsionadas por organismos internacionais como a OCDE e o Fórum Econômico Mundial, indicam uma crescente harmonização tributária e maior cooperação entre jurisdições, especialmente no combate à evasão e à elisão fiscal digital. O advogado tributarista tem papel fundamental para navegar este ambiente complexo, auxiliando clientes em operações transnacionais e garantindo conformidade em múltiplos ordenamentos jurídicos. Para tanto, é imprescindível o investimento em formação contínua, *networking* jurídico internacional e o desenvolvimento de competências estratégicas, digitais e multidisciplinares. O futuro da advocacia tributária digital exige profissionais visionários, adaptáveis e com mentalidade aberta para inovar, transformando desafios em oportunidades no cenário tributário do século XXI.

O advogado tributarista que permanecer estático diante das transformações digitais corre o risco de se tornar obsoleto. O avanço tecnológico não é apenas um desafio, mas uma oportunidade única para ampliar o papel da advocacia, tornando-a mais estratégica, preventiva e integradora. Em um cenário onde dados, algoritmos e inteligência artificial redefinem as regras do jogo, o profissional do Direito Tributário precisa ir além da simples aplicação da lei — deve antecipar tendências, interpretar novas realidades econômicas e ser um agente ativo na construção de soluções inovadoras.

A complexidade do ambiente digital exige uma visão multidisciplinar, que combine conhecimentos jurídicos, tecnológicos e econômicos. O tributarista do futuro será um gestor da incerteza, capaz de navegar pelas lacunas legais com criatividade técnica e rigor ético, construindo pontes entre o direito tradicional e as demandas da economia digital. Ignorar esse movimento não é uma opção: ou o advogado se adapta e lidera, ou será engolido por uma nova geração de profissionais mais preparados para a complexidade jurídica do século XXI.

Além disso, o papel do advogado se expandirá para influenciar políticas públicas e participar ativamente do debate regulatório. Com o aumento da importância da tributação digital no cenário global, espera-se que o tributarista seja também um interlocutor imprescindível entre o mercado e o Estado, contribuindo para um sistema tributário mais justo, transparente e eficiente. Essa ampliação do escopo profissional exigirá resiliência, atualização constante e uma postura visionária.

O futuro do Direito Tributário está nas mãos daqueles que se dispõem a dominar as ferramentas tecnológicas, compreender as dinâmicas digitais e, sobretudo, a reinterpretar o papel social e econômico da tributação em um mundo em transformação acelerada.

Portanto, o advogado tributarista que se limita aos métodos e conceitos tradicionais está condenado a se tornar obsoleto diante da revolução digital. O futuro exige profissionais que transcendam a mera interpretação da lei e assumam um papel ativo na construção de um sistema tributário moderno, eficiente e justo. A economia digital não perdoa ignorância ou passividade; ela privilegia a inovação, a adaptação constante e a capacidade de antecipar desafios antes que eles se tornem crises.

Ser advogado na era digital é navegar em águas turbulentas e mutáveis, onde as regras são escritas em tempo real, e o equilíbrio entre tecnologia, direito e estratégia é decisivo para o sucesso do cliente. É hora de se abandonar paradigmas antigos e abraçar a complexidade do novo ambiente tributário com coragem e visão. O futuro pertence aos que se preparam hoje para as transformações que a tecnologia e a economia digital já impuseram.

Neste cenário, o verdadeiro diferencial do tributarista será a sua capacidade de inovar, dialogar com múltiplos *stakeholders* e propor soluções que transcendam o jurídico, integrando conhecimentos tecnológicos e econômicos. Assim, a advocacia tributária digital exige uma mentalidade disruptiva, fundamentada, e ao mesmo tempo, humana e estratégica.

Este é o chamado para que cada profissional se posicione como protagonista da nova realidade, construindo uma advocacia tributária que seja, ao mesmo tempo, robusta, inovadora e essencial para o futuro do Direito e da economia.

> ***"Na economia digital, o verdadeiro tributarista não é aquele que apenas conhece a lei, mas quem domina a mudança — antecipando-a, interpretando-a e transformando-a em oportunidade para o cliente e para a sociedade."***
>
> (Dr. Faustino Júnior)

CAPÍTULO 10

CONSIDERAÇÕES FINAIS: RUPTURAS E PERSPECTIVAS COM O DIREITO TRIBUTÁRIO DIGITAL

Paradoxo inicial e contexto atual

"O Estado tributa *bits* com normas feitas para tijolos." Esta assertiva provoca uma reflexão crítica sobre a defasagem do sistema tributário brasileiro e mundial diante das transformações da economia digital. O Direito Tributário, historicamente construído sobre pilares ligados à circulação física de bens e à prestação presencial de serviços, hoje se depara com um cenário onde a riqueza é gerada, armazenada e negociada em ambientes virtuais, por meio de ativos intangíveis e fluxos globais que escapam à lógica tradicional. Tal paradoxo evidencia uma lacuna normativa e interpretativa que impacta diretamente na eficácia e justiça da tributação contemporânea.

Como foi devidamente aprofundado anteriormente, a gênese do Direito Tributário moderno está intimamente relacionada à revolução industrial e ao desenvolvimento econômico baseado na produção e circulação de bens tangíveis. O sistema clássico foi pensado para tributar eventos econômicos com clareza objetiva — venda de mercadorias, posse de imóveis, prestação de serviços físicos —, garantindo segurança jurídica e previsibilidade. Entretanto, a emergência da economia digital nas últimas décadas, marcada pela ubiquidade da internet, pelas plataformas digitais e pela globalização dos negócios, expôs as limitações dessa estrutura normativa. A imaterialidade dos bens digitais, o papel crescente dos dados como ativo econômico e a descentralização dos processos produtivos desafiam as categorias jurídicas tradicionais e exigem uma reconstrução dogmática.

Do ponto de vista econômico, a economia digital introduz rupturas fundamentais, como a rápida escalabilidade dos negócios digitais, a baixa barreira de entrada, a fragmentação da cadeia de valor e o fato gerador que ocorre em múltiplas jurisdições simultaneamente. Essas características contrariam os princípios clássicos de territorialidade e simplicidade da tributação, provocando dificuldades na definição do sujeito passivo, do fato gerador e da base de cálculo. Assim, o sistema tributário, ao tentar aplicar normas originadas em contextos físicos e locais a operações digitais complexas e transfronteiriças, gera insegurança jurídica, potenciais bitributações e riscos de evasão fiscal.

Além disso, a defasagem normativa implica custos econômicos e sociais consideráveis. A falta de clareza e adaptação gera entraves para o desenvolvimento das empresas digitais nacionais, reduzindo a competitividade do país no cenário global e restringindo a capacidade de inovação. No âmbito jurídico, a interpretação das normas em ambientes digitais carece de fundamentação técnica e atualização doutrinária, abrindo espaço para controvérsias e litígios. Isso reforça a necessidade imperativa de um reposicionamento epistemológico do Direito Tributário, capaz de superar o paradigma do "tributar tijolos" e abraçar o desafio de "tributar *bits*" com efetividade, equidade e segurança jurídica.

Por fim, o contexto atual impõe uma reflexão profunda sobre o papel do Estado, do contribuinte e do Direito na construção de um sistema tributário adaptado à nova realidade. Essa transformação exige diálogo multidisciplinar, que envolva não apenas juristas, mas também economistas, tecnólogos e formuladores de políticas públicas, e, acima de tudo, dos empreendedores digitais. O paradoxo que inaugura este tópico é, assim, o ponto de partida para uma jornada que visa ressignificar o Direito Tributário brasileiro, propondo rupturas conceituais, inovações normativas e interpretações dinâmicas, alinhadas à economia digital do século XXI.

Ruptura 1 – Critério físico de presença

O critério físico de presença tem suas raízes na tradição do Direito Tributário territorial, conforme estabelece o princípio da competência tributária previsto na Constituição Federal brasileira e na maior parte dos ordenamentos jurídicos. Ele determina que a incidência dos tributos sobre bens, serviços e rendimentos se vincula à existência de estabelecimento fixo, domicílio ou residência no território em que o tributo é cobrado. Tal paradigma foi eficaz em uma economia baseada em estruturas físicas, onde as fronteiras nacionais, estaduais e municipais delimitavam claramente a base de arrecadação fiscal.

Entretanto, a crescente digitalização da economia e a difusão do comércio eletrônico evidenciam as limitações desse critério. Operadores digitais realizam negócios em territórios onde não possuem qualquer instalação física, como plataformas globais de *streaming*, *e-commerces*, aplicativos e infoprodutos. Essa ausência física, contudo, não significa ausência de atividade econômica significativa, tampouco impede a geração de valor e renda em determinadas jurisdições. Como resultado, há um aumento substancial na chamada "erosão da base tributária" e no risco de evasão fiscal, pois os entes federativos tradicionais encontram dificuldade em tributar adequadamente essa economia intangível.

A comunidade internacional tem buscado responder a essa problemática por meio de iniciativas que superam o critério físico clássico. O projeto BEPS 2.0 da Organização para Cooperação e Desenvolvimento Econômico (OCDE) é emblemático nesse sentido, propondo o conceito de "*nexus* econômico" para atribuir competência tributária baseada na presença econômica efetiva e na interação digital com o mercado local, e não simplesmente na presença física. Este modelo visa harmonizar as regras entre os países e evitar a dupla tributação ou a ausência de tributação, contemplando a relevância econômica gerada por usuários e consumidores digitais em um determinado território.

Além das diretrizes da OCDE, o modelo de tributação das "*Marketplace Facilitator Laws*" implementado em diversos Estados dos EUA representa um avanço prático, conferindo responsabilidade tributária a plataformas digitais que facilitam vendas em territórios onde não possuem estabelecimento físico, assegurando assim a arrecadação justa. Na União Europeia, a adoção do Imposto sobre Serviços Digitais (*Digital Services Tax* – DST) também evidencia a tentativa de superar os limites do critério físico, embora ainda com controvérsias jurídicas e diplomáticas.

No Brasil, embora a legislação tributária vigente (como o Código Tributário Nacional e as Leis Complementares estaduais) ainda privilegie o critério físico para definição da competência tributária, o avanço das reformas, especialmente com a Emenda Constitucional nº 132/2023, aponta para a necessária superação dessa rigidez. A Reforma Tributária, por sua vez, busca incorporar o conceito de presença digital como elemento definidor da competência, resguardando a neutralidade e evitando a sobreposição de tributos entre entes federativos. Todavia, permanece o desafio de garantir segurança jurídica e uniformidade interpretativa para os contribuintes digitais.

A impossibilidade prática de se exigir estabelecimento físico de todos os contribuintes digitais impõe, portanto, a adoção de critérios objetivos e tecnológicos para identificação da base tributável, tais como o monitoramento do local do consumo efetivo, análise do fluxo econômico digital e uso de dados para rastreamento fiscal. Sem tais adaptações, o sistema tributário continuará incapaz de refletir a nova realidade, perpetuando distorções, insegurança jurídica e evasão fiscal.

Consequentemente, a superação do critério físico representa uma ruptura epistemológica no direito tributário, que deve reconhecer o dado e a atividade digital como novos elementos constitutivos do fato gerador. Essa transformação exige um esforço integrado entre legisladores, administradores fiscais e operadores do direito, com apoio na tecnologia para implementar soluções ágeis e eficazes, garantindo justiça fiscal e competitividade para o Brasil no cenário global.

Ruptura 2 – Reconhecimento da relevância do dado como riqueza

Na economia digital contemporânea, os dados emergem como um dos ativos econômicos mais valiosos, equiparando-se ou até superando ativos tradicionais como bens tangíveis e capital financeiro. Diferentemente dos ativos clássicos, os dados possuem características únicas: são intangíveis, replicáveis, cumulativos e altamente dinâmicos, sendo a matéria prima essencial para a geração de valor em setores que vão desde o *marketing* digital até a inteligência artificial. A relevância econômica dos dados se evidencia pela sua capacidade de influenciar decisões estratégicas, personalizar serviços e criar novos modelos de negócio, estabelecendo-se como um verdadeiro "petróleo do século XXI".

No entanto, o reconhecimento jurídico e tributário dessa nova riqueza apresenta desafios complexos. Tradicionalmente, o Direito Tributário não contemplava a tributação de ativos intangíveis com a mesma precisão dos bens físicos, dificultando a avaliação econômica e a definição do fato gerador. Na esfera dos dados, esses desafios se intensificam pela dificuldade em definir a titularidade, mensurar valor econômico e estabelecer bases tributáveis claras, especialmente diante da multiplicidade de agentes envolvidos na coleta, processamento e comercialização dessas informações.

Além disso, a tributação sobre dados esbarra em questões envolvendo a proteção da propriedade intelectual digital e direitos de privacidade, como os protegidos pela Lei Geral de Proteção de Dados (LGPD). A interseção entre direitos fundamentais e interesses econômicos impõe a necessidade de um marco regulatório equilibrado que permita a tributação justa sem comprometer a inovação e a proteção da privacidade dos indivíduos. Jurisprudências recentes têm destacado a necessidade de uma interpretação progressista e adaptativa do Direito Tributário, que reconheça os dados não apenas como informações, mas como ativos econômicos fundamentais para a sustentabilidade das empresas digitais e a justiça fiscal.

Internacionalmente, organismos como a OCDE vêm recomendando a atualização dos sistemas tributários para contemplar a economia baseada em dados, propondo *frameworks* que incluam a taxação da renda gerada por ativos intangíveis digitais. Países como a França e a Alemanha já avançaram em iniciativas para tributar a economia digital com foco na receita gerada por dados, refletindo a urgência em superar a lacuna normativa existente. No Brasil, embora ainda incipiente, há um crescente debate acadêmico e legislativo que visa incorporar o reconhecimento da riqueza digital como base para a formulação de um sistema tributário moderno, eficiente e equitativo.

Ruptura 3 – Redefinição do fato gerador no ambiente digital

O fato gerador é o elemento configurador da obrigação tributária, definido no artigo 114 do Código Tributário Nacional (CTN) como a "situação definida em lei como necessária e suficiente à sua ocorrência". Tradicionalmente, essa definição se aplicava a operações econômicas que envolviam bens físicos, serviços presenciais ou direitos patrimoniais claramente delimitados, o que refletia o modelo industrial e comercial predominante até o século XX. A lógica do fato gerador clássico está intrinsicamente ligada à materialidade e à territorialidade, atributos que facilitavam a identificação do momento exato da incidência tributária e a determinação do sujeito passivo.

Contudo, a revolução digital desafia essa estrutura, já que as operações econômicas digitais são imateriais, globais e muitas vezes instantâneas. Serviços como *streaming* de música, vídeo sob demanda, *cloud computing*, *e-commerce* internacional e assinaturas de *software* representam formas de consumo e produção onde o suporte físico é irrelevante ou inexistente. O Direito Tributário, portanto, precisa expandir a concepção de fato gerador para incorporar essas novas realidades. Não basta mais identificar uma circulação física de mercadoria; é necessário reconhecer que a transferência, uso ou disponibilização de dados, acesso a plataformas digitais e consumo de conteúdos virtuais geram valor econômico tributável.

Nesse contexto, a redefinição do fato gerador implica enfrentar desafios multifacetados, como a identificação precisa do local de incidência tributária e a determinação do momento da ocorrência do fato gerador. Por exemplo, na tributação do *streaming*, qual seria o local da prestação do serviço: onde está o servidor, onde reside o consumidor ou onde está domiciliado o prestador? Questões similares permeiam a tributação do *cloud computing*, cuja infraestrutura é descentralizada em vários países, e das vendas em *marketplaces* digitais, em que múltiplos agentes atuam em cadeias complexas. Essa dificuldade de localização e temporalidade exige normas flexíveis e que privilegiem princípios como a capacidade contributiva e a neutralidade tributária.

A Organização para Cooperação e Desenvolvimento Econômico (OCDE), em seu projeto *Base Erosion and Profit Shifting* (BEPS) 2.0, como visto anteriormente, destaca a necessidade de atualização do conceito de fato gerador para que reflita a economia digital, propondo critérios como a "presença digital significativa" para justificar a tributação em jurisdições onde o contribuinte não tem presença física tradicional. Esse conceito, ainda em debate internacional, busca superar o critério físico de presença para adaptar a tributação à realidade dos negócios digitais, baseando-se no consumo e na geração de valor digital local.

No âmbito nacional, a Emenda Constitucional nº 132/2023 e as propostas legislativas em curso buscam incorporar essa nova realidade, ampliando a base de incidência tributária para incluir operações digitais de forma clara e uniforme. O sistema unificado de impostos sobre bens e serviços (IBS), por exemplo, propõe uma simplificação tributária que abrange tanto bens físicos quanto serviços digitais, ajustando o fato gerador às particularidades do ambiente digital. Todavia, a ausência de regulamentações específicas e a diversidade de legislações estaduais e municipais ainda criam inseguranças e riscos de bitributação.

A jurisprudência brasileira tem apresentado avanços no reconhecimento da necessidade de interpretação conforme a realidade digital. Tribunais superiores têm decidido casos envolvendo a incidência do ISS em serviços digitais e a aplicação do ICMS sobre operações de comércio eletrônico, ressaltando a importância de interpretar as normas tributárias à luz das transformações tecnológicas, com atenção à segurança jurídica e à justiça fiscal. Exemplos práticos incluem decisões do Superior Tribunal de Justiça (STJ) que firmaram precedentes sobre a incidência do ISS em serviços de *streaming* e plataformas digitais, reforçando o papel do fato gerador adaptado à economia digital.

Finalmente, a redefinição do fato gerador no ambiente digital é imperativa para assegurar a sustentabilidade do sistema tributário brasileiro, promovendo a justiça fiscal sem inibir a inovação tecnológica. O avanço nesse campo deve ser guiado por princípios constitucionais, como a legalidade, a capacidade contributiva e a neutralidade, e estar alinhado às melhores práticas internacionais para evitar a evasão, a bitributação e a insegurança jurídica. A superação dos limites do conceito tradicional de fato gerador é *conditio sine qua non* para a efetividade da tributação na economia digital.

Ruptura 4 - Responsabilidade solidária das plataformas digitais

A crescente participação das plataformas digitais como intermediárias na cadeia econômica traz uma nova dimensão à responsabilidade tributária, desafiando os conceitos tradicionais vigentes no Direito Tributário brasileiro e internacional. As plataformas atuam como facilitadoras, conectando produtores, vendedores e consumidores em um ambiente digital, sendo responsáveis pela operacionalização, pagamento e logística de serviços e produtos. Essa posição central no ecossistema digital cria questionamentos acerca da extensão e do alcance de sua responsabilidade perante o fisco, sobretudo quando os agentes diretos – fornecedores ou usuários – falham em cumprir suas obrigações tributárias.

Tradicionalmente, a responsabilidade tributária recai diretamente sobre o sujeito passivo da obrigação, ou seja, aquele que pratica o fato gerador da obrigação tributária. Todavia, no cenário digital, a complexidade e a fragmentação das operações tornam difícil a identificação e a cobrança efetiva dos tributos, especialmente quando os agentes econômicos estão dispersos geograficamente e sujeitos a múltiplas jurisdições fiscais. Assim, muitas legislações vêm adotando o instituto da responsabilidade solidária ou substituição tributária, atribuindo às plataformas a obrigação de reter e recolher tributos de terceiros, assegurando maior efetividade na arrecadação e combate à evasão fiscal.

No Brasil, a Lei Complementar nº 160/2017 e recentes normas estaduais e municipais vêm estabelecendo mecanismos para responsabilizar plataformas digitais pelo recolhimento de tributos como ICMS e ISS nas operações intermediadas. Esse modelo de responsabilização solidária busca garantir que, mesmo que o fornecedor não realize o pagamento dos tributos, a plataforma, pela sua posição estratégica, seja corresponsável pelo cumprimento fiscal, ampliando a capacidade de fiscalização e arrecadação. Contudo, a aplicação desses regimes exige cautela para não ferir princípios constitucionais, como o da legalidade, da segurança jurídica e da proporcionalidade, evitando onerar indevidamente os intermediários que muitas vezes não possuem controle direto sobre os fatos geradores.

No cenário internacional, diversos países adotam regimes de responsabilidade solidária similares, reconhecendo a importância das plataformas para assegurar a conformidade tributária na economia digital. Exemplos notáveis incluem a União Europeia, com a Diretiva sobre plataformas digitais, que impõe obrigações específicas às plataformas para reter e pagar impostos sobre transações comerciais realizadas por seus usuários, e os Estados Unidos, onde leis estaduais de "*Marketplace Facilitator*" determinam a responsabilidade das plataformas pelo recolhimento do imposto sobre vendas. Essas iniciativas têm como objetivo enfrentar a evasão fiscal decorrente da complexidade transnacional e da dificuldade em identificar os contribuintes efetivos.

Além da arrecadação, a responsabilidade solidária das plataformas promove maior transparência nas operações digitais, exigindo delas mecanismos internos de controle, *compliance* tributário e prestação de informações às autoridades fiscais. Isso implica que as plataformas devem investir em sistemas robustos de gestão fiscal, capazes de registrar, reportar e reter tributos conforme a legislação aplicável, fortalecendo a governança corporativa e reduzindo riscos de autuações.

Entretanto, o debate sobre o limite dessa responsabilidade ainda é intenso no meio jurídico, pois envolve questões sobre a extensão da obrigação tributária, a autonomia das partes na cadeia econômica digital e os possíveis impactos sobre a inovação e competitividade. Advogados tributaristas desempenham papel crucial na assessoria às plataformas para mitigar riscos legais, negociar termos contratuais e estruturar operações que equilibrem a eficiência fiscal com a proteção jurídica.

Portanto, a ruptura trazida pela responsabilidade solidária das plataformas digitais é uma resposta necessária à complexidade da economia digital, configurando uma ferramenta eficaz para aprimorar a arrecadação e combater a evasão, ao mesmo tempo em que impõe desafios para a construção de um ambiente regulatório equilibrado, transparente e aderente aos princípios constitucionais.

Ruptura 5 - Revisão da neutralidade tributária

O princípio da neutralidade tributária, consagrado implicitamente na Constituição Federal brasileira e amplamente discutido na doutrina tributária, como já visto anteriormente, orienta que a tributação deve ser desenhada para não influenciar as decisões econômicas dos agentes, evitando distorções na concorrência e promovendo a isonomia fiscal. Conforme entende a doutrina clássica, um sistema tributário neutro trata de forma equânime atividades econômicas equivalentes, assegurando que a incidência, a base de cálculo e as alíquotas não favoreçam ou prejudiquem injustamente determinados setores, salvo por motivos de interesse público devidamente justificados. Essa neutralidade também está ligada à não cumulatividade e à transparência do sistema, elementos essenciais para garantir eficiência econômica e segurança jurídica.

Entretanto, na transição para a economia digital, essa neutralidade sofre um forte impacto devido à natureza inovadora, intangível e globalizada dos negócios digitais. O surgimento de modelos econômicos baseados em dados, serviços digitais, plataformas de intermediação e ativos virtuais desafia o enquadramento tradicional dos tributos, acarretando assim desequilíbrios e potenciais distorções tributárias. O tratamento diferenciado entre bens físicos e digitais, a ausência de critérios claros para localização do fato gerador, e as disparidades entre regimes tributários estaduais, municipais e federais contribuem para um cenário em que a neutralidade é comprometida. Como exemplo, analisou-se o caso da incidência do ISS sobre serviços digitais em contraposição ao ICMS sobre bens físicos, que tem gerado inúmeras controvérsias judiciais e insegurança jurídica, refletindo diretamente na competitividade do setor digital.

Por outro lado, evidenciou-se também que a falta de neutralidade tributária em economias digitais pode resultar em efeitos adversos para a inovação, promovendo a concentração de mercado e criando barreiras de entrada para novos *players*. Assim, o debate contemporâneo sobre neutralidade tributária não pode se limitar ao tratamento isonômico clássico, devendo incorporar a dinâmica dos modelos digitais, que envolvem alta escalabilidade, complexidade nas cadeias de valor e receitas derivadas de dados e algoritmos. O desafio está em garantir um equilíbrio que preserve a neutralidade econômica, ao mesmo tempo que permita a efetiva arrecadação fiscal e evite a evasão e elisão em ambientes digitais multifacetados.

Nesse contexto, propostas avançadas de reforma tributária, como as discutidas na Emenda Constitucional nº 132/2023 e nas recentes PECs que abordam a unificação de impostos sobre bens e serviços (IBS), têm buscado introduzir mecanismos que preservem a neutralidade através da simplificação das bases tributáveis, adoção de não cumulatividade plena e o reconhecimento da capacidade contributiva real dos agentes econômicos digitais. Além disso, impõe-se a necessidade de revisitar o conceito de neutralidade tributária, incorporando princípios de neutralidade fiscal digital que levem em conta a globalização dos fluxos econômicos, a imaterialidade dos ativos e a função social dos tributos no estímulo à inovação tecnológica.

Finalmente, a efetivação da neutralidade tributária na era digital requer não só mudanças legislativas, mas uma atuação integrada entre Fisco, contribuintes e o Judiciário, acompanhada de tecnologia avançada para monitoramento e análise das operações digitais. Assim, a ruptura do modelo tradicional não representa uma quebra dos princípios constitucionais, mas um avanço necessário para a construção de um sistema tributário moderno, justo, eficiente e capaz de lidar com as complexidades da economia digital, alinhado com as melhores práticas internacionais e o desenvolvimento sustentável do país.

Quadro comparativo entre o modelo clássico e digital: diferenças centrais e impactos práticos

O Direito Tributário tradicional foi concebido para regular uma economia predominantemente física e local, baseada em fluxos econômicos tangíveis e critérios territoriais definidos, como a presença física do contribuinte ou do estabelecimento econômico. Esse modelo clássico se apoia em conceitos como a territorialidade rígida, a materialidade dos bens, a definição clara do fato gerador e a aplicação de regimes tributários segmentados (federais, estaduais e municipais), cujas bases de cálculo são geralmente estáveis e de fácil mensuração. A arrecadação e a fiscalização decorrem de processos bem estruturados e cronologicamente lineares, facilitando o cumprimento das obrigações e o controle por parte das autoridades fiscais.

Já o modelo tributário digital, por sua vez, desafia essas premissas tradicionais. A economia digital caracteriza-se por ser global, imaterial, fluida e altamente escalável, com fluxos financeiros complexos e transações que muitas vezes atravessam fronteiras jurisdicionais sem presença física direta. Nesse contexto, critérios tradicionais, como a localização do estabelecimento ou a circulação física da mercadoria, tornam-se insuficientes para determinar a incidência tributária. Além disso, o fato gerador digital pode assumir múltiplas formas, incluindo acessos a plataformas, consumo de serviços em nuvem, *streaming*, licenciamento de *software* e transações envolvendo ativos virtuais, exigindo redefinições legais e interpretativas.

O quadro comparativo entre os modelos evidencia diferenças cruciais em vários aspectos:

Aspecto	Modelo Clássico	Modelo Digital
Critério de incidência	Presença física e circulação de bens	Atividade econômica digital e dados
Fato gerador	Venda, circulação, propriedade	Transação eletrônica, uso de plataforma
Base de cálculo	Valor da mercadoria ou serviço físico	Receita digital, valor do dado, assinaturas
Localização do contribuinte	Sede ou estabelecimento físico	Local do usuário, local da plataforma

Aspecto	Modelo Clássico	Modelo Digital
Tributação	Segregada por esfera (federal, estadual, municipal)	Necessidade de harmonização e unificação
Fiscalização	Inspeção física e documentação impressa	Monitoramento digital, big data e IA
Desafios	Relativamente estáveis e previsíveis	Complexidade, volatilidade e transnacionalidade

Para os contribuintes digitais, essa transformação implica a necessidade de adaptação a um ambiente regulatório dinâmico, que exige maior controle sobre dados, documentação eletrônica e atualização constante sobre normas tributárias específicas para o digital. As empresas precisam investir em sistemas integrados de gestão fiscal e tecnológica, além de desenvolver estratégias de planejamento tributário que considerem múltiplas jurisdições e a natureza intangível de seus ativos e serviços. Já para o Fisco, os desafios incluem a atualização de suas ferramentas de fiscalização, o desenvolvimento de metodologias para identificação de fatos geradores digitais e a cooperação internacional para evitar evasão fiscal, exigindo maior capacitação técnica e tecnológica dos órgãos públicos.

A transição do modelo clássico para o digital não significa a substituição simples de um sistema pelo outro, mas sim a construção de um arcabouço jurídico híbrido e evolutivo, que preserve os princípios constitucionais fundamentais — como legalidade, capacidade contributiva, isonomia e segurança jurídica — ao mesmo tempo em que responde às especificidades da economia digital. Esse processo demanda reformas legislativas, investimentos em tecnologia fiscal, capacitação profissional e diálogo constante entre legisladores, operadores do direito, fisco e contribuintes.

Assim, compreender as diferenças e impactos práticos entre os modelos é essencial para que advogados tributaristas, gestores e autoridades fiscais possam atuar com eficiência e segurança jurídica, contribuindo para um ambiente tributário que estimule a inovação, a competitividade e o desenvolvimento sustentável no Brasil.

Propostas para um novo sistema tributário digital

A superação do modelo tributário analógico exige mais do que ajustes superficiais. Não se trata de modernizar uma estrutura que já não responde à realidade — mas de substituí-la de forma progressiva, funcional e tecnicamente justificada. A economia contemporânea é operada por dados, redes e sistemas algorítmicos, e qualquer tentativa de sustentação do sistema clássico resulta na ampliação de distorções, na regressividade da carga e na obsolescência institucional.

Neste sentido, agora são apresentadas propostas diretas para um novo sistema tributário digital, com foco em medidas legislativas, operacionais e regulatórias. O objetivo não é compor um modelo idealizado, mas oferecer caminhos concretos que enfrentem as causas da falência do sistema atual: a desconexão entre os fatos econômicos e a estrutura jurídica de tributação.

Princípios estruturantes da nova lógica tributária

Toda proposta de reforma deve estar ancorada em fundamentos técnicos que orientem sua coerência interna. A seguir, os eixos que devem sustentar a reconstrução do sistema:

- Capacidade contributiva digital: a monetização de dados, de atenção e de comportamentos é manifestação direta de riqueza e deve ser tributada como tal.
- Neutralidade tecnológica: a forma como o valor é gerado — física ou digitalmente — não pode ser critério de diferenciação tributária. O que importa é o resultado econômico da operação.
- Automatização e rastreabilidade: o modelo declaratório está superado. A tributação digital deve ser apurada por integração de dados, monitoramento em tempo real e cruzamento automatizado de informações.
- Presença econômica significativa: a competência tributária deve ser atribuída a quem concentra a audiência, a geração de valor e a coleta de dados — mesmo sem presença física.
- Praticabilidade fiscal: o sistema precisa ser funcional. A complexidade excessiva é aliada da informalidade, da evasão e da ineficiência.

Redefinição dos fatos geradores digitais

A lógica clássica de prestação de serviço e circulação de mercadoria não captura a estrutura produtiva digital. É necessário reconhecer, normativamente, novos fatos geradores como a monetização de dados pessoais ou anonimizados, a receita decorrente de algoritmos de recomendação ou curadoria automatizada, a remuneração por intermediação digital (*marketplaces*, *apps*, SaaS), a geração de receita por engajamento de audiência (*streaming*, redes sociais) e as operações financeiras com ativos digitais e criptoativos.

A ausência de tipificação legal desses fatos torna o sistema vulnerável à interpretação extensiva, criando insegurança jurídica tanto para o contribuinte quanto para o Fisco.

Criação do Imposto sobre Valor Digital Agregado (IVDA)

Diante da ineficácia dos tributos tradicionais para capturar o valor gerado na economia digital, impõe-se a criação de um tributo específico com as seguintes características:

- Fato gerador: geração de receita decorrente de operações digitais com usuários situados no território nacional;
- Sujeito passivo: a empresa que, independentemente de sede física, explore economicamente dados, atenção ou comportamentos de usuários brasileiros;
- Base de cálculo: receita bruta obtida com publicidade, intermediação, monetização de dados ou assinatura de serviços digitais;
- Sujeito responsável: a própria plataforma, quando intermediar a operação ou tiver controle técnico da transação.

O IVDA parte da lógica da praticabilidade fiscal: tributar quem tem o controle da operação e a capacidade de calcular, reter e repassar os valores devidos.

Responsabilidade solidária das plataformas digitais

Empresas que intermedeiam transações digitais, ainda que não sejam formalmente as prestadoras, concentram as informações da operação, o controle da infraestrutura de pagamento e a capacidade de reter e repassar tributos automaticamente. A proposta aqui defendida é que as plataformas digitais passem a ser responsáveis solidárias pelos tributos incidentes sobre operações realizadas em seus ambientes. Isso se aplica a *marketplaces*, aplicativos de entrega, redes sociais com monetização e plataformas de conteúdo.

Reconhecimento jurídico dos dados como ativos econômicos

Dados são o principal insumo da economia digital. Plataformas estruturam modelos de negócio inteiros a partir da coleta, organização e venda de informações sobre hábitos, comportamentos e interações. Assim, é necessário reconhecer juridicamente que dados, mesmo anonimizados, têm valor de mercado, que a coleta e monetização de dados é fato gerador passível de tributação e que empresas que tratam dados com fins econômicos devem ser consideradas contribuintes. É fato que a omissão normativa sobre o valor dos dados resulta na subtributação das plataformas que mais lucram e que menos contribuem.

Propostas operacionais e regulatórias

Além da legislação, é indispensável reestruturar o funcionamento do sistema fiscal por dentro. Para isso, propõem-se:

a. Criação do Sistema Nacional de Monitoramento Fiscal Digital (SNMFD), plataforma integrada entre União, Estados e Municípios, com base em inteligência artificial para rastreio de transações digitais, integração com meios de pagamento e análise em tempo real de movimentações e identificação automatizada de risco fiscal.

b. Cadastro fiscal digital unificado, isto é, um sistema nacional de identificação fiscal com vinculação de CNPJs, CPFs, domínios, carteiras digitais e APIs utilizadas, rastreabilidade total de transações com base em dados públicos e permissionados e integração com plataformas de comércio eletrônico e aplicativos.

c. *Sandbox* fiscal para negócios emergentes, com a criação de um ambiente regulatório com regras temporárias para *startups* digitais, garantindo: regimes simplificados condicionados à rastreabilidade, incentivos vinculados à transparência de dados e receita e entrada progressiva no sistema de apuração completa.

Etapas de transição e viabilidade jurídica

A implementação de um novo sistema deve ocorrer em quatro etapas:

- Etapa normativa: aprovação de leis que redefinam fatos geradores, base de cálculo e sujeitos passivos da economia digital;
- Etapa estrutural: construção da infraestrutura tecnológica para monitoramento fiscal em tempo real;
- Etapa funcional: operação assistida do novo sistema, com testes em setores estratégicos e ajustes normativos por evidência;
- Etapa de consolidação: ampliação progressiva do modelo com padronização nacional.

A transição não exige violação à Constituição, mas exige interpretação coerente com os princípios da capacidade contributiva, da justiça fiscal e da eficiência administrativa. O que está ultrapassado é a aplicação inercial da norma, não o texto constitucional em si.

Como constatado, o atual sistema tributário brasileiro opera sob uma arquitetura que já não oferece resposta às demandas da nova economia. Trata-se de uma estrutura desenhada para uma realidade que não existe mais: uma economia baseada na circulação física de bens, em serviços prestados de forma presencial e em vínculos territoriais rígidos. Nenhuma dessas premissas encontra aderência nas dinâmicas digitais contemporâneas.

Enquanto isso, a base econômica se deslocou. O valor é gerado por interações em rede, monetização de dados, publicidade comportamental, algoritmos preditivos e modelos de intermediação digital. Essa nova configuração da atividade econômica continua, em grande medida, fora do alcance dos tributos. Não por ausência de norma, mas sim por obsolescência do paradigma jurídico e omissão operacional do Estado.

O sistema atual é ineficaz não apenas do ponto de vista arrecadatório. Ele viola o princípio da isonomia, ao tributar com peso excessivo quem está visível — o pequeno e o médio contribuinte tradicional — e isentar de fato, pela invisibilidade normativa, aqueles que concentram as novas formas de geração de riqueza. Isso amplia a regressividade, distorce a concorrência e compromete a legitimidade do pacto fiscal.

Além disso, o modelo vigente também colide com o princípio da capacidade contributiva (art. 145, §1º da CF/88), ao ignorar a materialização concreta de riqueza que ocorre por meio da exploração econômica de dados, da audiência e do comportamento de usuários. O sistema jurídico-tributário brasileiro segue operando como se a riqueza estivesse na mercadoria, no prédio ou na mão de obra — quando, na verdade, ela está no algoritmo, na plataforma e na base de usuários.

Ignorar esse deslocamento equivale a abrir mão da soberania fiscal. Países que não são capazes de tributar a própria realidade econômica se tornam periféricos não apenas do ponto de vista produtivo, mas institucional. Continuam tributando o passado, enquanto o presente escapa pelas brechas da desatualização legislativa e pela falta de coordenação regulatória.

Dizer que não é possível tributar a economia digital por limitações constitucionais é argumento confortável para a inércia. A Constituição Federal não exige passividade diante da inovação. Ao contrário: ela exige um sistema tributário baseado em justiça fiscal, eficiência e isonomia. Nenhuma dessas finalidades é compatível com a manutenção do modelo atual.

A função do Direito Tributário é captar a realidade econômica de forma funcional, e não defender categorias esvaziadas por lealdade à tradição. O papel do legislador, do aplicador da norma e do jurista não é preservar modelos falidos, mas oferecer soluções tecnicamente válidas, juridicamente viáveis e economicamente sustentáveis. A reconstrução do sistema, portanto, é uma tarefa jurídica, institucional e política — e ela já está atrasada.

O Brasil precisa decidir se continuará tentando adaptar um sistema falido à força — ou se terá a maturidade de construir um modelo fiscal à altura do mundo digital. Essa escolha não é neutra. Ela define não apenas o futuro da arrecadação, mas o próprio grau de autonomia institucional diante da nova ordem econômica mundial.

Desafios regulatórios e a importância da harmonização internacional

A transformação digital da economia global gerou uma ruptura entre a realidade da geração de valor e os limites da tributação tradicional. Essa ruptura não é apenas normativa, mas institucional: os Estados operam com base em prerrogativas construídas no século XX, enquanto os agentes econômicos operam com ferramentas do século XXI. O Direito Tributário — sobretudo em países periféricos — tem sido incapaz de acompanhar a sofisticação, a opacidade e a ubiquidade dos modelos de negócios digitais.

Esse desalinhamento não é exclusividade do Brasil. Trata-se de uma crise sistêmica de regulação fiscal, que se manifesta pela incapacidade generalizada de os países exercerem sua soberania tributária sobre agentes que atuam intensamente em seus territórios econômicos — sem sede, sem presença física e sem vínculo jurídico formal.

A resposta a essa crise não pode ser puramente interna. O sistema tributário, se não estiver conectado com iniciativas internacionais de padronização, continuará sendo fragilizado por estratégias de elisão fiscal transnacional. A harmonização normativa, nesse contexto, não é apenas desejável: é condição mínima de viabilidade institucional para qualquer país que queira preservar sua capacidade arrecadatória em uma economia digital globalizada.

O colapso da territorialidade clássica como critério de jurisdição fiscal

O modelo clássico de tributação está assentado em dois pilares: residência fiscal do contribuinte e fonte territorial da renda ou operação. Ambos foram eficazes enquanto os fluxos econômicos seguiam rotas previsíveis, formalmente registradas e localizáveis.

Entretanto, com a virtualização da economia, esses pilares colapsaram. As plataformas digitais geram valor em países onde não possuem sede, monetizam dados de cidadãos que não têm relação contratual formal com a empresa, e transferem lucros por estruturas societárias complexas, amparadas por planejamentos tributários agressivos. O resultado é a dissociação entre atividade econômica e tributação efetiva, fenômeno que a própria OCDE reconhece como erosão da base tributária e deslocamento artificial de lucros (BEPS).

A ineficácia da resposta unilateral: limites de soberania no ambiente digital

A primeira geração de tentativas de enfrentamento da crise — baseada em iniciativas isoladas de países, como o *Digital Services Tax* (DST) europeu ou o tributo digital proposto no Brasil — revelou suas limitações, tais como: alta litigiosidade internacional e ameaça de sanções comerciais, dificuldade de cobrança extraterritorial sem mecanismos de cooperação, efeitos colaterais indesejados sobre empresas locais ou pequenos exportadores e complexidade operacional e custo de conformidade elevado.

Mais do que isso, as iniciativas unilaterais tendem a agravar o problema que pretendem resolver, pois geram sobreposição de tributos, insegurança jurídica e aumentam a fragmentação regulatória global, abrindo mais brechas para arbitragem fiscal.

A construção de um marco fiscal internacional: OCDE, G20 e BEPS 2.0

A resposta mais coerente à crise do sistema tributário internacional veio da coordenação entre os países da OCDE e do G20, com a construção do projeto BEPS 2.0, estruturado em dois pilares fundamentais:

- Pilar 1 – Reatribuição de lucros com base na presença econômica significativa: rompe com o critério do estabelecimento permanente ao propor a alocação de parte dos lucros globais das grandes multinacionais a países onde há geração efetiva de valor. Esse valor pode se manifestar por meio de volume de usuários ou consumidores, geração de receita local (mesmo sem sede), dados pessoais tratados e nível de engajamento da audiência. Trata-se de reconhecer que a capacidade de tributar não está mais vinculada à presença física, mas à presença econômica digital — conceito que, como visto anteriormente, já aparece em legislações de países como Índia, França e Reino Unido.
- Pilar 2 – Alíquota mínima global de tributação: estabelece uma alíquota efetiva mínima de imposto sobre a renda (proposta inicial: 15%), aplicável a empresas com faturamento global consolidado superior a 750 milhões de euros. O objetivo é combater a competição fiscal predatória entre países, que sacrificam sua arrecadação para atrair sede formal de empresas sem atividade real.

Essa medida inverte o vetor da guerra fiscal, protegendo a autonomia dos países em desenvolvimento e garantindo que grandes grupos econômicos paguem pelo menos um tributo mínimo sobre seus lucros.

Oportunidades estratégicas para o Brasil

O Brasil, como um dos maiores mercados digitais do mundo em número de usuários e volume de dados, tem potencial para exercer papel estratégico nas negociações internacionais. No entanto, permanece em posição periférica e reativa, reproduzindo as normas sem influenciar sua construção.

Nesse sentido, a participação ativa do país é fundamental para definir critérios justos de presença econômica significativa, influenciar os parâmetros de alocação de lucros no Pilar 1, evitar distorções que favoreçam apenas países desenvolvidos, que sejam sede das *big techs*, e construir uma estrutura de interoperabilidade fiscal com países da América Latina, criando massa crítica regional. Na verdade, mais do que adequar-se ao padrão internacional, o Brasil precisa disputar espaço de formulação normativa, sob pena de consolidar-se como mero território de exploração econômica digital.

Harmonização normativa como instrumento de soberania fiscal

A harmonização fiscal não representa submissão a interesses externos. Pelo contrário: é a única forma eficaz de recuperar soberania fiscal em um ambiente regulatório transnacional.

Ao participar da padronização de critérios, o país fortalece sua capacidade de cobrar de forma legítima e efetiva operações realizadas sobre sua população, atrair investimentos com segurança jurídica, proteger sua arrecadação sem criar insegurança jurídica para contribuintes e reduzir o contencioso internacional e nacional sobre operações digitais.

Não se trata de copiar modelos estrangeiros, mas de participar da construção de um sistema fiscal globalmente equilibrado, onde o valor gerado em uma jurisdição seja de fato tributado nela.

A crise da tributação da economia digital é, em sua raiz, uma crise de competência jurídica do Estado. Não se trata apenas de ausência de normas — mas de inadequação estrutural da linguagem jurídica frente à nova realidade econômica. A incapacidade de tributar plataformas digitais, algoritmos, monetização de dados e cadeias globais intangíveis não é um acidente de percurso: é o sintoma mais agudo de um sistema que insiste em operar com categorias ultrapassadas.

A lógica territorial do tributo ruiu. A materialidade perdeu centralidade. A relação entre tempo, espaço e valor foi redesenhada pelas tecnologias digitais. A soberania tributária, se não estiver ancorada em regras transnacionais, será apenas simbólica. Nenhum país, por mais organizado que seja internamente, conseguirá tributar com efetividade realidades que se estruturam fora de sua arquitetura jurídica clássica. Isso não significa renúncia à autonomia — significa reposicionamento estratégico para preservá-la.

A harmonização fiscal internacional, longe de ser uma ameaça, é a principal via de reconstrução da autoridade tributária em um mundo onde o valor escapa das fronteiras, mas a desigualdade continua presa nelas. Não se trata de abrir mão da competência nacional, mas de construir padrões mínimos de justiça tributária em escala global. A não participação ativa do Brasil nesses processos não o protege — ao contrário: o isola, o subordina e o transforma em território de extração econômica sem contrapartida fiscal.

É nesse contexto que a ruptura se impõe. Não apenas com leis obsoletas, mas com a própria epistemologia que sustenta o Direito Tributário tradicional. A teoria do tributo, tal como ensinada e aplicada, não comporta mais a complexidade do século XXI. Não há como manter as mesmas definições de fato gerador, base de cálculo, sujeito passivo e competência fiscal diante de uma economia que opera por *tokens*, dados, IA e plataformas. Persistir nesse caminho é confundir fidelidade dogmática com miopia institucional e reacionarismo jurídico-acadêmico.

Portanto, a discussão sobre harmonização internacional não é uma nota de rodapé. É um divisor de águas. A adesão ativa aos processos de coordenação fiscal global não é apenas recomendável — é indispensável à existência de um sistema tributário minimamente funcional nos próximos anos. A alternativa é clara: ou o Brasil ocupa esse espaço, ou continuará sendo uma colônia fiscal da nova ordem digital, sem voz, sem poder e sem arrecadação.

O que está em jogo não é apenas a capacidade de arrecadar — é a própria capacidade do Direito Tributário de continuar existindo como instrumento de justiça, autonomia e regulação da riqueza. Diante disso, impõe-se o próximo passo: abandonar de vez a ilusão de que basta atualizar leis e conceitos. Não se trata de atualização. Trata-se de substituição. De ruptura. O que, por sua vez, implica no necessário reconhecimento do Direito Tributário Digital, não só como novo ramo jurídico de estudo, mas de prática jurídica e social, não só aos operadores do Direito, mas também aos empreendedores digitais.

A ruptura necessária no Direito Tributário

O Direito Tributário, tal como formulado no século XX, foi uma das colunas de sustentação do Estado moderno. Estruturado sobre critérios como territorialidade, tangibilidade, presença física e capacidade contributiva declarada, esse modelo acompanhou as transformações da economia industrial e consolidou os fundamentos jurídicos que permitiram a arrecadação, a regulação e a redistribuição de riqueza no mundo analógico.

Contudo, como restou demonstrado, tais premissas que sustentavam essa estrutura colapsaram. A base material que dava coerência aos institutos clássicos foi substituída por vetores imateriais e interconectados: dados, algoritmos, redes, plataformas, ativos digitais, contratos inteligentes e inteligência artificial. A economia passou a operar em outra dimensão — e a linguagem jurídica do sistema tributário, em grande parte, não acompanhou esse deslocamento.

Não se trata de uma mera defasagem conceitual. Trata-se de uma ruptura ontológica entre os fatos econômicos e os instrumentos jurídicos que deveriam regulá-los. O resultado é a permanência de um modelo que já não consegue descrever, muito menos regular, as formas contemporâneas de geração de valor.

Ao longo deste estudo, partiu-se do diagnóstico de que o sistema tributário vigente está desconectado da realidade econômica atual, sustentando-se em fundamentos territoriais, materiais e industriais que já não representam o modo como a riqueza é criada, acumulada e transferida no século XXI. Foram examinadas as limitações da dogmática tradicional, revelando sua incapacidade de oferecer respostas normativas diante de operações construídas sobre intangíveis, interações digitais e fluxos econômicos transnacionais.

A análise percorreu os impactos da digitalização sobre os princípios constitucionais, evidenciando tensões profundas na aplicação da capacidade contributiva, da isonomia tributária e da eficiência administrativa. Demonstrou-se como a tentativa de aplicar as mesmas categorias de incidência — circulação, renda e serviço — sobre novos formatos econômicos acaba por produzir distorções, insegurança jurídica e perda de legitimidade fiscal.

Também foram debatidos os efeitos da jurisprudência fragmentada e contraditória, os impasses regulatórios e a ausência de um aparato normativo compatível com a lógica de plataformas, criptoativos, monetização de dados e intermediação algorítmica. A análise avançou ainda sobre propostas legislativas e operacionais, bem como sobre a necessidade de cooperação internacional e harmonização normativa como ferramentas estratégicas para reconstrução da soberania fiscal.

A conclusão inevitável é que nenhuma dessas soluções se sustenta dentro do edifício tributário teórico atual. Não há saída estrutural para o sistema tributário brasileiro sem uma ruptura epistemológica que abandone a pretensão de preservar categorias clássicas por mera fidelidade doutrinária. Não é mais possível proteger a tradição à custa da eficácia, da justiça e da funcionalidade do modelo.

O que está em curso é uma crise de linguagem. O Direito Tributário perdeu a capacidade de nomear corretamente a realidade que pretende regular. Ele continua operando com termos como "estabelecimento permanente", "base territorial", "fato gerador" e "renda líquida", como se essas expressões ainda fossem suficientes para capturar a complexidade das relações econômicas contemporâneas. Não são.

Hoje, tributa-se conforme a aparência formal da operação — e não segundo o valor real que ela gera. Milhões de transações digitais passam ilesas pelo sistema por não se encaixarem na moldura normativa. Isso distorce o princípio da isonomia, compromete a capacidade arrecadatória do Estado e gera um paradoxo ético: quanto mais invisível a operação, menos tributo ela paga.

O pequeno empreendedor digital continua sendo o sujeito visado pelo aparato fiscal. Já as grandes plataformas, que controlam dados, atenção e comportamento de massas, escapam por entre as brechas da obsolescência legal. Essa é a inversão mais perversa do sistema: o tributo deixa de ser instrumento de justiça para se tornar um mecanismo de proteção das estruturas mais poderosas e opacas.

Portanto, não se trata de reforma. Trata-se de substituição.

A Constituição brasileira permanece válida e suficiente para sustentar um novo modelo. Seus princípios fundantes — capacidade contributiva, justiça fiscal, não confisco, legalidade, simplicidade — não estão superados. O que está esgotada é a leitura dogmática que insiste em aplicar formas analógicas a fenômenos digitais. A Constituição precisa ser lida à luz da nova realidade econômica, e não como âncora de uma tradição que se nega a evoluir.

Essa ruptura não é uma escolha estética ou uma ambição teórica. É uma exigência institucional. O Estado que não consegue tributar sua própria realidade econômica perde poder, perde legitimidade e, por fim, perde soberania. Sem um novo Direito Tributário, um verdadeiro "Direito Tributário Digital", a arrecadação será cada vez mais insuficiente, a desigualdade fiscal se agravará e o sistema tributário entrará em colapso funcional.

Nesse cenário, o jurista da era da economia digital precisa abandonar a posição de curador do passado e assumir o papel de arquiteto do futuro. A função da doutrina não é proteger o que está falido, mas construir soluções que sejam coerentes com os fatos. O compromisso com a segurança jurídica não pode significar imobilismo técnico. Segurança é função da coerência, da aplicabilidade e da racionalidade — não da repetição de conceitos vazios.

A ruptura epistemológica, que este manifesto propõe com a defesa de um Direito Tributário Digital, exige medidas concretas e urgentes, como o reconhecimento legal da monetização de dados como fato gerador, a tributação proporcional da intermediação algorítmica, a redefinição da presença econômica significativa como critério de competência tributária, a criação de tributos digitais com base em valor agregado intangível, a responsabilização objetiva de plataformas digitais com base em controle operacional, a interoperabilidade fiscal entre entes federativos, com apoio em inteligência artificial, e a participação ativa do Brasil na formulação de um novo marco tributário internacional.

Essas medidas não cabem dentro da estrutura teórica atual. Elas exigem nova arquitetura normativa, novo vocabulário jurídico e nova postura institucional. Exigem outro Direito Tributário. Exigem um Direito Tributário Digital.

Por isso, este estudo não se encerra com uma conclusão. Ele se encerra com uma provocação. O momento histórico não aceita mais ambiguidade. A escolha adiante não é entre reformar ou não reformar — é entre reconhecer o esgotamento de um modelo e iniciar sua superação, ou continuar fingindo que ele ainda funciona enquanto a desigualdade e a evasão fiscais avançam.

A era da economia digital exige decisão, mas não qualquer decisão: exige velocidade. E não basta apenas o empreendedor digital considerar a existência do Direito Tributário Digital, para alcançar a prosperidade e a longevidade de seu negócio digital. É necessário que constitua uma verdadeira mentalidade milionária fiscal, como *conditio sine qua non*, para seu sucesso e sobrevivência no *marketing* digital.

Eis aí a grande oportunidade para uma advocacia tributária digital.

> ***"O século XXI não pede uma atualização do Direito Tributário. Pede um novo Direito Tributário a partir do Digital e não para o Digital."***
>
> (Dr. Faustino Junior)

PRIMEIRO POSFÁCIO

Por Peter Jordan

A era digital não perdoa ingenuidade. No mesmo ritmo em que infoprodutos alcançam sete dígitos em faturamento, também se multiplicam as armadilhas invisíveis que cercam quem empreende sem uma estrutura sólida. Muitos acreditam que basta dominar a comunicação, criar autoridade e saber lançar. Mas não há *copy* que sustente um negócio mal estruturado diante do Fisco.

No digital, a ignorância tributária não gera apenas prejuízo. Gera ruína. Aprendi, ao longo da minha trajetória, que os maiores impérios não quebram por falta de vendas, mas por falta de inteligência estratégica. E tributação é estratégia. Está no cerne das decisões que moldam a perenidade de qualquer projeto digital. Este livro não é apenas uma obra jurídica ou de motivação. É um farol para uma geração de empreendedores que precisa urgentemente entender que escala exige responsabilidade, e liberdade exige consciência fiscal.

Faustino Júnior tem sido uma das mentes mais lúcidas — e ousadas — que conheci nesse universo. Ele não observa o fenômeno digital à distância, com as lentes engessadas de um advogado, mas como um verdadeiro empreendedor digital. Ele vive, respira e compreende os bastidores da nova economia da internet. É por isso que sua leitura sobre o Direito Tributário Digital é tão disruptiva. Ela nasce da prática, mas é temperada com densidade teórica e coragem interpretativa. Não estamos diante de um compilado técnico. Estamos diante de um novo marco interpretativo. Um convite para abandonar velhas premissas e enxergar o sistema tributário como uma engrenagem viva, em choque com as inovações que movimentam bilhões todos os meses.

Este livro oferece não apenas soluções jurídicas. Ele propõe consciência. E essa consciência pode ser a diferença entre crescer com solidez ou desaparecer com estrondo. O empreendedor digital que pretende permanecer relevante precisa compreender que a estrutura fiscal do seu negócio é um pilar tão fundamental quanto o *branding* ou o tráfego pago. Escalar sem pensar no modelo tributário é construir um castelo sobre areia. Faustino mostra, com precisão cirúrgica, como integrar estratégia, legalidade e inovação em um campo onde cada decisão pode custar muito — ou economizar fortunas.

Este livro é um divisor de águas. Não apenas por sua proposta técnica, mas pelo seu papel cultural. Ele legitima o Direito Tributário Digital como disciplina essencial para qualquer empreendedor digital que deseja escalar seu negócio e atingir uma mentalidade verdadeiramente milionária, com a aplicação de um planejamento fiscal ao marketing digital. Faustino não apenas interpreta a realidade. Ele a transforma. E ao fazer isso, nos convida a sermos mais que lançadores. Nos convida a sermos estrategistas, honestos, ecônomos, conscientes, preparados, e, portanto, inquebráveis.

SEGUNDO POSFÁCIO

Por In Hsieh

O livro de Dr. Faustino Júnior representa uma contribuição essencial ao debate sobre a tributação na era digital, abordando com profundidade os desafios impostos pela transformação tecnológica e pela ascensão dos negócios digitais. A obra destaca como dados, algoritmos e ativos intangíveis passaram a ser os principais vetores de geração de valor, exigindo uma revisão das bases tradicionais do Direito Tributário. Ao propor uma ruptura epistemológica, o autor demonstra que o planejamento fiscal é tão estratégico quanto as decisões de marketing ou expansão digital, tornando-se indispensável para quem deseja escalar negócios de forma sustentável.

A análise detalhada das plataformas digitais, como Hotmart, Shopify, Eduzz e Cartpanda, evidencia a complexidade do cenário atual. Faustino Júnior aponta a ausência de critérios normativos claros para a responsabilidade tributária dessas plataformas, o que resulta em zonas cinzentas que favorecem a informalidade e a insegurança jurídica. A defesa de conceitos inovadores, como a "presença econômica significativa" e a responsabilização solidária das plataformas, coloca o Brasil em sintonia com tendências internacionais e fortalece a justiça fiscal em um ambiente cada vez mais globalizado.

Minha trajetória profissional, marcada pela participação na *startup* do Submarino e pela liderança do e-*commerce* na entrada da Xiaomi no Brasil, permitiu vivenciar de perto as rápidas mudanças e os desafios do ecossistema digital brasileiro. Essas experiências reforçam a relevância das reflexões propostas por Faustino Júnior, especialmente no que diz respeito à necessidade de adaptação regulatória e tributária diante da presença crescente de empresas globais de tecnologia e comércio eletrônico no país.

"Direito Tributário Digital" se consolida, assim, como leitura indispensável para profissionais que atuam na interface entre tecnologia, inovação e negócios digitais. A obra serve como um roteiro para quem busca compreender e atuar estrategicamente em um cenário dinâmico, marcado pela integração de mercados, transformação regulatória e novas formas de geração de valor. Trata-se de um convite à reconstrução do pensamento tributário, alinhando-o às exigências e oportunidades do século XXI.

In Hsieh

In Hsieh é um dos principais aceleradores de negócios de empresas chinesas no Brasil e pioneiro do mercado de e-*commerce* no pais.

Foi parte da equipe fundadora do Submarino, pioneiro do e-*commerce* no Brasil, e cofundador de duas *startups* de alto impacto que juntas captaram mais de US$ 40 milhões em investimentos.

Em 2014, atuou na entrada da Xiaomi no Brasil como Head de E-*commerce* para a América Latina. Desde então, tem trabalhado no lançamento e expansão de marcas chinesas no mercado local, incluindo AliExpress, Kwai e mais recentemente o TikTok Shop, lançado no Brasil em 2025.

GLOSSÁRIO

1. Direito Tributário Digital (DTD)

Novo campo interpretativo, normativo e operacional do Direito Tributário voltado à economia digital, que propõe uma ruptura com o modelo clássico e adequação às novas formas de geração de valor intangível, como dados, reputação e engajamento digital.

2. Mentalidade Milionária Fiscal

Expressão que sintetiza a necessidade de planejamento tributário inteligente, estratégico e legal como condição de sobrevivência e sucesso no ambiente do marketing digital.

3. Presença Econômica Significativa

Critério de conexão fiscal que substitui a presença física tradicional por indicadores como número de usuários, engajamento digital e receita gerada em determinado território — aplicável mesmo na ausência de sede física.

4. Materialidade Algorítmica

Conceito que reconhece a geração de valor tributável a partir de algoritmos e inteligências artificiais autônomas, mesmo sem intervenção humana direta ou entrega física de bens.

5. Coprodução Digital

Modelo de negócio em que dois ou mais agentes colaboram na criação e comercialização de produtos digitais, compartilhando responsabilidades e receitas, mas sem se enquadrar nos moldes societários tradicionais.

6. Infoproduto Híbrido

Produto digital que integra múltiplos elementos (aulas, materiais, suporte, comunidades, eventos) em uma única oferta, desafiando as categorias jurídicas clássicas de serviço ou mercadoria.

7. Domicílio de Mercado

Nova proposta de definição de domicílio fiscal que prioriza o local onde está o consumidor e onde se dá a efetiva geração de valor, em vez do local da sede da empresa.

8. Valor Tributável Informacional

Reconhecimento de que dados, engajamento e reputação digital constituem ativos econômicos mensuráveis, e, portanto, passíveis de tributação.

9. Planejamento Tributário Digital

Estruturação jurídica e contábil voltada à conformidade e à otimização fiscal de negócios digitais, baseada nos princípios da legalidade, neutralidade e proporcionalidade.

10. Intermediação Algorítmica

Atuação de plataformas digitais que, por meio de algoritmos, conectam fornecedores e consumidores, organizam fluxos econômicos e extraem valor sem participar diretamente da cadeia de prestação de serviços ou entrega de produtos.

11. Economia da Atenção

Modelo de monetização baseado na captura e comercialização da atenção dos usuários como ativo econômico tributável, usado amplamente em redes sociais e plataformas de conteúdo.

12. Litigiosidade Digital Tributária

Fenômeno crescente de conflitos fiscais resultantes da ausência de normas claras sobre operações digitais, o que leva a autuações divergentes, bitributação e insegurança jurídica.

13. Neutralidade Tecnológica Fiscal

Princípio que orienta a tributação de forma a não favorecer ou penalizar negócios pelo meio tecnológico utilizado, garantindo igualdade de tratamento entre modelos analógicos e digitais.

14. Jurisprudência Desalinhada

Conjunto de decisões judiciais que, por falta de paradigma adequado ao digital, perpetuam inseguranças ao insistirem em categorias clássicas como "mercadoria" ou "serviço".

15. Reconexão Fiscal com a Geração de Valor

Proposta central do livro: realinhar o sistema tributário às formas reais de geração de riqueza na economia digital, priorizando funcionalidade, justiça fiscal e segurança jurídica.

Acompanhe a LVM Editora

@lvmeditora

Acesse: www.clubeludovico.com.br

@clubeludovico

Esta edição foi preparada pela LVM Editora com tipografia Minion Pro e Barlow Condensed, em agosto de 2025.